高等职业教育物流管理与物流工程专业系列规划教材

配送作业

钱　芳　董延丹　张　敏　主　编
　　　　刘慧敏　王凤鸣　副主编
　　　　　　　贾俊龙　主　审

大连海事大学出版社

ⓒ 钱芳　董延丹　张敏 2018

图书在版编目(CIP)数据

配送作业／钱芳,董延丹,张敏主编. — 大连:
大连海事大学出版社,2018.6
高等职业教育物流管理与物流工程专业系列规划教材
ISBN 978-7-5632-3652-7

Ⅰ.①配… Ⅱ.①钱… ②董… ③张… Ⅲ.①物资配送—高等职业教育—教材 Ⅳ.①F252.14

中国版本图书馆 CIP 数据核字(2018)第 111457 号

大连海事大学出版社出版

地址:大连市凌海路1号　邮编:116026　电话:0411-84728394　传真:0411-84727996
http://www.dmupress.com　E-mail:cbs@dmupress.com

大连住友彩色印刷有限公司印装　　　　　　　　　大连海事大学出版社发行
2018 年 6 月第 1 版　　　　　　　　　　　　　　2018 年 6 月第 1 次印刷
幅面尺寸:185 mm×260 mm　　　　　　　　　　　印张:16
字数:397 千　　　　　　　　　　　　　　　　　　印数:1~1500 册

出版人:徐华东

责任编辑:刘长影　　　　　　　　　　　　　　　责任校对:张　华
封面设计:解瑶瑶　　　　　　　　　　　　　　　版式设计:解瑶瑶

ISBN 978-7-5632-3652-7　　　定价:34.00 元

内容简介

本书根据适度运用理论,突出实际操作和运用的原则,全面阐述了配送作业的基本理论和方法,包括配送概述、配送中心的进货、装卸搬运、在库保管、拣货及出库等作业内容,以及库存控制、安全管理、商务管理、服务管理、信息系统及智能配送等内容。

本书注重实用性原则,根据现代物流管理工作的要求,注重学习应用配送作业的理论、方法和手段;注重多样性原则,每个项目后提供了知识目标和技能目标,任务中穿插了知识链接和应用案例,并在每个项目后配有项目实训。

本书具有先进性、系统性、知识性和实用性等特点,适合作为高职院校物流管理专业以及相关专业的教材,也可作为企业物流管理相关人员的参考书。

前　言

现代物流科学的发展为国民经济和企业的发展带来了巨大的经济效益。近年来,电子商务的迅猛发展,使得物流业的发展取得了举世瞩目的成就。配送业务作为现代物流系统中的一个重要环节,涉及物流管理、信息技术等多个学科领域,对保持社会再生产的顺利进行起着非常重要的作用。

本书是大连海事大学出版社在充分调研的基础上,根据全国物流专业指导委员会对本学科的内容规划,结合物流专业目前的发展,组织编写的"高等职业教育物流管理与物流工程专业系列规划教材"之一。本教材针对高职高专学生的接受能力、人才培养目标,突出应用和实践技术的特色,采用项目化教学设计,以任务为驱动,注重应用案例的解析教学,将理论与实践有机结合起来,满足学生能力及技能需求。本书还配有精美的电子课件,方便广大教师及学生学习使用。

在内容方面,本教材系统地介绍了配送及配送中心的含义,如何构建配送中心,配送中心具体作业(入库作业、保管业务、拣货作业、发货出库作业等),配送组织管理,配送商务管理,配送服务管理,配送信息管理,智能配送等。

本书由青岛远洋船员职业学院钱芳、大连职工大学董延丹、天津海运职业学院张敏担任主编,山东外贸职业学院刘慧敏、青岛远洋船员职业学院王凤鸣担任副主编,青岛远洋船员职业学院贾俊龙担任主审。青岛远洋船员职业学院李佳静、杨晓娜、曲慧等参与了编写。

本书全部由一线教师编写。其中,钱芳编写项目三、四、五,董延丹编写项目八、九、十,天津海运职业学院张敏编写项目二;刘慧敏与董延丹合编项目六、七,王凤鸣与钱芳合编项目一。

在编写本书过程中,编者参考了大量的网站资料和图书杂志,在书中及书末以标注及参考文献等形式列出。在此,对这些书籍和资料的作者表示衷心感谢。

由于编者水平有限,书中疏漏之处在所难免,恳请广大读者批评指正,以便我们在今后修订时予以改正。

编 者

2018 年 2 月

目 录

项目一 配送认识 ··· 1
    任务一　认识配送 ··· 2
    任务二　认识配送中心 ··· 8

项目二 构建配送中心 ··· 16
    任务一　配送中心规划 ·· 17
    任务二　配送中心选址 ·· 20
    任务三　配送中心内部布局 ··· 28
    任务四　配送中心设施设备 ··· 32

项目三 配送作业——进货及装卸搬运作业篇 ······························· 48
    任务一　配送中心基本作业流程 ·· 49
    任务二　进货作业 ··· 53
    任务三　装卸搬运作业 ·· 59

项目四 配送作业——在库保管及库存控制篇 ······························· 63
    任务一　在库保管业务 ·· 64
    任务二　盘点作业 ··· 71
    任务三　库存控制 ··· 74
    任务四　安全管理 ··· 81

项目五 配送作业——拣货出库篇 ······································· 92
    任务一　订单处理 ··· 93
    任务二　拣货作业 ·· 100
    任务三　退货、补货作业 ·· 110
    任务四　出库发货作业管理 ··· 114

项目六 配送中心配送组织管理 ... 121
　　任务一 配送组织 ... 122
　　任务二 配送线路优化 ... 130
　　任务三 车辆配载 ... 139
　　任务四 配送计划与调度 ... 145

项目七 配送中心商务管理 ... 156
　　任务一 配送中心成本管理 ... 157
　　任务二 配送中心的运营策略 ... 169
　　任务三 仓储商务合同管理 ... 174
　　任务四 配送服务合同管理 ... 184

项目八 物流配送的服务管理 ... 189
　　任务一 配送中心服务管理 ... 190
　　任务二 配送"6S"管理 ... 194
　　任务三 配送绩效管理 ... 199

项目九 配送信息技术 ... 209
　　任务一 配送中心的物流信息技术应用 ... 210
　　任务二 配送管理信息系统 ... 224

项目十 智能配送 ... 232
　　任务一 智能配送 ... 233
　　任务二 智能配送新技术 ... 239

参考文献 ... 248

项目一 配送认识

● 学习目标

知识目标

掌握配送的概念,了解配送的特点;掌握配送的意义和作用;掌握配送发展的历史,了解配送的现代化发展趋势。

技能目标

能对生活周边的配送活动进行分类;能通过网络媒体对国内外配送的发展进行分析。

项目任务

任务一　认识配送

任务二　认识配送中心

配送作业

任务一
认识配送

● **任务布置**

配送是现代物流的缩影,它几乎包含了所有的物流功能,配送的水平反映了物流的处理能力。配送直接面向消费者,该环节服务质量的好坏直接影响客户对物流体系的评价。

请结合身边案例,通过网络媒体,描述什么是配送,找出配送的特点。

● **知识要点**

一、配送的概念

物流是企业的"第三利益源泉",处于物流末端的配送具有提高物流经济效益,优化、完善物流系统,改善服务,降低成本的功能,在物流系统中占有重要的地位。

"配送"一词来自日语,《日本工业标准(JIS)物流用语》中将其定义为"将货物从物流据点送交给收货人"。

从配送活动的实施过程上看,配送包括两个方面的活动:"配"是对货物进行集中、分拣和组配;"送"是以各种不同的方式将货物送达指定地点或用户手中。

配送是在经济合理区域范围内,根据用户的要求,对物品进行拣选、加工、包装、分割、组配等作业,并按时送达指定地点的物流活动。(2001年中华人民共和国国家标准《物流术语》)

配送的英语为"Delivery",但不能将它简单地理解为交货、运送。和配送相近的词汇还有分送、投送、输送、供应、供给、发放等,从配送的实际形态上看,这些词汇都不能对配送做出满意的释义。

二、配送的特点

1. 配送是从物流节点至用户的一种特殊送货形式,是短距离的末端运输

配送在整个输送过程中处于"二次输送""支线输送""终端输送"的位置,是中转型送货,而不是传统意义上的直达型送货,其起止点是物流据点至用户,通常是少量货物短距离的移动。从事送货的是专职流通企业(配送),用户(企业)需要什么配送什么,而不是生产企业生产什么送什么,有什么送什么。

2. 配送不是单纯的运输或输送,而是运输与其他活动共同构成的组合体

配送要组织物资订货、签约、进货、仓储、分拣、包装、配装等,及时对物资进行分配、供应处

理,除了各种"运"与"送"的活动外,还要从事大量分货、配货、配装等工作,是"配"和"送"的有机结合。

3.配送是供给者送货到户式的服务性供应,强调满足用户需求

配送是在全面配货的基础上,完全按用户要求(包括种类、品种搭配、数量、时间等方面的要求)所进行的运送。因此,配送从用户的利益出发,按用户的要求为用户服务。在观念上必须明确"用户至上""质量为本"。配送企业相对于用户是处于服务地位,而不是处于主导地位,应在满足用户利益的基础上取得本企业的利益。

4.配送是一项有计划的活动,强调合理化

配送要根据客户的需要,以及从事配送企业的能力,有计划地进行送货活动,以满足客户预定的需要。对于配送而言,应当在时间、速度、服务水平、成本、数量等方面寻求最优。因为过分强调"按用户要求"是不妥的,受用户本身的局限,要求有时存在不合理性,在这种情况下会损失单方或双方的利益。

● 知 识 链 接

表1-1　配送与一般送货的区别与联系

	配送活动	一般送货活动
目的	配送活动是社会化大生产、专业化分工的产物,是物流领域内物流专业化分工的反映,是提升企业竞争力的重要手段,是物流发展的必然趋势	一般送货活动只是企业的一种推销手段,通过送货上门服务达到提高销售量的目的
内容	根据客户需求将所需物品经过分类、配组、分装、货物整理等项工作	客户仅需要送货,没有分类、配组、理货等工作
组织管理	是流通企业的专职,要求有现代化的技术装备作为保证,要有完善的信息系统,有将分货、配货、送货等活动有机结合起来的配送中心	由生产企业承担,中转仓库的送货只是一项附带业务
基础设施	必须有完善的现代的交通运输网络和管理水平作为基础,同时还要和订货系统紧密联系,必须依赖现代信息的作用,使配送系统得以建立起来	没有具体要求
时间要求	送货时间准确,计划性强	时间不一定准确,计划性相对差
工作效率	充分利用运力,考虑车辆的货物配载。重视运输路线优化,强调距离最短,并且一辆货车向多处运送	不考虑车辆配载,不科学制定运输规划,货车一次向一地运送
技术装备	全过程有现代化物流技术和装备的保证,在规模、水平、效率、速度、质量等各方面占优势	技术装备简单

三、配送的意义和作用

配送是企业经营活动的重要组成部分,对优化经济结构、节约社会劳动以及充分发挥物流功能起到了巨大的作用。

1. 推行配送有利于物流实现合理化

配送不仅能够把流通推向专业化、社会化,更重要的是,它能以其特有的运动形态和优势调整物流结构,使物流运动达到规模经济,并以规模优势取得较低的运输成本,通过配送减少了车辆的空驶,提高了运输效率和经济效益,并能减小对空气的污染。

2. 完善了整个运输和物流系统

20世纪下半叶以来,科学技术的进步、运输工具的改善使得干线运输在多种运输方式中都达到较高的水平,长距离、大批量的运输实现了低成本化。但是,在干线运输完成之后需要以支线运输和小搬运来实现末端运输,这种支线运输和小搬运便成了物流过程的薄弱环节。采用配送方式将支线运输和小搬运活动统一起来,发挥灵活性、适应性和服务性的特点,使运输过程得以优化和完善。

3. 提高了末端物流的效益

采用配送方式,通过增大经济批量来达到经济进货,以将各种商品的用户集中在一起统一进行发货代替分别向不同用户小批量发货,从而达到经济发货,使末端物流经济效益得到提高。

4. 通过集中库存使企业实现低库存或零库存

在采用准时化配送方式之后,生产企业可以依靠配送中心的准时化配送进行准时化生产,而不需保持自己的库存或较小地保持库存。这样生产企业就可以实现零库存,可极大地降低库存占用资金,从而改善企业的财务状况。实行集中库存后,其库存总量会大大地低于各企业的分散库存之总量,同时也增加了调节能力,提高了社会经济效益。此外,集中库存还可以发挥规模经济优势,使单位存货成本下降。

5. 简化事务,方便用户

采用配送方式,用户只需向一处提出订货就能达到向多处采购的目的,因而极大地减轻了用户的工作量和负担,也节省了订货等一系列事务开支。

6. 提高供应的保证程度

生产企业自己保持库存来维持生产,由于受库存费用的制约,提高供应的保证程度很难,保证供应和降低库存成本存在二律背反问题。采取配送方式,由于配送中心的集中存货可以调节企业间供需关系,同时库存量更大,降低了企业断货、缺货、影响生产的风险。

7. 为电子商务的发展提供了基础和支持

从商务角度来看,电子商务的发展需要具备两个重要条件:一是货款的支付;二是商品的配送。网上购物无论如何方便快捷,如何减少流通环节,唯一不能少的就是商品配送,配送服务如不能相匹配,则网上购物就不能发挥其方便快捷的优势。

四、配送的功能要素

1. 备货

备货是配送的准备工作或基础工作。备货工作包括筹集货源、订货或购货、集货、进货及相关的质量检查、结算、交接等。配送的优势之一就是可以集中用户的需求进行一定规模的备货。备货是决定配送成败的初期工作,如果备货成本太高,则会大大降低配送的效益。

2. 储存

配送中的储存有储备及暂存两种形态。配送储备是按一定时期的配送经营要求,形成的对配送的资源保证。这种类型的储备数量较大,储备结构也较完善,视货源及到货情况,可以有计划地确定周转储备及保险储备结构及数量。配送的储备保证有时在配送中心附近单独设库解决。配送的另一种储存形态是暂存,是具体执行日配送时,按分拣配货要求,在理货场地所做的少量储存准备。由于总体储存效益取决于储存总量,所以这部分暂存数量只会对工作方便与否造成影响,而不会影响储存的总效益,因而在数量上控制并不严格。

还有另一种形式的暂存,就是分拣、配货之后形成的发送货载的暂存,这个暂存主要是调节配货与送货的节奏,暂存时间不长。

3. 分拣及配货

分拣是配送不同于其他物流形式的有特点的功能要素,也是配送成败的一项重要支持性工作。分拣及配货是完善送货、支持送货的准备性工作,是不同配送企业在送货时进行竞争和提高自身经济效益的必然延伸,也可以说是送货向高级形式发展的必然要求。有了分拣及配货,就会大大提高送货服务水平,所以分拣及配货是决定整个配送系统水平的关键要素。

4. 配装

在单个用户配送数量不能达到车辆的有效载运负荷时,就存在如何集中不同用户的配送货物进行搭配装载以充分利用运能、运力的问题,这就需要配装。和一般送货的不同之处在于,通过配装送货可以大大提高送货水平及降低送货成本,所以配装也是配送系统中有现代特点的功能要素,也是现代配送不同于以往送货的重要区别之处。

5. 配送运输

配送运输属于运输中的末端运输、支线运输,和一般运输形态主要区别在于:配送运输是较短距离、较小规模、额度较高的运输形式,一般使用汽车作为运输工具。与干线运输的另一个区别是,配送运输的路线选择问题是一般干线运输所没有的,干线运输的干线是唯一的运输线,而配送运输由于配送用户多,一般城市交通路线又较复杂,如何组合成最佳路线、如何使配装和路线有效搭配等是配送运输需要解决的问题,也是难度较大的工作。

6. 送达服务

配好的货运输到用户还不算配送工作的完结,这是因为货物送达和用户接货往往还会出现不协调,使配送前功尽弃。因此,要圆满地实现运到之货的移交,并有效地、方便地处理相关手续并完成结算,还应讲究卸货地点、卸货方式等。送达服务也是配送独具的特殊性。

7. 配送加工

在配送中,配送加工这一功能要素不具有普遍性,但往往是有重要作用的功能要素。其主要原因是通过配送加工,可以大大提高用户的满意程度。配送加工是流通加工的一种,但又有不同于一般流通加工的特点,即配送加工一般只取决于用户要求,其加工的目的较为单一。

● 任务提示

由于电子商务的发展,现在生产、生活中的配送业务案例越来越多了,配送不是简单的存储加送货,而是"配"和"送"的有机结合,配送是短距离的末端运输;配送不是单纯的运输或输送,而是运输与其他活动共同构成的组合体;配送是供给者送货到户式的服务性供应,强调满足用户需求;配送是一项有计划的活动,更强调合理化。

五、配送的发展趋势

(一) 国外物流配送发展现状

国外发达国家在物流以及物流配送研究方面起步相对较早,目前已取得了不小的成就。物流的发展状况跟市场经济的发展程度密切相关。往往市场越发达的国家或地区,其物流配送的发展越先进和普及。

当下的美国、日本以及欧洲的一些发达国家已经拥有了比较发达的物流配送体系。发达国家的配送中心完全采用计算机控制与管理。货物从入库开始,分拣后自动进入指定的位置,全部由自动化计算机控制。如美国的沃尔玛连锁公司是目前美国最大的连锁公司,其拥有全世界最先进的自动化配送设备,是美国物流配送技术最高水平的代表。再比如日本的零库存技术,日本通过零库存技术,最大限度地保障企业利润,降低企业库存成本和消耗。发达国家的实践告诉我们,在同等条件下,不同的企业配送水平直接影响到产品的价格和价值。

通过使用现代高效的物流配送中心,我们能够获得低于社会平均价格的商品,从而为交易获得更高的企业效率。

当下,统一配送为很多发达国家所推崇,其中美国企业在配送模式实践上有很大的成就。美国企业推出的以零售业为主的物流配送模式、以仓储运输业为主的物流配送模式和以批发商为主的共同配送模式深受市场的推崇。

(二) 国内物流配送发展历程

20世纪70年代,在我国的计划经济体制下,为了提高木材流通效率,杭州的木材流通实行按需供应的供应方式;为了解决平板利用率低的问题,我国一些大中城市的物资部门在一个城市设置一个或几个集中点,并按其货单配货、送货,实行集中库存、提高效率的流通方式,上述流通方式可以说是我国配送的雏形。但是由于某些落后的生产关系及其他因素制约,使得这一先进生产力最终未能突破体制的障碍,未能出现持续进步、稳定发展的局面。

20世纪80年代,随着生产资料市场的开放搞活,物资流通格局发生了很大的变化,市场竞争日趋激烈。物资企业为了自身的发展、提高市场占有率,广泛开展物资配送业务,如天津储运公司唐家口仓库的"定时定量配送",河北省石家庄物资局"三定一送"的物资配送以及上海、天津等地的煤炭配送等。从总体分析,20世纪80年代是我国从自发运用配送阶段向自觉运用配送阶段的过渡时期。自20世纪90年代以来,我国很多城市的物资部门建立了配送中心,配送得到了很大发展,这样便彻底改变了传统的流通模式和方式。过去物资流通部门等人上门买货,如今迈出家门主动上门送货,为生产企业配送急需的产品。为了提高经营效率,国内许多商家较广泛地采用了把货送到买主手中的方式,这是商务的第一次革命。

在这期间,通过配送与连锁相结合的新流通形式发展配送,实现了质优价廉,中心实行统一集中进货,享受了生产企业的批量优惠,同时从用户和自身利益、信誉出发,严把进货关,保证进货质量。发展配送大大减少了生产企业的库存,实现了生产企业零库存的可能。而且,随着计算机网络的应用,逐步实现了配送中的流通现代化管理。先进设施的使用也为用户提供了更加方便、快捷的服务,同时提高了流通企业的效率。

进入21世纪,伴随着电子商务的出现,物流配送发生了脱胎换骨的变化,不仅影响到物流配送本身,也影响到上下游的各个体系,包括供应商、消费者。

接下来就是近几年物流配送的信息化及网络技术的广泛应用所带来的种种影响,这些影响是有益的,将使物流配送更有效率。我们称这些影响为物流配送的第三次革命,我国也将顺应这种发展趋势,逐步形成电子商务下的物流配送体系。

(三) 国内物流配送的发展趋势

电子商务下的物流配送是目前发展的物流配送方式之一。它是指物流配送企业采用计算机网络化技术和现代化的硬件设备、软件系统及先进的管理手段,针对社会需求,严格地、守信用地按用户的订货要求,进行一系列分类、编码、整理、分工、配货等理货工作,定时、定点、定量地交给没有范围限度的各类用户,满足其对商品的需求。未来的物流配送除了具备传统物流配送的特征外,还应具备以下基本特征。

1. 功能更全面

功能更全面是指我国物流进入全面发展阶段,除了能提供现有的仓储和运输服务外,还能提供配货、配送、加工、包装等服务,为客户提供多方面的服务,满足不同客户的需求。

2. 系统化

系统化是指通过统筹协调、合理规划,控制整个商品的流动,以达到利益最大、成本最小,同时满足用户需求不断变化的客观要求。

3. 社会化

社会化是指专业化分工明确,减少资源和时间的浪费,以达到少库存和零库存的目的。作为流通领域的重大变革,社会化物流配送目前在发达国家相当流行,其社会效益和经济效益被比喻为一座金矿。其优越性是多方面的:一是服务对象多,流通渠道广,可以形成规模流通,收到规模效益;二是实行社会化可以优化物流设施资源配置,减少不必要的投资;三是作为专业化物流机构,设施先进、人才集中,凭借这些优势,可以建立快速反应系统。

4. 信息化

信息化是指未来的物流系统更全面,信息处理和传输系统较现在更先进,为客户提供最佳的服务。通过网络使物流配送信息化,实行信息化管理是新时期物流配送的基本特征。其主要表现为物流信息的商品化、物流信息收集的数据库化和代码化、物流信息处理的电子化和计算机化、物流信息传递的标准化和实时化、物流信息存储的数字化等。信息化会使新时期物流配送服务提供者对上游、下游的物流配送需求的反应速度越来越快,前置时间越来越短,配送时间越来越短,物流配送速度越来越快,商品周转次数也将越来越多。因此信息化是一切的基础,是实现现代化和社会化的前提保证,信息技术及计算机技术在物流配送中的应用将会彻底改变我国物流配送的面貌。

5. 国际化

国际化是指物流企业发展到多国化的阶段,物流企业的服务面向全球发展。

任务二
认识配送中心

● 任务布置

某开发区内集聚着30余家小家电生产企业，每个企业在原材料采购和产品销售过程中都遇到了同样的问题，即在采购的时候，往往由于某一种材料采购量不足，要花费高昂的费用，销售的时候，单个客户需要的产品数量少，多个客户关于配送产品的时间和数量要求又在不断变化，这使销售费用居高不下，这些企业也曾坐下来商谈采购和销售的事，但没能成功。近日有调研者到这些企业发放问卷，说要在这个区域建一个与小家电相关的配送企业，为区域内企业提供采购和销售方面的物流服务。某天几家企业的经理集中在一起讨论关于配送的事，同时请了一位物流教授给大家讲解一下。

请问这位物流教授会在这么短的时间内讲些什么呢？集中做配送又有哪些好处呢？

● 知识要点

一、配送中心的基本含义

(一) 配送中心的概念

对于配送中心的认识，国内外有不同的解释：

日本《市场术语辞典》对配送中心的解释是："一种物流节点，不以贮藏仓库的这种单一的形式出现，而是发挥配送职能的流通仓库，也称为基地、据点或流通中心"，"配送中心的目的是降低运输成本、减少销售机会的损失，为此建立设施、设备并开展经营管理工作"。

日本《物流手册》将配送中心定义为"供应者手中接收多种大量的货物进行倒装、分类、保管、流通加工和信息处理等作业，然后按照众多需求者的订货要求备齐货物，以令人满意的服务水平进行配送的设施"。

我国物流专家王之泰教授也给配送中心下过定义："从事货物配备(进货、加工、分货、拣选、配货)和组织对客户的送货，以高水平实现销售或供应的现代流通设施。"

不论国内外如何认识配送中心，定义如何不同，但对于配送中心的现实功能和作用的认识是一致的，即配送中心是配送业务活动的集聚地和发源地，其功能是按照客户的要求为客户提供高水平的供货服务，至于配送中心是一种物流设施还是物流活动组织，则要根据配送中心的经济功能来确定。

由此可见，配送中心是基于物流合理化和拓展市场两个需要而逐步发展起来的。它是物流领域中社会分工、专业分工进一步细化之后的产物。

在我国,根据《物流术语》的定义,配送中心(distribution center)是指从事配送业务且具有完善信息网络的场所或组织。配送中心应基本符合下列要求:

①主要为特定客户或末端客户提供服务。
②配送功能健全。
③具有完善的信息网络。
④辐射范围小。
⑤多品种、小批量。
⑥以配送为主,以储存为辅。

结合配送的概念及配送中心的定义,对配送中心可以这样理解:

①配送中心的配送工作是其主要、独特的工作,是全部由配送中心完成的。
②配送中心为了实现配送,要进行必要的货物储备。
③配送中心是配送的组织者。
④配送中心不是单纯地从事物流配送活动。
⑤配送中心实际上是集货中心、分货中心、加工中心的综合。
⑥配送中心是现代流通设施。

如上所述,配送中心是一种末端物流的节点设施,通过有效地组织配货和送货,使资源的终端配置得以完成。

二、配送中心的功能

一方面,配送中心集成了物流和商流活动,是商物合一;另一方面,配送中心集成了物流活动的所有功能,可以看作物流活动的缩影。通常情况下,配送中心应具有如下功能:

1. 采购(purchase)功能

采购功能是配送中心根据市场或下游客户的需求情况,制订统一的采购计划,并由专门人员与部门组织实施的一项功能。由于市场需求是多变的,因此采购计划也是经常要随之调整的。

2. 运输(transportation)功能

将上游供货方的商品运送至配送中心,就是配送中心的运输功能。不过,从理论和现实的角度看,多数情况下,这项任务并不由配送中心自己完成,而是由供货方直接送达配送中心,或者由第三方物流企业送达配送中心。

3. 储存(storing)功能

为了更好地完成向客户配送商品的任务,为了更好地发挥保障生产和消费需要的作用,配送中心通常要兴建现代化的仓库,并配备一定数量的仓储设备,储存一定数量的商品,通过库存产生商品的时间效用。某些区域性的大型配送中心和开展代理交货配送业务的配送中心,不但要在配送商品的过程中储存商品,而且它所储存的商品数量更大、品种更多。因此,储存功能是配送中心的重要功能之一。

总的来说,现代物流更强调物品的流动,在配送中心储存只是暂时的,最终是希望使下游商品更好地流动起来。

4. 搬运装卸(loading and unloading)功能

搬运装卸伴随着配送中心的各个作业环节,起着连接和转换各环节的作用,关系到配送中心的作业效率和作业成本。搬运装卸作业的机械化、电子化和自动化可以大大加快商品的中转和流动速度。

5. 流通加工(distribution processing)功能

流通加工是指配送中心为保证商品质量、促进商品销售和实现物流高效化,而对物品进行的有关加工和作业,如分装、分拣、分割、剪裁、组装、计量、质量检查、贴标签等。流通加工也是配送中心的重要功能之一,常见的流通加工有以下几种。

(1) 分装

从配送中心的角度来看,它们往往希望采用大批量的进货来降低进货价格和进货费用;而客户企业为了降低库存、加快资金周转、减少资金占用,往往要采用小批量进货的方法。为了满足客户的要求,即客户的小批量、多批次进货,配送中心就必须对大批量进货商品进行分装。

(2) 分拣

由于配送中心的众多客户彼此在经营性质和规模上相差很大,因此,配送中心在订货或进货时,不同的客户对货物的种类、规格、数量会提出不同的要求。为了同时向不同客户配送多种货物,配送中心必须采取适当有效的方式对货物进行拣选,并在此基础上,按照配送计划分装和配装货物。这样,配送中心就增加了分拣货物的功能。

(3) 分割

对于某些商品,为了兼顾大批量集合运输的高效率、低损耗与消费者的小批量、多样化、定制化需求,常常要将大块或大卷的物品进行必要的分割,如钢板、玻璃等的分割、套裁等。这样做,从客户角度来看,省时、省力,方便了消费;从配送中心角度来看,不但促进了销售,而且有利于对加工余料的充分利用;另外,搭配套裁还可以减少边角料,提高材料的利用率,对客户、对自身、对社会都有很大的好处。

(4) 组装

某些商品由于自身的特殊形状,在运输、装卸作业中效率较低,且极易发生损失,需要进行适当的流通加工以弥补它们的物流缺陷。例如,自行车、电动车、摩托车等在消费地区的组装加工可防止整车运输的低效率和高损失。

6. 组配(assembly)功能

一方面,由于每个客户企业对商品的品种、规格、型号、数量、质量、送达时间和地点等的要求不同,配送中心必须按客户的要求对商品进行分拣和组配;另一方面,配送中心的运输工具的载重量和容积,与所需要配送商品的重量和容积并不会每次都正好合适,因此必须合理组织、安排好物品的配载作业。配送中心的这一功能是其与传统仓储企业的明显区别之一,也是配送中心的重要特征之一。

7. 包装(packaging)功能

根据商品向下游流转的过程和目的不同,配送中心对商品进行不同的包装。这个过程既包含大袋换装小袋的简单包装,也包括为了促销而进行的漂亮包装。总的来讲,商品包装要满足消费者、运输商和销售商的要求,既起到保护商品、方便储运、促进销售的作用,同时还要降低包装成本。

8. 集货(goods collection)功能

配送中心从众多的供应商那里按客户需要的品种较大批量地进货,以备齐所需商品,这个功能称为集货。

9. 配送(distribution)功能

配送中心的配送功能属于配送中心的末端职能,是指依照合理的配送路线,将商品送达的过程。配送运输的难点是如何组合形成最佳路线,如何使配装和路线有效搭配。

10. 退货回收(returned recycling)功能

配送中心要对下游滞销商品的退货、不合格物品的返修、包装容器的周转等进行有效处理。

11. 直接换装(cross docking)功能

直接换装有时又称交叉转运,是配送中心比较特殊的一种作业形式。它是指物品到物流中心后,直接从一种运输工具上换载到另一种运输工具上的转换方式。它无须存储,直接到的货物经过适当分类整理后换装转运到发货站台。直接换装消除了入库、储存和拣选等流程,减少了作业时间和成本,加快了货物流转速度,并能够提高客户服务水平,因此,该功能应用越来越广。

12. 信息处理(information processing)功能

信息处理主要指配送中心为沟通物流配送各环节、各作业间的活动而建立信息系统和信息网,有效地为客户提供有关货物的购、储、运、销一体化服务及有关咨询服务,协调各部门、各环节的配送作业。这些信息包括配送商品的数量、质量、速度、时间、成本等作业管理信息,上下游客户的关联信息,市场信息,政策信息等。

13. 增值服务(added value)功能

增值服务是指在基本服务的基础上替客户着想、为客户提供的延伸服务和额外服务;服务有时需要更多的成本,所以配送中心常常通过提高服务收费或获得更多的业务予以丰富。一般来说,增值服务需要创意和智慧,需要从客户的角度思考,因此增值服务的内容也随配送中心的不同、客户的不同而有很大的差别。以下几种服务都可以认为是配送中心提供的增值服务。

(1)按客户的要求进行特殊包装,设定特定的标记,并帮助客户制作价格标签。

(2)配送中心不仅提供订货处理、储存服务和配送服务,还提供诸如退货、返修、回收商品等逆向物流服务。

(3)配送中心不仅和货主发生物流费用的结算,而且受货主委托,替货主向收货人结算和开票,即通常所说的代收货款。

(4)配送中心提供与促销有关的增值服务,如销售点展销台的配置、销售点扩大宣传和促销材料的物流支持等。

(5)准时制(Just In Time,JIT)配送服务,在准确的时间,准确地将适当质量和价格的商品送到客户手中,为JIT生产和JIT销售提供支撑。

(6)配送中心根据自己的行业经验和专业知识,为货主提供方案策划、系统设计等物流方面的咨询服务,代替货主选择和评价运输商、仓储商及其他物流服务供应商等。这既是一项增值服务,也是一项提高配送中心竞争力的手段。

三、配送中心的作用

在现代物流活动中,配送中心的作用是十分明显的,可以归纳为:

1. 使供货适应市场需求变化

各种商品的市场需求在时间、季节、需求量上都存在大量随机性,而现代化生产、加工无法完全在工厂、车间来满足和适应这种情况,必须依靠配送中心来调节、适应生产与消费之间的矛盾和变化。

2. 经济高效的组织储运

从工厂、企业到销售市场需要复杂的储运环节,要依靠多种交通、运输、库存手段才能满足。传统的以产品或部门为单位的储运体系明显存在不经济和低效率的问题,所以建立区域、城市的配送中心能进行批量进发货物,能组织成组、成批、成列直达运输和集中储运,有利于降低物流系统成本,提高物流系统效率(如图1-1所示)。

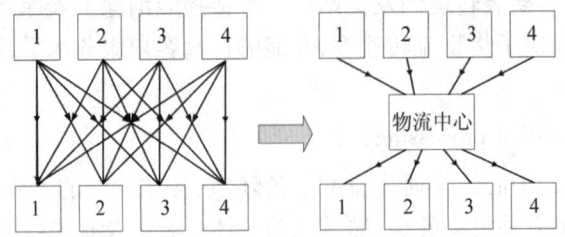

图1-1 物流中心的高效组织储运

3. 提供优质的保管、包装、加工、配送、信息服务

现代物流活动中,物资物理、化学性质的复杂多样化,交通运输的多方式、长距离、长时间、多起终点,地理与气候的多样性,对保管、包装、加工、配送、信息提出了很高的要求。只有集中建立配送中心,才有可能提供更加专业化、更加优质的服务。

4. 促进地区经济的快速增长

配送中心同交通运输设施一样是经济发展的保障,是吸引投资的环境条件之一,也是拉动经济增长的内部因素,配送中心的建设可以从多方面带动经济的健康发展。

对于连锁店的经营活动是必要的,它可以帮助连锁店实现配送作业的经济规模,使流通费用降低;减少分店库存,加快商品周转,促进业务的发展和扩散。批发仓库通常需要零售商亲自上门采购,而配送中心解除了分店的后顾之忧,使其专心于店铺销售额和利润的成长,不断开发外部市场,拓展业务。此外,还加强了连锁店与供货方的关系。

四、配送中心的类型

配送中心是一种新兴的经营管理形态,但由于建造企业的背景不同,其配送中心的功能、构成和运营方式就有很大区别,因此在配送中心规划时应充分注意配送中心的类别及其特点。

根据不同的划分标准,配送中心可以划分为不同的类型。

（一）根据配送中心的功能进行划分

1. 储存型配送中心

这类配送中心有很强的储存能力，其储存空间往往占整体空间比例较大。生产资料配送中心、连锁超市的配送中心等都属于这一类，它们储存了大量商品，为客户提供支持生产或销售的物流配送服务。由于历史的原因，目前我国以这类配送中心居多。

2. 流通型配送中心

这类配送中心不以商品的长期保管、存储为目的，而是以加快商品流通为主要目标，"大进大出"是其主要特点。一般的情形是，大量货物整托盘或整箱进入，或暂存然后中转出货，或者以直接换装的形式直接出货，或者经过简单分拣后就配货发货。

3. 流通加工型配送中心

这类配送中心以流通加工为主要功能，既可以有分拣、分割、计量、组装、小件包装、贴标签、条形码贴附等简单作业，也可以有如净菜加工、食品加工、生产资料加工等稍复杂和有一定技术的作业。

4. 综合型配送中心

这类配送中心功能比较齐全，采购、储存、包装、配送、流通加工、物流信息等功能都具备，作业能力比较强。这类配送中心以大型生产企业和大型流通企业设立的居多。

（二）根据配送中心的运营主体进行划分

1. 生产型配送中心

这类配送中心主要由实力雄厚的大型生产制造企业投资建立并运营。一方面为企业的生产制造提供准时生产配送服务，降低生产物流成本；另一方面为企业产品提供销售物流配送服务，以降低流通费用，并提高售后服务的质量。

● 应用案例

海尔物流配送中心就有采购件和制成品两个自动化仓库，共有19 536个库存货位。采购件自动化仓库负责向装配线工位准时配送零部件，制成品自动化仓库负责向全国42个分销配送中心准时配送制成品。该配送中心建成后，海尔的库存资金由1999年的15亿元迅速降至2000年的7亿元。

2. 流通型配送中心

随着商业规模的扩大和连锁商业的兴起，大型商业企业更愿意自建物流配送中心，以达到有效控制销售和降低物流成本的目的。这类配送中心主要包括以批发商为主的批发型配送中心和以零售商为主的零售商（或连锁超市）配送中心。

● 应用案例

沃尔玛、麦德龙、家乐福、卜蜂莲花等大型流通企业都建立了自己的配送中心，专门为本公司所属的销售网点提供商品配送服务。

3. 专业物流配送中心

专业物流配送中心即社会物流配送中心。由于自建配送中心的建设成本和运营成本一般比较高，因此使用第三方运营的配送中心，由生产商、批发商、零售商以外的第三方物流企业提供物流配送服务，也是一种经常采用的配送模式。这对广大的中小型生产企业、流通企业及社会上的零散客户来说，是一种很好的选择。

4. 共同配送中心

这是为了满足企业经营和降低成本的需要，由多个中小型企业合资或合作建立的配送中心。这类模式可以在供应链的上下游企业间实行，也可以在同类企业间实行，还可以在异类企业间实行，只要能够实现共赢，就达到了各方共同的目标。这样做不仅可以提高配送车辆的利用率，减少企业的配送费用，弥补企业配送能力的不足，而且有利于企业及时、快速地响应客户的需求。

（三）根据配送中心的服务范围进行划分

1. 城市配送中心

这是向城市范围内的众多客户提供配送服务的配送中心。由于运距较短，一般处于汽车运输的经济里程，汽车配送就可直接送达最终用户。这种配送中心往往和零售经营相结合，由于运距短、反应能力强，因而仍是多品种、小批量、多用户的配送较有优势。

2. 区域配送中心

区域配送中心是具有较强的辐射能力和库存准备，其辐射范围大，可以向相当广大的区域进行配送的配送中心。配送目的地既包括下一级的城市配送中心，也包括营业场所、商店、批发商和企业用户。这种配送中心普遍经营规模比较大，设施和设备齐全，数量多，活动能力强。区域配送中心也从事零星的配送活动，但不是其主要业务。

（四）根据专业性不同进行划分

由于商品的种类、特性多种多样，因此若根据配送商品的种类进行划分，就划分出了各种专业配送中心。常见的有日用品配送中心、食品配送中心、生鲜品配送中心、化妆品配送中心、医药配送中心、图书配送中心、服饰配送中心、电子产品配送中心、农产品配送中心、钢材配送中心、建材配送中心等。

● **任务提示**

对于初次接触配送的人，首先要从概念入手，对配送的含义和内容做初步的了解，还要了解目前已经开展配送业务的企业类型、该行业的经营状况和前景等。

● **项目实训**

认识配送

1. 实训人员

每 6~7 人一组。

收集资料 3 人，资料整理 2 人，PPT 制作 1~2 人，演说 1 人。

2.实训内容

请根据课上所学内容,利用网络资源,收集资料并演示。

(1)什么是配送?目前从事配送业务的企业有哪些?都属于哪种配送类型?

(2)配送在中国的发展如何?有什么机遇和挑战?

(3)未来配送的发展趋势有哪些?

项目二 构建配送中心

● 学习目标

知识目标

理解配送中心选址因素和原则,了解配送中心规划过程及方法;了解配送中心布局;了解配送中心设施设备选型原则。

技能目标

能够熟练使用重心法选址方法;能够分析配送中心规划要点;能够根据实际情况分析配送中心设施设备选型方案。

项目任务

任务一　配送中心规划

任务二　配送中心选址

任务三　配送中心内部布局

任务四　配送中心设施设备

任务一
配送中心规划

● 任务布置

广州某果品物流配送中心,总占地面积500亩,建筑面积30万平方米,总投资6.25亿元人民币,项目首期占地规模达300亩。该项目配套完善,规划先进,目前已组建齐全的物管、仓管、营运、电商等平台服务精英团队,并与国内12个货源省市50个果品货源产区、2万家采购商达成了供销对接战略合作意向。该项目深入洞悉广州果品批发市场行业变革和水果商家对交易平台的切实需求,致力打造成为珠三角一级水果批发市场。

请同学们根据上述案例思考:配送中心规划的主要内容是什么?一个配送中心从无到有大致要经过怎样的程序?

● 知识要点

配送中心规划概述

(一)配送中心规划的含义

配送中心规划是对于拟建配送中心的长远的、总体的发展计划。"配送中心规划"与"配送中心设计"是两个不同但容易混淆的概念,虽然两者有密切的联系,但是也存在着重大的差别。在配送中心建设的过程中,如果将规划工作与设计工作相混淆,必然会给实际工作带来许多不应有的困难。因此,比较配送中心规划与配送中心设计的异同,阐明两者的相互关系,在理论和实践中正确理解配送中心规划的界定都具有重要意义。

配送中心规划属于配送中心建设项目的总体规划,是可行性研究的一部分;而配送中心设计则属于项目初步设计的一部分。

配送中心规划与配送中心设计的不同之处有两个方面:

一是目的不同。配送中心规划是关于配送中心建设的全面长远发展计划,是进行可行性论证的依据;配送中心设计是在一定的技术与经济条件下,对配送中心的建设预先制订详细方案,是项目施工图设计的依据。

二是内容不同。配送中心规划强调宏观指导性;配送中心设计强调微观可操作性。

配送中心规划设计可以用决策四边形(见图2-1)来表示,这些领域是相互联系的,对配送中心规划有重要影响。所以,配送中心规划应该从整体考虑。

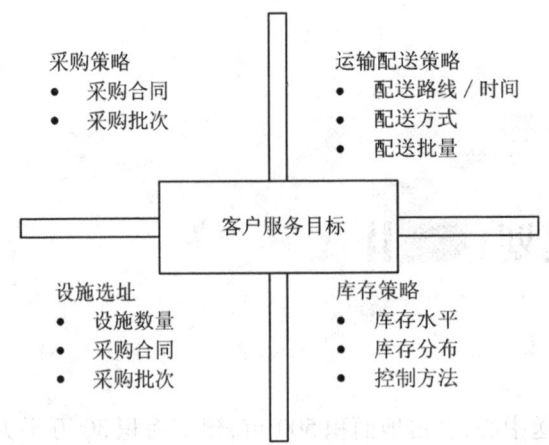

图 2-1 配送中心规划设计决策四边形

(二)配送中心规划的层次

配送中心规划包括战略层、策略层、运作层三个层面(如表 2-1 所示)。战略层面体现长期的总体战略目标的要求,以及企业的发展方向和采取的物流管理的基本策略;策略设计是一个中期的规划(时间短于一年),是在战略设计的框架内更具体、更细化的指导性规划;运作设计是短期的规定时间内的具体执行计划。

战略设计侧重于宏观控制,使用的数据可以是不完整、不精确的,设计内容只要在合理范围内接近最优就可以了。运作设计却侧重于具体操作,要使用非常准确的数据进行设计,既能处理大量数据,又能得出合理的计划。

物流网络的方法是解决配送中心规划问题的一种方法,网络中的节点代表配送中心,使配送中心网络中的链路代表不同节点之间货物的移动。

表 2-1 配送中心规划层次

规划内容	规划层次		
	战略层	策略层	运作层
客户服务	设定标准		
选址	设施数量、规模、位置	库存定位	确定补货数量和时间
采购	制定采购战略	洽谈合同、选择合适的供应商	发出订单
仓储	布局、地点选择	存储空间选择	出入库管理
订单处理	设计订单录入系统	处理客户订单的先后顺序	发出订单
拣选	拣选模式设计	拣选波次处理	拣选作业
运输配送	选择运输方式	运输服务的内容	线路选择、发货、派车

(三)配送中心规划的内容

配送中心规划可以分为两类:一类是新建配送中心的规划;另一类是原有物流组织(企业)向配送中心转型的改造规划。新建配送中心的规划又可以分为单个配送中心规划和多个配送中心规划两种形式(如表 2-2 所示)。

表2-2 配送中心规划的内容

类型	新建		改造
	单个	多个	
委托方	新型企业、跨国企业、政府部门		传统企业
规划目的	高起点、高标准、低成本	成为企业	传统物流向现代配送物流转变
关键点	配送中心选址	系统构造、网点布局	进行作业流程、企业重组、充分利用现有设施
规划内容	配送中心功能规划 场址选择 作业流程规划 设施规划 信息系统规划	配送中心功能规划 物流系统规划 设施规划 网点布局规划 网络信息规划	企业发展战略研究 物流功能设计 作业流程规划 物流设施规划

(四)配送中心规划的程序

配送中心规划是一件复杂的工作,大体上可以按照以下的程序进行。

1.前期准备

前期准备工作是为配送中心规划提供必要的基础资料。其主要内容包括:

(1)收集配送中心建设的内部条件、外部条件及潜在客户的信息。

(2)分析配送中心经营商品的品种、货源、流量及流向等。

(3)调查物流服务的供需情况、物流行业的发展状况等。

前期准备工作采用调研的方法,包括网上调研、图书资料调研与现场调研等。

2.确定目标及原则

确定配送中心建设的目标是配送中心规划的第一步,主要是依据前期准备工作的资料,确定配送中心建设的近期、中期、远期目标。

配送中心的建设原则一般是根据物流学原理及项目的实际情况确定的。

3.功能规划

功能规划是将配送中心作为一个整体的物流系统来考虑,依据确定的目标规划配送中心为完成业务而应该具备的物流功能。配送中心作为一种专业化的物流组织,不仅需要具备一般的物流功能,还应该具备适合不同需要的特色功能。配送中心的功能规划,首先需要对配送中心的运输、配送、保管、包装、装卸搬运、流通加工、物流信息等功能要素进行分析,然后综合物流需求的形式、配送中心的发展战略等因素选择配送中心应该具备的功能。

4.选址规划

配送中心拥有众多建筑物、构筑物及固定机械设备,一旦建成将很难搬迁,如果选址不当,将付出长远代价,因而对于配送中心的选址规划需要给予高度重视。选址规划主要包括:

(1)分析约束条件,如客户需求、运输条件、用地条件、公用设施及相关法规等。

(2)确定评价标准。

(3)选择选址方法,根据实际情况,一般采用定性与定量相结合的方法。
(4)得出选址结果。

5. 作业流程规划

作业流程规划是配送中心规划的重要步骤,决定了配送中心作业的详细要求,如设施配备、场所分区等,对后续的建设具有重要的影响。对传统物流企业进行作业流程重组,提高物流作业效率,降低物流成本,是传统物流企业向现代配送中心转型的重要途径。不同类型的配送中心,其作业流程也有很大的不同,在实际规划中应该根据配送中心的功能,结合商品特性与客户需求进行必要的调整。

6. 信息系统规划

信息化、网络化、自动化是配送中心的发展趋势,信息系统规划是配送中心规划的重要组成部分。配送中心的信息系统规划,既要考虑满足配送中心内部作业的要求,有助于提高物流作业的效率;也要考虑同配送中心外部的信息系统相连,方便配送中心及时获取和处理各种经营信息。一般来讲,信息系统规划包括两部分:

(1)配送中心内部的管理信息系统分析与设计。
(2)配送中心的网络平台架构。

7. 设施设备规划

配送中心的设施设备是保证配送中心得以正常运作的必要条件,设施设备规划涉及建筑模式、空间布局、设备安置等多方面问题,需要运用系统分析的方法求得整体优化,最大限度地减少物料搬运,简化作业流程,创造良好、舒适的工作环境。在传统物流企业的改造中,设施设备规划要注意企业原有设施设备的充分利用和改造等工作,这样可以尽可能地减少投资。配送中心的设施设备规划一般包括以下几方面工作:

(1)原有设施设备分析。
(2)配送中心的功能分区。
(3)设施设备的内部布局。
(4)公用设施规划。

任务二
配送中心选址

● 任务布置

格林公司是一家中华人民共和国成立初期就发展起来的大型医药流通企业,为众多知名的医药生产企业提供包括仓储、配送及分销在内的各种物流服务,其客户关系覆盖到各大医院、连锁药店以及全国29个省市的药品批发企业。

格林公司北京分公司覆盖的地区主要包括以北京、天津、河北、河南、山东为主的华北区,设有华北区的中央配送中心、区域配送中心,以及二级、三级城市的自营药店,通过自有车队或协议车队为客户提供配送服务,之前物流运作还是比较成功的。

然而,自公司迅速发展以后,物流配送网络随之出现问题:配送中心布局不合理;配送中心现代化程度低;配送中心运作效率比较低;配送中心功能单一。

你认为格林公司在配送中心选址过程中要考虑哪些因素?

●知识要点

一、配送中心选址原则

物流配送中心选址,是指在一个具有若干供应点及若干需求点的经济区域内,选一个地址设置物流配送中心的规划过程。设施选址,首先要根据设施的特点选择建设的地区;然后在选择确定的地区内,采用选址的某种方法,进一步确定建设的具体地点。较佳的物流配送中心选址方案是商品通过物流配送中心汇集、中转、分发直至输送到需求点的全过程的总体效益最好。

物流配送中心的选址是一个涉及面极为广泛的系统工程,选址不合理对于城市经济的发展会产生极大的阻碍,同时将削弱物流配送中心的各种功能,使物流配送中心的配送无法得到有效使用,投资成本难以收回。

物流配送中心的合理选址除了有利于降低物流成本和投资的风险外,在促进区域经济的发展、保护自然环境、缓解城市交通的压力等方面都具有积极的意义。

物流配送中心的选址过程应同时遵守以下四项原则:

1. 适应性原则

配送中心的选址应与国家或地区的经济发展方针、政策相适应,与我国物流资源分布和需求分布相适应,与国民经济和社会发展相适应。

2. 协调性原则

物流配送中心的选址应将国家或地区的物流网络作为一个大系统来考虑,使物流配送中心的设施设备在地域分布、物流作业生产力、技术水平等方面与整个物流系统协调发展。

3. 经济性原则

在物流配送中心的发展过程中,有关选址的费用,主要包括建设费用及物流费用(经营费用)两部分。物流配送中心的选址定在市区、近郊区或远郊区,其未来物流活动辅助设施的建设规模及建设费用以及运费等物流费用是不同的,选址时应以总费用最低作为物流配送中心选址的经济性原则。

4. 战略性原则

物流配送中心的选址应具有战略眼光:一是要考虑全局;二是要考虑长远。局部要服从全局,眼前利益要服从长远利益,既要考虑目前的实际需要,又要考虑日后发展的可能。

二、配送中心选址影响因素

具体地址的选择要考虑各种影响因素,如经济环境因素、自然环境因素、人力资源因素、政策环境因素等。例如,制造商的物流配送中心,应以接近上游生产厂家或进口港为宜;日常消费品的配送,则宜接近居民生活社区。一般应以进货与出货产品类型特征及交通运输的复杂度来选择接近上游点或下游点的选址策略,这些是从感性认知的角度进行决策,还有一些是从理性认知的角度进行决策,即通过选址规划的算法得出最优方案。

1. 经济环境因素

(1) 货流量的大小

物流配送中心设立的根本目的是降低社会物流成本,如果没有足够的货流量,物流配送中心的规模效益便不能发挥。所以,物流配送中心的建设一定要以足够的货流量为条件。

(2) 货物的流向

货物的流向决定着物流配送中心的工作内容和设施设备的配备。对于供应物流来说,物流配送中心主要为生产企业提供原材料、零部件,应当选择靠近生产企业的地点,便于降低生产企业的库存,随时为生产企业提供服务,同时还可以为生产企业提供暂存或发运工作。对于销向物流来说,物流配送中心的主要职能是将产品集结、分拣,配送到门店或用户手上,故应选择靠近客户的地方。

在货物的流向分析上要考虑客户的分布和供应商的分布:

①客户的分布。为了提高服务水准及降低配送成本,物流配送中心多建在城市边缘接近客户分布的地区,如零售商型配送中心,其主要客户是超市和零售店,这些客户大部分分布在人口密集的地方或大城市。

②供应商的分布。供应商的分布地区也是物流配送中心选址应该考虑的重要因素。因为进入物流的商品全部是由供应商所供应的,如果物流配送中心接近供应商,则其商品的安全库存可以控制在较低的水平上。因为我国国内进货的输送成本一般是由供应商负担的,因此这个因素往往不受重视。

(3) 城市的扩张与发展

物流配送中心的选址,既要考虑城市扩张的速度和方向,又要考虑节省分拨费用和减少装卸次数。中国物资储运总公司的许多仓库,20世纪70年代以前处于城乡接合部,并不对城市产生交通压力,但随着城市的发展,这些仓库现已处于闹市区,大型货车的进出受到管制,专用线的使用也受到限制,不得不选择外迁。

(4) 交通条件

交通条件是影响物流的配送成本及效率的重要因素之一,交通运输的不便将直接影响车辆配送的进行。因此,必须考虑对外交通的运输通路,以及未来交通与邻近地区的发展状况等因素。物流配送中心选址最好与重要运输线相邻,以方便配送运输作业的进行。考核交通方便程度的条件有高速公路、国道、铁路、快速道路、港口、交通限制规定等几个。对于综合型物流配送中心,一定要选择在两种以上运输方式的交汇地,如港口水运、公路运输、铁路运输、航空运输的各种组合。对于港口物流配送中心,还要选择内河运输与海运的交汇地,既要满足吃水较深、能停靠大型货船的需要,又要克服内河泥沙淤积、河道疏通的困难。对于城市物流配送中心,要选择干线公路或高速公路与城市交通网络的交汇地,还要拥有铁路专用线或靠近铁路货运编组站。

(5) 人力资源条件

在仓储配送作业中,人力资源是重要的资源需求。由于一般物流作业仍属于劳力密集型的作业形态,在物流配送中心内部必须要有足够的作业人力,因此在决定物流配送中心位置时必须考虑员工的来源、技术水准、工作习惯、工资水准等因素。如果物流配送中心的选址位置附近人口不多且交通又不方便,基层作业人员不容易招募;如果附近地区的薪资水准太高,也会影响到基层作业人员的人力成本。因此必须调查该地区的人力、上班交通及薪资水准等评估条件。

2. 自然环境因素

(1) 地理因素

市镇的规模应当与物流配送中心的大小相适应。地形对仓库基建投资的影响也很大,地形坡度应在1%~4%之间,在外形上可选择长方形,不宜选择狭长或不规则形状;库区设置在地势高的地段,容易保持物资干燥,减少物资保管费用;临近河海地区,必须注意当地水位,不得有地下水上溢,土壤承载力要高,避免地面以下存在淤泥层、流沙层、松土层等不良地质条件,以免造成受压地段沉陷、翻浆等严重后果。另外,由于物流配送中心作业比较繁忙,容易产生许多噪声,所以应远离闹市区或居民区。应考虑物流配送中心周边不应有产生腐蚀性气体、粉尘和辐射热的工厂,至少应处于这些企业的上风方向;还应与易发生火灾的单位,如油库、加油站、化工厂等,保持一定的安全距离。

(2) 气候因素

在物流用地的评估当中,自然条件也是必须考虑的,事先了解当地自然气候环境有助于降低建设的风险。例如在自然环境中有湿度、盐分、降雨量、风向、风力、瞬时风力、地震、山洪、泥石流等自然现象,有的地方靠近山边湿度比较高,有的地方湿度比较低,有的地方靠近海边盐分比较高,这些都会影响商品的储存品质,尤其是服饰产品或3C产品(计算机、通信和消费类电子产品三类电子产品的简称)等,其对湿度及盐分都非常敏感。另外,降雨、台风、地震等对物流配送中心的影响也非常大,必须特别留意并且避免被侵害。选址时要避开风口,因为在风口建设会加速露天堆放商品的老化。

3. 政策环境因素

政策环境条件也是物流配送中心选址评估的重点之一,包括企业优惠措施(土地提供、减税)、城市规划(土地开发、道路建设计划)、地区产业政策。对于土地的使用,必须符合相关法规及城市规划,应尽量选在物流园区或经济开发区。建设用地的形状、长宽、面积与未来扩展的可能性,则与规划内容有密切的关系。因此在选址时,有必要参考规划方案中的设计内容,在无法完全配合的情形下,必要时需修改规划方案的内容。另外,还要考虑土地面积大小与地价,在考虑现有地价及未来增值状况下,配合未来可能扩展的需求程度,决定最合适的用地面积的大小。

三、配送中心选址程序

配送中心选址程序如图 2-2 所示。

1. 地址约束条件分析

选址规划时,首先要明确建立物流配送中心的必要性、目的和意义。然后根据物流系统的现状进行分析,制订物流系统的基本计划,确定所需要了解的基本条件,以便大大缩小选址的范围。

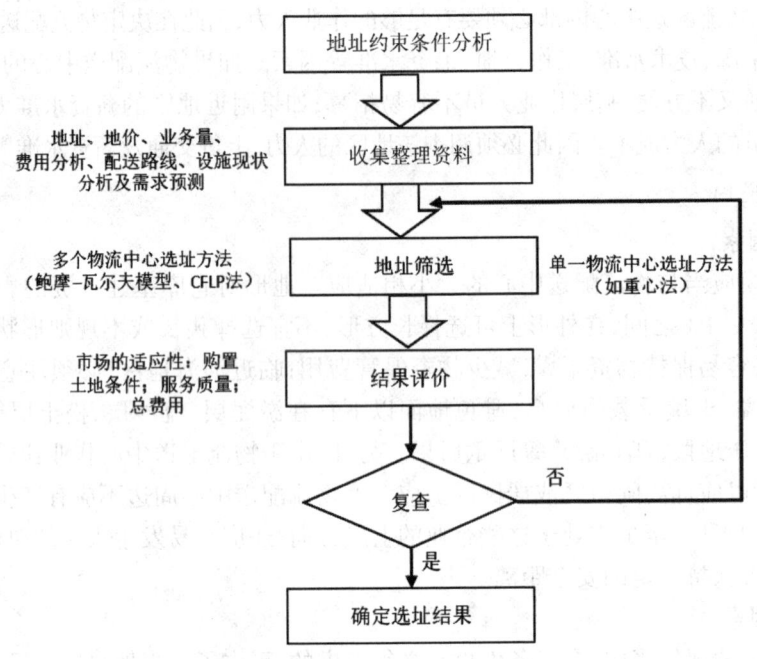

图 2-2 配送中心选址程序图

（1）需求条件：考虑配送对象的地点和数量，包括对现在和未来分布情况的了解和预测；配送作业量的大小；配送的区域范围。

（2）运输条件：配送中心应接近交通运输枢纽，如靠近铁路货运站、公共汽车站、港口等运输节点，同时也应靠近运输业者的办公地点，如北京市的四道口蔬菜、果品配送中心就建在铁路货运站的旁边，并且紧靠公路，交通运输十分便利。

（3）配送服务条件：根据供货时间的要求，计算从客户到配送中心的距离及服务范围；还要考虑客户对到货时间、发送频率等的要求。

（4）用地条件：是利用现有的土地还是重新征地；地价是高还是低；允许范围的用地分布情况等。

（5）区域规划：根据区域规划的要求，了解选定区域的用地是否允许建立物流配送中心。根据有关的法规，了解哪些地区不允许建造仓库和配送中心。

（6）流通职能条件：商流与物流是否要分开；是否在配送中心中进行加工、包装等作业；考虑通行方便，是否要限定物流配送中心的选址范围。

（7）其他：不同商品类别需要不同的物流设施，如为了保证商品质量的保温和冷冻、防震、商品保管等设施，对选择地址方面有些什么特殊要求，是否有满足这种条件的地区等。

在选择地址时，要将上述各种条件进行比较，经反复论证，再圈定选址范围和备选地址。

2．收集整理资料

选址的方法一般是通过成本计算，也就是将运输费用、配送费用及物流设施费用模型化，根据约束条件及目标函数建立数学公式，从中寻求费用最小的方案。但是，采用这样的选址方法寻求最优的选址时，必须对业务量和生产成本进行正确的分析和判断。

（1）掌握业务量。选址时，应掌握的业务量主要包括：工厂到物流配送中心的运输量、向顾客配送的货物量、物流配送中心保管的数量和配送路线上的业务量等。由于这些数量在不同时期会有种种波动,因此,要对所采用的数据进行研究。除了对现状的各项数据进行分析外,还必须预测中心运行后的数据。

(2)掌握费用。选址时,应掌握的费用主要包括:工厂与物流配送中心之间的运输费,物流配送中心到顾客的配送费用和设施,与土地有关的费用及人工费、业务费等。由于运输费用和配送费用会随着业务量和运送距离的变化而变动,所以必须对每一吨公里的费用进行成本分析。

(3)其他。用地图表示顾客的位置、现有设施的位置和工厂的位置,并整理各候选地址的配送路线及距离等资料;与成本分析结合起来,综合考虑必备车辆数、作业人员数、装卸方式、装卸费用等。

3. 地址筛选

在对所取得的上述资料进行充分的整理和分析后,考虑各种因素的影响,并对需求进行测算,就可以初步确定选址范围,即确定初始候选地点。

如可采用定量分析的方法,针对不同情况运用运筹学的原理,选用不同的模型计算出结果:如对单一物流配送中心进行选址,可以采用重心法等;如对多个物流配送中心进行选址,可采用鲍摩－瓦尔夫模型、CFLP法等。

4. 结果评价

结合市场适应性、购置土地条件、服务质量等,对计算所得结果进行评价,看其是否具有现实意义及可行性。

5. 复查

分析其他影响因素对计算结果的相对影响程度,分别赋予它们一定的权重,采用加权法对计算结果进行复查。如果复查通过,则原计算结果即为最终结果;如果复查发现原计算结果不适用,则返回地址筛选阶段,重新分析,直至得到最终结果为止。

6. 确定选址结果

在用加权法复查通过后,计算所得的结果即可作为最终的选址结果,但是所得解不一定为最优解,可能只是符合条件的满意解。

四、配送中心选址方法

(一)定性分析法

定性分析法主要是根据选址影响因素和选址原则,依靠专家或管理人员丰富的经验、知识及其综合分析能力,确定配送中心的具体选址,其主要有专家打分法、德尔菲法。定性分析法的优点是注重历史经验,简单易行;缺点是容易犯经验主义和主观主义的错误,并且当可选地点较多时,不易做出理想的决策,导致决策的可靠性不高。

因素比重法:选址中要考虑的因素很多,但是相比而言,总是有一些因素比另一些因素重要,决策者要判断各种因素孰轻孰重,从而使评估更接近现实。这种方法有以下6个步骤。

(1)列出所有相关因素。

(2)赋予每个因素以权重来反映它在决策中的相对重要性。

(3)给每个因素的打分取值设定一个范围(1~10或1~100)。
(4)用第三步设定的取值范围就各个因素给每个备选地址打分。
(5)将每个因素的得分与其权重相乘,计算出每个备选地址的得分。
(6)考虑以上计算结果,以总分最高者为最优。

(二)定量分析法

定量分析法主要包括重心法、鲍摩－瓦尔夫法、运输规划法、Cluster法、CFLP法、双层规划法、遗传算法等。定量方法选址的优点是能求出比较准确可信的解。其中,重心法是研究单个物流配送中心选址的常用方法,这种方法要考虑现有设施之间的距离和运输的货物量。它经常用于中间仓库或分销仓库的选址上。在最简单的情况下,这种方法假设运入和运出的成本是相等的,它并未考虑在不满载的情况下增加的特殊运输费用。重心法要在坐标体系中标出各个地点的位置,目的在于确定各点之间的相对距离。在国际选址中,采用经度和纬度建立坐标是很有用的。

重心法:重心法是单设施选址中常用的模型。在这种方法中选址因素只包含运输费率和该点的货物运输量,在数学上被归纳为静态连续选址模型。

设有一系列点分别代表供应商位置和需求点位置,各自有一定量物品需要以一定的运输费率运往待定仓库或从仓库运出,那么仓库应该处于什么位置?计算方法如下:

如果一个配送中心为多个客户配送货物,配送中心应该利用数值分析法或重心法进行选址:通常应选择在处于各客户间中心位置,且配送费用最小的地方。重心法原理如图2-3所示。

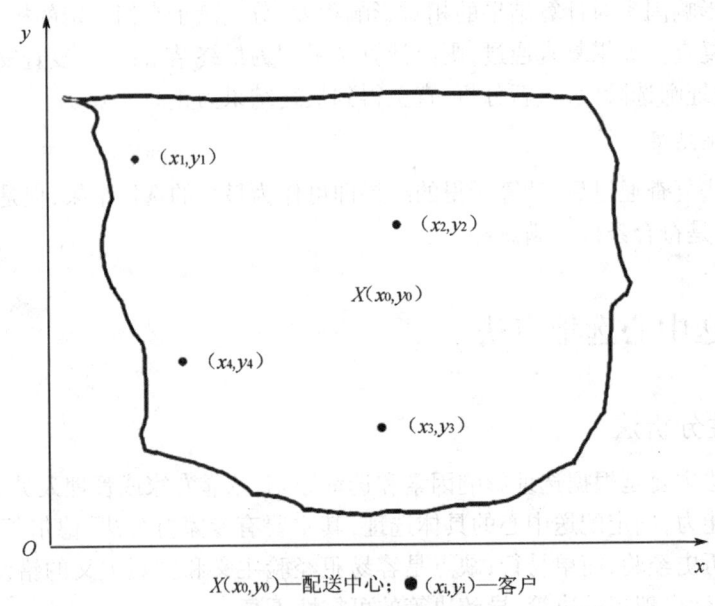

$X(x_0,y_0)$——配送中心; ●(x_i,y_i)——客户

图2-3 重心法原理图

重心法是利用费用函数求出配送中心和客户之间配送成本最小地点的方法,其计算公式为:

$$x_0 = \frac{\sum_{i=1}^{n} \frac{a_i w_i x_i}{d}}{\sum_{i=1}^{n} \frac{a_i w_i}{d_i}}; y_0 = \frac{\sum_{i=1}^{n} \frac{a_i w_i y_i}{d}}{\sum_{i=1}^{n} \frac{a_i w_i}{d_i}}$$

式中,a_i——从配送中心到客户(x_i,y_i)每单位运量、单位距离的运输费;

w_i——从配送中心到客户(x_i,y_i)的运输量;

d_i——从配送中心到客户(x_i,y_i)的直线距离。

【例】 已知需求地点5个,其总运输量、运输费率、横纵坐标如表2-3所示,如果设计一个配送中心,其位置应该如何确定?

表2-3 配送中心各需求地点坐标及运输量表

地点 i	总运输量 V_i	运输费率 R_i	X坐标 x_i	Y坐标 y_i
1	2 000	0.050	3	8
2	3 000	0.050	8	2
3	2 500	0.075	2	5
4	1 000	0.075	6	1
5	1 500	0.075	8	8

$$\bar{X} = \frac{2\,000 \times 0.05 \times 3 + 3\,000 \times 0.05 \times 8 + 2\,500 \times 0.075 \times 2 + 1\,000 \times 0.075 \times 6 + 1\,500 \times 0.075 \times 8}{2\,000 \times 0.05 + 3\,000 \times 0.05 + 2\,500 \times 0.075 + 1\,000 \times 0.075 + 1\,500 \times 0.075} = 5.16$$

$$\bar{Y} = \frac{2\,000 \times 0.05 \times 8 + 3\,000 \times 0.05 \times 2 + 2\,500 \times 0.075 \times 5 + 1\,000 \times 0.075 \times 1 + 1\,500 \times 0.075 \times 8}{2\,000 \times 0.05 + 3\,000 \times 0.05 + 2\,500 \times 0.075 + 1\,000 \times 0.075 + 1\,500 \times 0.075} = 5.18$$

● 练习

某物流公司拟建一仓库负责向四个工厂P、Q、R、S进行物料供应配送,各工厂的具体位置与年物料配送量如表2-4所示,设拟建物流公司仓库对各工厂的单位运输成本相等。假定各种材料运输费率相同,试用重心法确定该配送中心的合理位置。

表2-4 厂址坐标及年运输量表

供应地	P	Q	R	S
供应地坐标	(50,60)	(60,70)	(19,25)	(59,45)
年运输量/t	2 200	1 900	1 700	900

任务三
配送中心内部布局

● **任务布置**

某家电物流仓储配送公司,其经营的主要家电产品有六大类,即冰箱、洗衣机、电视机、空调、微波炉和饮水机等,其中销售的品牌有30多个,包括海尔、TCL、长虹等。该配送中心为平面仓库,面积为10 000 m²,高度为15 m,主要的设备有高架叉车、叉车等,内部的流程与控制几乎都由人工完成,没有实现网络化,仓库中的货物采用平面堆放。目前的问题是设施落后,操作效率低;空间利用率低,经常出现货品进库后却没有储位的情况;现有设施利用率低;人工管理出错率高。

请结合本节内容,对该配送中心进行优化。

● **知识要点**

一、配送中心的建筑

1. 层数

配送中心的设施包括多种建筑物,但主要的建筑还是以仓库和加工为中心,这里所谈的建筑主要是针对仓库或加工中心而言。具体来说,包括层数、材料、形状及土地、规模等。

建筑的层数有单层与多层两种选择。比较而言,单层建筑占地较大、造价昂贵,每立方米储存费用较多,但空间较大,搬运费较省;多层建筑则占地少、造价便宜,但空间小,搬运费较高。具体孰优孰劣,还需要根据实际情况进行综合评析。

2. 材料

必须用防火、防潮、防晒、性能好的材料,一般为钢筋水泥式建筑;连锁企业在此项花费上较为"经济"是值得注意的一种不良倾向,其根源在于侥幸心理作祟。

3. 形状

形状一般有长方形和正方形两种。长方形,储存空间较大,容易接收光线,通风设施能有效地发挥作用,建筑支柱少,可增加存货面积,同时有利于进行扩展。专家们更倾向于选择长方形建筑。

4. 土地、建筑物及设备

土地、建筑物及设备有购买和租赁两种形式:购买花费、投资较大,需要不停地进行维修;租赁投资,不必担心维护,租费也可在所得税中扣除。从目前情况看,租赁已经成为一种国际流行的趋势,但是由于目前我国的租赁市场,尤其是在配送中心所需的设备方面尚欠发达,从而制约了企业对于租赁形式的选择。

二、配送中心设施布局

配送中心的种类很多,其规模大小各异,然而无论是哪一种类型的配送中心,其内部结构基本上都是相同的,也就是说,各种配送中心都是由各种作业区和配套辅助区组成的。现以一般性的配送中心为例,分别叙述各个系统的性质和功能。

1. 配套辅助区

(1) 装卸货月台

月台的数量和装卸使用便捷性对于仓储日常收发货效率有较大影响。

(2) 办公、食宿配套

较好的食宿/配套设施将是保证配送中心正常 24 h 安全运营和人员低流失非常重要的因素。一般而言,物流园区办公区域包括仓库内部办公区域和综合办公区域两个部分。仓库内部办公区域主要是仓库操作人员及相关管理人员办公的区域。综合办公区域是人员集中进行专业办公的场所,一般形式是办公楼。办公楼一般沿园区边缘布置,这样可以统筹外部人员与内部人员,使总体的运动轨迹最短化。以办公楼形式体现的办公区域一旦确定,后期将很难进行改变,例如停车场、绿地、道路可以改扩建,但办公楼一般难以重建。因此,办公区域的确定应当具有长远视角。

(3) 停车场

园区停车场所服务的车辆不仅包括来货车辆、配送车辆等货物运输车辆,还包括员工私人车辆、企业班车、外访车辆等人员运送车辆。停车场可以分隔布置,也可以连接布置。道路布置规划应满足总体道路的占地面积最小的要求,同时道路的布置需要满足物流工程中的相关参数条件,例如:道路宽度、道路拐角转弯半径等。

2. 作业区

(1) 接货区

在这个作业区内,工作人员必须完成接收货物的任务和货物入库、拣选之前的准备工作(如卸货、检验、分拣等工作)。因货物在接货区停留的时间不太长,并且处于流动状态,故相对货区的面积来说都不算太大。它的主要设施有铁路或公路专用线、卸货站台和验货场区。

(2) 储存区

在这个作业区里储存或分类储存经过检验后的货物。由于所进货物需要在这个区域内停留一段时间,并且要占据一定的位置,因此,相对而言,储存区所占的面积比较大。这个作业区要占整个作业区面积的一半左右,个别配送中心(如煤炭、水泥配送中心)的储存区面积甚至要占配送中心总面积的一半以上。储存区是储存货物的场所,在这个区域内,一般都建有专用仓库(包括现代化的立体仓库),并且配置各种设备,其中包括各种货架以及叉车和吊车等起重设备。从位置上看,储存区多设在紧靠接货站台的地方,也有的储存区设在加工区的后面(如荷兰 Nedlloyd 集团所属的"国际配送中心")。

(3) 分拣作业区

分拣作业区是配送中心的工作人员进行分拣和配货作业的场所,其面积大小因配送中心的类型不同而异。一般来说,分拣货和配货工作量比较大的配送中心(或向多家用户配送多种商品,且按照少批量、多批次方式配送商品的配送中心),其作业的面积都比较大;反之,分拣及配货任务不太大的配送中心,其作业所占的面积也不大。与其他作业区一样,在分拣区内也配有许多专用设备和设施,其中包括手推载货车、重力式货架和回转式货架、升降机、传送装置、自动分拣设施等。包括拣选、配货在内的分拣作业是配送中心作业流程中的一项重要作业,有人称它为"核心工艺",其效率高低不仅直接影响下道工序的正常操作,而且直接影响其效益。

从这个意义上说,分拣作业区是配送中心的重点作业区。

(4) 分放、配装作业区

分拣出来并备好的货物有时不能立即装车发送,而是需要集中在某场所等待统一发运,这种放货和处理待发送货物的场地就是分放、配装区。在配装区内,配送中心的工作人员要进行配装作业,即根据每个货主的货物数量进行分放、配车和选择装运方式(是单独装运还是混载同运)。因在配装区内货物转瞬即出,停留的时间不长,所以货位所占的面积不大。相对而言,配装区的面积要比储存区小得多。需要指出的是,有一些配送中心,其配装区和理货区或发货区是合在一起的,因此,配装作业常常融合于其他相关的工作中。

(5) 发货区

发货区是工作人员将组配好的货物装车外运的作业区域。从布局和结构上看,发货区和进货区类似,也是由运输货物的线路和接靠载货车辆的站台、场地等组成的。所不同的是,发货区位于整个作业区的末端,而进货区位于首端。

(6) 加工区

很多从事加工作业的配送中心,在结构上除了设置一般性的作业区以外,还设有配送货加工区。在这个区域内,配备着加工设备(如剪床、锯床、打包机、配煤生产线等)。因加工工艺有别,各个(加工型)配送中心的加工区所配置的设备也不完全相同。和储存区一样,加工区所占的面积也比较大,尤其是煤炭、水泥、木材等生产资料加工区,所占面积更大。

三、配送中心布局原则

1. 配送中心作业区域间的关联性分析

配送中心不同作业区域之间在作业程序、组织结构、业务管理、环境影响等方面存在一定的依存关系,对这些关系进行关联性分析对作业区域布置、物料搬运系统设计至关重要。关联性分析主要采用定性关联图和定量从至图两种方法。

(1) 定性关联图

定性关联图方法主要是对作业区的各种活动之间的相互关系进行定性分析,确定两个活动区域间的关联程度。

①作业区域接近程度等级。作业区域的接近程度等级共分为六级,如表2-5所示。

表2-5 关联程度等级设计表

相关程度等级	相关程度说明	相关程度等级	相关程度说明
A	绝对重要	O	普通重要
E	相对重要	U	不重要
I	重要	X	不可接近

②影响关联性的因素。影响关联性的因素有:人员接触程度,共用相同的人员,文件往返程度,或配合流程顺序,使用共同记录,共用设备,共用共同的空间区域,进行类似的活动,物料搬运次数要求,作业安全性要求,提升工作效率的考虑,改善工作环境的考虑,等等。

③定性关联图的绘制。关联图左边表示各个作业区域,右边表示作业区域直接的关联性,如图2-4所示。在定性关联图中,任何两个区域之间都有将两个区域联系在一起的一对三角形。

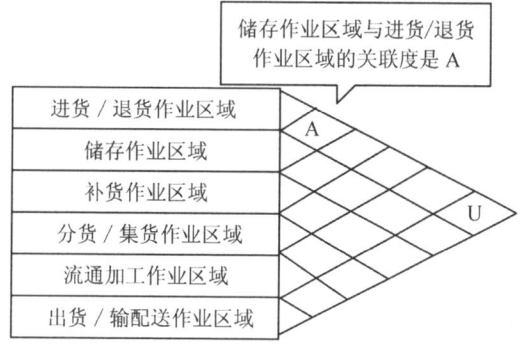

图2-4 定性关联图

(2)定量从至图

定量从至图以资料分析所得出的定量数据为基础,分析各作业区域之间的货物流动规模的大小,使设计者进行区域布置时,避免搬运流量大的作业经过太长的搬运距离,以减少人力、物力的浪费,并为设计各区域的空间规模提供依据。一般性的从至图如图2-5所示,从至图的制定过程如下:

物流作业区域		搬运到达区											
		1	2	3	4	5	6	7	8	9	10	11	合计
搬运起始区	1												
	2												
	3												
	4												
	5												
	6												
	7												
	8												
	9												
	10												
	11												
	合计												

图2-5 定量从至图

①依据主要作业流程,将所有作业区域分别以搬运起始区与搬运到达区按同一顺序列表。

②为了正确表现各个流量之间的关系,需要统一各个区域的搬运单位,以便能够计算流量的总和。

③根据作业流程将物料搬运流量测量值逐项填入从至图内。

④以从至区域间的搬运流量为后续区域布置的参考,流量大的两个作业流程将具有较高优先顺序被放置于邻近的位置。

定性关联图和定量从至图主要适用于设施中的作业或活动区域划分较多、作业或活动时间时常缺乏明确的从属关系等情况。

2. 采用关联图法进行配送中心作业区域布局规划

具体步骤如下:

(1)根据已知资料绘制定性关联图;

(2)根据定性关联图绘制关联线图底稿表;

(3)根据关联线图底稿表构建关联线图。

具体步骤如下:

①选定第一个进入布局的作业区。

选择与其他作业区联系最密切的作业区,如果有两个以上的作业区条件相同者,则任选其中一个作业区。

②选定第二个进入布局的作业区。

第二个被选定的作业区,既是与第一个被选定的作业区联系最密切的作业区,又是与其他未选作业区联系最密切的作业区。如果有两个以上的作业区条件相同,则任选其中一个作业区。

③选定第三个进入布局的作业区。

选定第三个作业区的逻辑与第二步相同,应与前两个作业区联系最密切。

④依次选择剩余作业区。

(4)构建关联线图,完成最终布局

在构建关联线图时,可使用方块样板来代替每个工作区,相对位置确定后,依照各个作业区的实际尺寸完成最终布局。

任务四
配送中心设施设备

● **任务布置**

烟草行业属于比较特殊的行业,虽然吸烟有害健康,但是烟草行业仍然呈现出了快速发展的趋势,而且其在整个国民经济中所占的比重较大,是重要的税收来源之一。为了促进烟草企业的发展和满足参与国际竞争的需要,各地相继建立了功能完善、配套齐全的烟草行业配送中心。

目前,烟台市烟草物流配送中心每年完成大约37万大箱卷烟的入库、分拣以及配送等系列工作。烟台市烟草物流配送中心主要由3个库区组成,总面积约为6 800 m²,最多可以储存卷烟5 000大箱,是目前烟台地区规模最大、服务范围最广的物流配送中心。

烟台市烟草企业配送中心仓储库房主要由全自动立体化仓库组成,仓库除了基础土建、配套公用工程建设以外,还包括大量的物流储存、运输机械设备。其配送中心主要有立体仓库、升降台、叉车、提升机、装箱机、塑封机等设施设备。

根据上面的案例,请了解现代配送中心都有哪些设施设备,并思考配送中心设施设备的配备原则。

● 知识要点

一、储存设备

(一)货架

配送中心最主要的储存设备就是货架。为了提高物流配送中心的效率,储存设施与设备要根据不同的物品属性、保管要求、用户要求等采用适当的货架,使得货物存取方便、快捷,减少面积占用。

通常货架泛指存放货物的架子。在物流配送中心,货架是专门用于存放成件物品的保管设备,是由支架、隔板或托架组成的立体储存货物的设施。货架在物流配送中必不可少,几乎无处不在。我国企业对物流的重视程度不断提高,从而对仓库管理也提出了更高要求,因此货架的应用越来越普遍,而且货架的机械化、自动化程度也越来越高。货架在物流活动中起着相当重要的作用,货架的作用与功能主要有:充分利用仓库空间,提高库容利用率;易于货物存放,提高管理质量,减少货物损失;货位明确,便于清点计量;存取方便,利于实现机械化、自动化作业。

货架的选择是物流配送中心设计规划的重要环节之一,设备选型要与物流配送中心实现的服务功能相配套,要根据所储存货物的种类、外形、尺寸、包装状态、出入库频率、出入库数量、保管要求、储存方式等情况进行评估与选择。

一般来讲,选择货架的基本原则包括:经济高效原则、合理性原则、及时性原则、准确性原则、适应性原则、可持续发展原则、充分利用空间原则、安全可靠原则。

在货架选型时,一般要重点考虑经济高效原则,同时要综合分析各项因素,从而决定最适用的货架类型。通常考虑的因素包括货物属性、出入库情况、与相关设备的配套及库房构造等。

1. 层架

层架的应用非常广泛,如果按层架的重量来分类,层架可以分为重型和轻型;按其结构特点分类,层架分为层格式、抽屉式等类型。这种货架一般每格都有底板,货物可以直接搁置在底板上(如图2-6所示)。

图 2-6 层架

2．托盘式货架

托盘式货架是使用最广泛的托盘类货物储存系统,通用性也较强。其结构是货架通过单列或者双列连接成若干排,排与排中间留有通道供堆垛机、叉车及其他装卸搬运设备运行,每个货架在垂直方向上分为若干层,从而形成大量的货格,用以存放托盘货物(如图2-7所示)。

托盘式货架在存取货物时,每一块托盘均能单独存入或者取出,不需要移动其他托盘,货物装卸迅速,主要是用于整托盘进出库或手工拣选的仓库。较高的托盘式货架使用堆垛机、起重机存取货物,较低的托盘式货架可用叉车存取货物。货架的配套成本相对较低,能快速安装与拆卸。因此,托盘式货架的应用范围也最为广泛。

图 2-7 托盘式货架

3．贯通式货架

贯通式货架是一种不以通道分割的、连续的整栋式货架,在支撑导轨上,托盘按深度方向存放,一个紧接着一个,叉车可以驶入,即叉车作业通道与货物保管场所合一,因此货物存放密度很高,仓库面积利用率大大提高。贯通式货架按其存取托盘货物的作业方式不同,可分为驶入式货架和驶入/驶出式货架。

驶入式货架在货物存取时,叉车从货架的同一方向直接进出货架,叉车从与架子正面成垂直的方向驶入,在货架中间进行货物存取作业。装货时,按从内向外的顺序取货。驶入式货架投资成本相对较低,可以提高仓库的库容率及空间利用率。另外,获得高空间利用率的代价是在货物管理上很难实现"先进先出"。因此,驶入式货架适用于保管品种少、批量大且不受保管时间限制的货物。驶入式货架如图2-8所示。

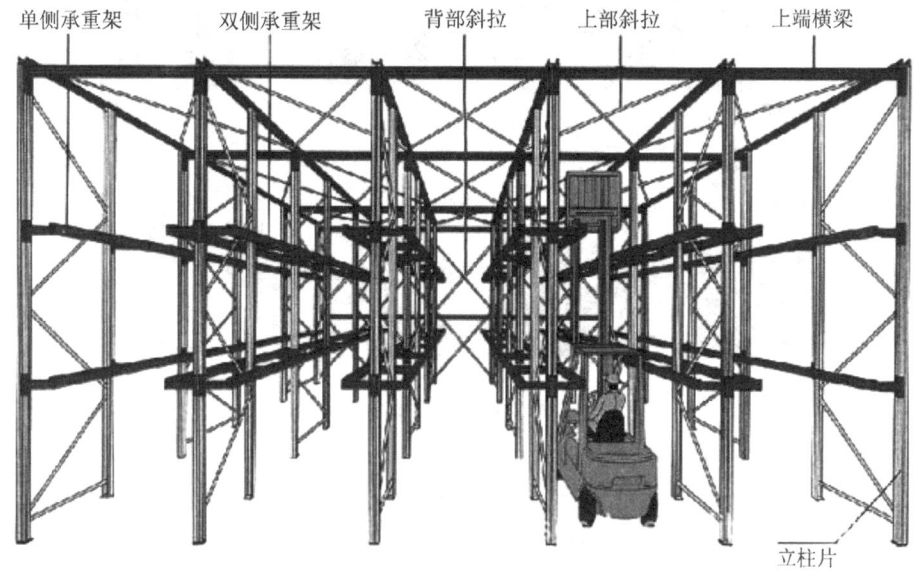

图2-8 驶入式货架

驶入/驶出式货架则两端均可出入,可以不受先后顺序的限制,用于大批量、少品种配送中心使用。驶入/驶出式货架如图2-9所示。

图2-9 驶入/驶出式货架

4. 悬臂式货架

悬臂式货架在立柱上装有外悬的杆臂,是一种边开式的货架(如图2-10所示)。悬臂式货架适合存放长条状或长卷状、大件和不规则货物,例如钢材、木材、塑料等。若要放置圆形物品,应在其臂端装设阻挡块以防止滑落。货架前伸的悬臂具有结构轻巧、载重能力好的特点,但货架高度受限,一般在6 m以下。悬臂式货架特别适合空间小、高度低的库房。此类货架不太便于机械化作业,存取货物作业强度大,同时空间利用率较低,适用于杆料生产工厂或长形家具制造商。

图 2-10 悬臂式货架

5. 移动式货架

移动式货架的底部装有轮子,可以在轨道上沿直线水平方向移动,如图 2-11 所示。与固定式货架相比,移动式货架节省了固定式货架在每两排货架之间都要有的通道空间,可以在较多排货架中只保留一条通道。移动式货架通过货架移动,选择所需要的通道位置,让出通道,由叉车进行货物的装卸作业。移动式货架一般是电动的,每列货架的底部有电动机驱动装置,一般通过控制装置与操作开关盘,进行操作并移动货架。移动式货架一般附加有变频控制功能,用来控制驱动、停止时的速度,以防止放置在货架上的物品因惯性造成颤动、倾斜或崩塌等危险,同时也备有定位用的光电传感器及齿轮电动机,提高停止定位精度。

移动式货架的储存量比一般固定式货架大很多,节省空间,适合少样、多量、低频率的货物保管。但是货架机电装置多、维护困难、建造成本高、施工速度慢。

图 2-11 移动式货架

6. 重力式货架

重力式货架可以分为自滑动式货架和后推式货架,如图 2-12 所示。存放的货物分为两类:一类是存放整批纸箱包装商品;另一类是存放托盘商品。存放纸箱包装商品的重力式货架,由多层并列的辊道传送带组成,商品上架及取出使用人力。存放托盘商品的重力式货架相对复杂,每个货架内设重力滚道两条,滚道由左右两组辊轮、导轨和缓冲装置组成。

重力式货架空间利用率较高,与普通通道托盘货架相比,大大节省了通道面积,同时减少货位的空缺现象,货物存取时叉车的行程最短。但是,重力式货架的投资成本高,对托盘及货架的制造加工要求高,日常维护与保养的要求也较高。

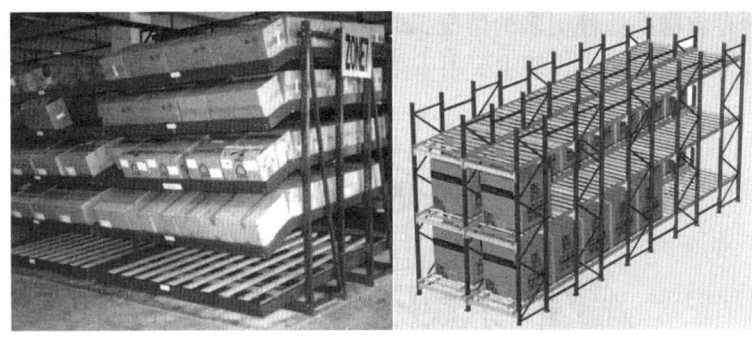

图2-12　重力式货架

7. 旋转式货架

旋转式货架结合自动仓储系统与货架功能,在拣选货物时,取货者不动,货架自动旋转至拣货点。旋转式货架设有电力驱动装置,货架沿着环形轨道运行。存取货物时,把货物所在的货位编号输入控制系统,该货位则以最近的距离自动旋转到拣货点停止。货架的货位可以根据所存放货物的种类、形态、大小、规格等不同条件选择。

旋转式货架移动快速,速度可达30 m/min,存取物品的效率很高,又能根据需求自动存取物品,并可利用计算机快速检索、寻找指定的储位,适合拣货,进而达到存货自动管理。旋转式货架由标准化的组件及模块设计而成,能适应各种空间配置,同时由于其自动化程度较高,可以减少操作人员的数量。另外,由于其物品存取出入口固定,易于保证物品安全不易失窃,而且在存取口设计时更多地利用人机工程学的技术方法,以适合操作人员长时间工作,降低操作人员的工作强度。但是,该类货架的建设和维护成本较高。旋转式货架适用于电子零件、精密机件等轻小而昂贵、安全性要求较高的货物储存及管理。旋转式货架单个货架系统规模较小,单体自动控制,独立性强,可等同于某种动力设备来看待。此类货架造价较高。

旋转式货架系统由多台物品货架环列连结组成,依据储存货品的要求,可采用不同方向移动的货架连结组成,一般分为两种形式,即水平旋转式货架和垂直旋转式货架(如图2-13所示)。

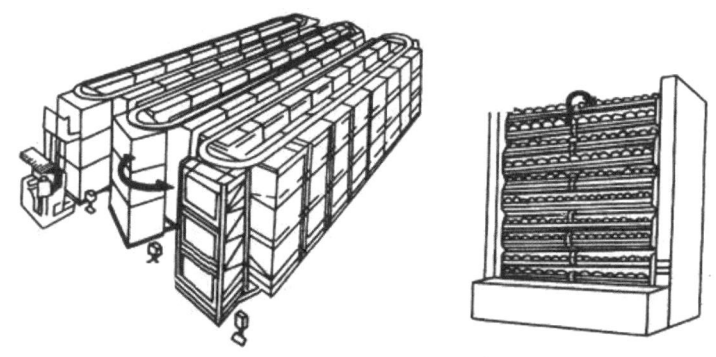

图2-13　旋转式货架

8.阁楼式货架

阁楼式货架是将储存空间做上、下两层规划,利用钢架和楼板将空间隔成两层,下层货架结构支撑上层楼板,适用于库房较高、物品较轻、人工存取、储货量较大的情况,同时也适用于仓库场地有限而存放物品品种很多的情况,如图 2-14 所示。其缺点是由于主要是人工存取,因此存取作业效率低。阁楼式货架主要用于存放储存期较长的中小件货物。

图 2-14　阁楼式货架

(二)自动化立体仓库

自动化立体仓库(AS/RS)作为现代物流系统的主要组成部分,是一种采用几层、十几层乃至几十层高的货架作为储存单元,用来存放物品的高架仓库系统。自动化立体仓库由高层货架、巷道堆垛机、自动控制系统、出入库输送机、计算机管理系统和周边设施组成,能按指令自动用相应的物料搬运设备进行货物的存取,并对库存物品进行自动管理,如图 2-15 所示。

图 2-15　自动化立体仓库

自动化立体仓库的主要优点有以下几个方面:

(1)很高的空间利用率。由于能充分利用仓库的垂直空间,其单位面积存储量远远大于普通的单层仓库。目前,世界上最高的立体仓库可达 50 多米,容量多达 30 万个货位。

(2)很强的出入库能力。仓库作业全部实现机械化和自动化,一方面能大大节省人力,减少劳动力费用的支出;另一方面能大大提高作业效率,减少出错率。

(3)采用计算机进行仓库管理,可以方便地做到"先进先出",并可防止货物自然老化、变质、生锈,也能避免货物丢失。

(4)储位集中,便于控制与管理,特别是使用电子计算机,不但能够实现作业的自动控制,而且能够进行信息处理。

（5）能更好地适应黑暗、低温、有毒等特殊环境的要求。例如，胶片厂把胶片卷轴存放在自动化立体仓库里，在完全黑暗的条件下，通过计算机控制可以实现胶片卷轴的自动出入库。

（6）采用托盘或货箱储存货物，货物的破损率显著降低。

● 应用案例

正泰集团的自动化立体仓库

正泰集团公司是中国目前低压电器行业最大的产销企业，主要设计制造各种低压工业电器、部分中高压电气成套设备、汽车电器、通信电器、仪器仪表等，产品达150多个系列、5 000多个品种、20 000多种规格。"正泰"商标被国家认定为驰名商标。该公司2002年销售额达80亿元，集团综合实力被国家评定为全国企业500强第五位。在全国低压工业电器行业中，正泰首先在国内建立了三级分销网络体系，经销商达1 000多家。同时还建立了原材料、零部件供应网络体系，协作厂家达1 200多家。

正泰集团公司自动化立体仓库是公司物流系统中的一个重要部分，它在计算机管理系统的指挥下，高效、合理地贮存各种型号的低压电器成品，准确、实时、灵活地向各销售部门提供所需产成品，并为物资采购、生产调度、计划制订、产销衔接提供了准确信息。同时，它还具有节省用地、减轻劳动强度、提高物流效率、降低储运损耗、减少流动资金积压等功能。

正泰立体仓库占地面积为1 600 m²（入库小车通道不占用库房面积），高度近18 m，有3个巷道（6排货架）。作业方式为整盘入库、整盘出库、库外拣选。其基本作业流程如下：

（1）入库流程

仓库二、三、四层两端六个入库区各设一台入库终端，每个巷道口各设两个成品入库台。需入库的成品经终端操作员键入产品名称、规格型号和数量，控制系统通过人机界面接收入库数据，按照均匀分配、先下后上、下重上轻、就近入库和ABC分类等原则，管理计算机自动分配一个货位，并提示入库巷道。搬运工可依据提示，将装在标准托盘上的货物用小电瓶车送至该巷道的入库台上。监控机指令堆垛将货盘存放于指定货位，同时，在入户机上形成入库单。

库存数据入库处理分为两种类型：一种是需操作员在产品入库之前或入库之后，将已入库托盘上的产品的名称（或代码）、型号、规格、数量、入库日期、生产单位等信息在入库客户机通过人机界面输入；另一种是空盘入库。

（2）出库流程

底层两端为成品出库区，中央控制室和终端室各设一台出库终端，在每一个巷道口设有LED显示屏，用于提示本盘货要送至装配平台的出门号。需出库的成品，经操作员键入产品名称、规格、型号和数量后，控制系统按照先进先出、就近出库与出库优先等原则，查出满足出库条件且数量相当或略多的货盘，修改相应账目数据，自动地将需出库的各类成品货盘送至各个巷道口的出库台上，将之取出用电瓶车送至汽车上。同时，出库系统在完成出库作业后，在客户机上形成出库单。

（3）回库空盘处理流程

底层出库后的部分空托盘经人工叠盘后，操作员键入空托盘回库作业命令，搬运工依据提示,用电瓶车送至底层某个巷道口,堆垛机自动将空托盘送回立体库二、三、四层的原入口处,再由各车间将空托盘拉走,形成一定的周转量。

正泰集团公司运用高效的供应链和销售链系统,大大降低了物资库存周期,提高了资金的周转速度,减少了物流成本和管理费用。自动化立体仓库作为现代化的物流设施,对提高仓储自动化水平具有重要的作用。储位集中,便于控制与管理,特别是使用电子计算机,不但能够实现作业的自动控制,而且能够进行信息处理。

(资料来源:http://www.gzhd56.com/xinwenzhongxin/4884.html)

● **任务提示**

为了建设一个高效化、省力化和自动化的现代配送中心,设计者必须认真思考选用什么样的设备才能方便而高效地存取货物;选用什么样的搬运设备才能满足进货发货的要求;选择什么样的输送设备才能使货物由一个作业区快速、高效和准确地转移到另一个作业区。

二、装卸搬运设备

在配送中心的物流设施中,对于小批量、多品种货物的作业,大多设计高站台;对于大批量、少品种货物的作业,大多采用低站台。无论是高站台还是低站台,与货物搬运作业相关的几乎都是采用托盘装载、叉车装卸的方法。所以要在叉车、托盘、集装箱、平板车等设备选定时将标准化、单元化、省力化及安全性、弹性等作为选择原则。

物流配送中心中的装卸搬运设备主要用于货场、站台上的货物装卸、短距离搬运,以及在库房中从货架上存取货物。在货场、站台中采用的主要机械设备包括桥式起重机、龙门起重机、汽车起重机、门座起重机、叉车等;在库房中采用的主要机械设备包括起重设备中的堆垛起重机、升降平台,搬运车辆中的叉车、手推车、自动导引车等。下面分别介绍库房中常用的装卸搬运设备。

1. 堆垛起重机

堆垛起重机是立体仓库中重要的起重运输设备,其主要作用是在立体仓库的通道内运行,在三维空间上(行走、升降、两侧向伸缩)按照一定的顺序组合进行往复运动,以完成对集装单元或拣选货物的出入库作业。

堆垛起重机的分类方式有很多种,根据不同的应用需要采用不同的分类方式,如按有无轨道可以把堆垛起重机分为有轨堆垛起重机和无轨堆垛起重机。无轨堆垛起重机又称为高架叉车,而常说的堆垛起重机是指有轨堆垛起重机。与高架叉车相比,有轨堆垛起重机所能达到的高度要高得多,需要的巷道宽度更小,定位精度更高,工作效率更高,但其机动性比高架叉车要差很多。

有轨堆垛起重机按照其构造分为桥式堆垛起重机和巷道堆垛起重机。桥式堆垛起重机是指堆垛货叉由悬挂立柱导向的堆垛起重机;巷道堆垛起重机是指金属结构有上、下支撑支持,沿着仓库巷道运行,装取成件物品的堆垛起重机。

2. 叉车

叉车具有自行的轮胎底盘,并由能升降、前后倾斜的货叉、门架等部件组成,主要用于举高和搬运货物。叉车主要以货叉作为拣取货物的装置,一般依靠液压起升机构升降货物,靠轮胎实现货物的水平搬运。叉车主要用于成件货物的装卸搬运,在配备了其他装卸装置后,还能用于散货、集装箱和多规格品种货物的装卸搬运作业。

叉车按举高能力可分为低提升和高提升两类。低提升叉车即一般的托盘叉车,其举高范围为 100～200 mm;高提升叉车举高最高可达 13 m。

叉车按人员操作姿势可分为步行式和坐立式。步行式搬运车辆的操作速度通常在 5 km/h 以下,单向搬运距离在 100 m 以内。如果搬运距离太长,次数频繁,作业人员就容易疲劳,降低作业效率。在储存密度高和堆垛高度较低的情况下,步行式车辆能发挥较好的作业性能。步行式叉车堆垛高度一般是在 5 m 以下。坐立式叉车的搬运距离长,负载较重,提升高度较高。

叉车按采用的动力方式可分为手动叉车、内燃机叉车和电瓶叉车,其中内燃机叉车又可以分为汽油机叉车、柴油机叉车和液化石油气叉车等。内燃机叉车的机动性能好,功率大。电瓶叉车以蓄电池为动力,由直流电机驱动,操作简单、无废弃污染,适用于室内作业。

叉车按结构特点可分为低提升托盘叉车、平衡重式叉车、插腿式叉车、前移式叉车、侧面式叉车、拣选式叉车。

(1) 低提升托盘叉车

一般的低提升托盘叉车,分为手动与电动两种方式。手动托盘搬运车是以人力操作水平及垂直方向的移动。电动托盘搬运车是以电瓶提供动力做举升及搬运操作。低提升托盘叉车的操作人员进行的所有作业都可站立于地板上完成,因此该类叉车一般为步行式搬运车辆。

(2) 平衡重式叉车

平衡重式叉车车体前方具有货叉和门架。货叉伸出到叉车的前轮前方,货物的重心落在车轮轮廓之外。为了平衡叉车前部的载荷,在车体尾部设有平衡重,以保证叉车的纵向稳定性。平衡重式叉车的叉卸货物作业要依靠叉车的前后移动才能完成。该类叉车适应性较强,是叉车中应用最广的一种。

(3) 插腿式叉车

插腿式叉车有两条支腿位于叉车前端,跨于底部,支腿下有很小的轮子。支腿能与货叉一起伸到货物底部,然后货叉提升货物,利用支腿支撑平衡,承载负载。这种设计方式可减少配重的重量,以较轻的车重得到较高的稳定度。插腿式叉车与平衡重式叉车相比,结构简单,自重和外形尺寸小,适合在狭窄的通道和室内作业,但其速度较低,行走轮直径小,对地面要求较高。

(4) 前移式叉车

前移式叉车是门架或货叉可以前后移动的叉车,分为门架前移式和货叉前移式。门架前移式的货叉与门架一起移动。货叉前移式的货叉移动而门架不动,货叉借助伸缩机构单独前伸。前移式叉车的特点是在存取货物时,货叉伸出的长度超过底部支腿长度,动力系统和操作者起配重作用,行走平稳;当货叉缩回时,与插腿式叉车相同,稳定性好,负载能力大。另外,货叉前移式叉车在地面具有一定的空间允许插腿插入的情况下,叉车能超越前排货架,对后一排货物进行作业。

(5) 侧面式叉车

侧面式叉车是货叉和门架位于车体侧面的装卸作业车辆。该类叉车主要设计用来搬运特殊形状的物品,最普遍的侧面叉车是用来装卸和搬运长形的货物,如金属管、木材等。

(6) 拣选式叉车

拣选式叉车是操作台上的操作者可与装卸装置一起上下运动,并拣选储存在两侧货架内物品的叉车。按升举高度可分为低位拣选式叉车和高位拣选式叉车。

低位拣选式叉车适于车间内各个工序间加工部件的搬运,操作者可乘立在上下车便利的平台上,驾驶搬运车并完成上下车拣选物料,以减轻操作者搬运、拣选作业的强度。

高架叉车的门架宽度相对较大,刚性好,同时为了提高起升高度,高架叉车一般采用3节或者4节门架,起升高度比普通叉车要高,一般在6 m左右,最高可达13 m,提高了空间利用率。根据作业形式分为司机室地面固定型和司机室随作业货叉升降型。司机室地面固定型的高架叉车起升高度较低,因而视线较差;司机室随作业货叉升降型的高架叉车,起升高度较高、视线好。

在选择叉车时,应根据实际需要主要考虑其负载能力、尺寸、升程、行走及提升速度、机动性和爬坡能力等指标。随着物流业的发展,现已开发出了许多类型的叉车,上述只是列出了叉车中的一部分,在物流配送中心的规划与设计中,应根据需要通过调查分析加以选择。

3. 手推车

手推车轻便灵活,广泛应用于仓库、物流配送中心、工厂、百货公司、机场及医院。由于手推车一般没有提升能力,所以一般承载能力在5 000 kg以下。手推车主要根据其用途及负荷能力来分类,一般分为两轮手推车、手推台车和物流台车三类。物流台车主要用于配送发货之前的集货,如图2-16所示。

图2-16 物流台车

4. 自动导引搬运车

自动导引搬运车(AGV)是指装有自动导引装置,能够沿规定的路径行驶,在车体上还具有编程和停车选择装置、安全保护装置及各种物料移载功能的搬运车辆。多台不同类型的、由计算机控制的自动引导搬运车便组成了自动导引搬运车系统(AGVS)。自动导引搬运车如图2-17所示。

图 2-17　自动导引搬运车

三、输送设备

输送设备主要是指连续输送机。连续输送机是自动化物流配送中心必不可少的重要搬运设备,是沿着一定的输送路线以连续的方式运输货物的机械。连续输送机根据所运货物的种类分为成件货物输送机和散装货物输送机;按结构特点分为有挠性牵引构件和无挠性牵引构件的连续输送机。有挠性牵引构件的连续输送机运送货物时,是在牵引构件的作用下,利用牵引构件的连续运动使货物沿一定方向运输,它包括带式输送机、链式输送机、斗式提升机等。无挠性牵引构件的连续输送机是利用工作构件的旋转或震动等方式,使货物沿一定方向运输,它包括气力输送机、螺旋输送机、振动输送机等。

在物流配送中心中,使用最普遍的输送机包括辊道式输送机、滚柱式输送机、带式输送机、链条式输送机。

(1)辊道式输送机

辊道式输送机是利用辊子的转动来输送成件物品的输送机(如图 2-18 所示)。它可沿水平或曲线路径进行输送,其结构简单,安装、使用、维护方便,不规则的物品则可放在托盘或者托板上进行输送。

图 2-18　辊道式输送机

(2)滚柱式输送机

滚柱式输送机是采用滚柱来取代辊道的输送机(如图 2-19 所示)。其特点是结构简单,一般用于无动力驱动,适用于成件包装货物或者整底面物料的短距离搬运。

图 2-19　滚柱式输送机

四、自动分拣机

随着科学技术日新月异的进步,特别是感测技术(激光扫描)、条码及计算机控制技术等的发明,自动分拣机已被广泛应用于物流配送中心。我国的邮政等物流系统也已多年使用自动分拣设备。自动分拣机的分拣效率极高,通常每小时可分拣商品6 000～12 000箱。在日本和欧洲,自动分拣使用很普遍。特别是在日本的连锁商业和宅急便中,自动分拣机的应用更是普遍。自动分拣机种类很多,而其主要组成部分相似,基本上由下列各部分组成:

(1)输入装置:待拣商品由输送机送入分拣系统。

(2)货架信号设定装置:待拣商品在进入分拣机前,先由信号设定装置(键盘输入、激光与条码等)把分拣信息(如配送目的地、客户名等)输入计算机中央控制器。

(3)进货装置(或称喂料器):它使待拣商品依次均衡地进入分拣传送带,与此同时,还将商品逐步加速到分拣传送带的速度。

(4)分拣装置:它是自动分拣机的主体,包括传送装置和分拣装置两部分。前者的作用是把商品送到设定的分拣道口位置上;后者的作用是把待拣商品送入分拣道口。

(5)分拣道口:是从分拣传送带上接纳待拣商品的设施,可暂时存放未被取走的商品。当分拣道口满载时,由光电管控制阻止分拣商品不再进入分拣道口。

(6)计算机控制器:是传递处理和控制整个分拣系统的指挥中心。自动分拣的实施主要靠它把分拣信号传送到相应的分拣道口,并指示启动分拣装置,把待拣商品送入道口。分拣机的控制方式主要是采用脉冲信号跟踪法。

随着经济和信息技术的不断发展,自动分拣设备的发展十分迅速,自动分拣系统的应用范围日益广泛。自动分拣系统特别适用于分拣量较大、一次性分拣单位较多、被分拣的货物适应自动分拣机的货物分拣工作场合。其优点是分拣准确、迅速,吞吐能力大;缺点是系统设施复杂,投资和运营成本较高,需要计算机信息系统、作业环境等一系列配套设施和外部条件与之相适应。

● 应用案例

机器自动分拣,大小相当的柑橘迅速被汇集到一条流水线上——柑橘自动分拣设备的启用,可将柑橘按大小、重量分类,筛选出来的柑橘都很匀净。柑橘有大有小,果农售卖时嫌不够美观,而柑橘分拣设备恰能解决这个问题。刚从树上摘下的柑橘被直接送入分拣设备的进料口,设备可以对柑橘的重量进行感应,同时传送装置上有直径大小不同的孔洞,可以对个头差不多的柑橘进行筛选。水果分拣实现了机器换人,如图 2-20 所示。

图 2-20 水果分拣实现了机器换人

一台柑橘分拣机大约能相当于 50 个人进行柑橘分选,针对柑橘进行直径分选,比人工分拣更准。通过低高度传输皮带对已分选出的柑橘进行传输,全方位地保护柑橘的花青素不受损伤,可延长柑橘的保鲜期。

(资料来源:http://www.food71.com/news/html/hangye/13769.html)

在选用分拣设备时,为了取得最为有效的应用,一般需要考虑以下因素:物品包装的大小、形式,物品的重量、易碎性,物品分拣的预期能力、分拣数量、批数、操作环境等。

分拣设备有许多不同的类型,常见的分拣设备按照其分拣机构的结构不同,可以分为挡板型、浮出型、倾翻型、滑块型。

五、包装机械

包装机械是指能完成全部或部分产品和商品包装过程的机械,是实现包装的主要手段。包装机械有多种分类方法,按功能可分为单功能包装机和多功能包装机;按使用目的可分为内包装机和外包装机;按包装品种可分为专用包装机和通用包装机;按自动水平分为半自动机和全自动机;按包装的功能可分为填充机、装箱机、液体灌装机、裹包机、封口机、捆扎机、标签机、清洗机、干燥机、杀菌机等。

随着技术的进步,包装机械在流通领域中正起着越来越大的作用。随之而来的是包装机械的全面性更新换代,更新换代的主要特点是:大量移植采用民用工业和军用工业的各种现代化高精技术、电子技术、微电子技术,进一步加速提高包装机械装备和生产线的可靠性、安全性、无人作业性等自动化水平。智能化将进入整个包装机械装备和生产线领域。这种发展趋势表明,包装机械装备、生产线愈来愈向标准化、系列化、综合化、组装化、联机化的模式发展。

物流配送中心根据其不同的功能和处理的产品类型而采用不同的包装机械,常用的包装机械有装箱机、裹包机、捆扎机等。

装箱机一般用于完成运输包装,它将成品按一定排列方式定量装入箱中,并把箱的开口部分闭合或封固。全自动装箱机实现的功能包括容器成型(或打开容器)、计量、装入、封口等。

裹包机是用包装材料进行全部或局部裹包产品的包装机械。裹包机按裹包成品的形式分为全裹式裹包机、半裹式裹包机;按裹包方式可分为折叠式裹包机、接缝式裹包机、覆盖式裹包机、扭结式裹包机、缠绕式裹包机、拉伸式裹包机等。

捆扎机是用于捆扎封闭包装容器的包装机械。捆扎机利用带状、绳状捆扎材料将一个或多个包件扎紧。捆扎机按自动化程度分为自动捆扎机、半自动捆扎机、手提式捆扎机;按捆扎材料分为塑料带、钢带、聚酯带、纸带、塑料绳等捆扎机。

六、流通加工设备

流通加工设备是完成流通加工任务的专用机械设备。流通加工设备通过对物流中的商品进行加工,改变或完善商品的原有形态来实现生产与消费的桥梁和纽带作用。流通加工设备根据其实现的功能不同可分为包装设备、分割设备、分拣设备、组装设备、冷冻设备、精加工设备等;根据加工的物品可分为金属加工设备、木材加工设备、玻璃加工设备、煤炭加工设备、混凝土加工设备等。

七、集装单元器具

集装单元技术是现代物流发展的标志之一,是利用集装单元器具把物品组成标准规格的单元货件,以加快装卸、搬运、储存、运输等物流活动。集装单元化技术已广泛应用于物流的各个环节。首先,集装单元化为装卸作业机械化、自动化创造了条件,加速了运输工具的周转,缩短了货物送达时间,从总体上提高了运输工具在重量和容积上的利用率。其次,集装单元节约了包装材料,减少了包装费用,同时减少了物流过程的货损、货差,保证了货物的安全。第三,集装单元化便于堆码,提高了库房、货场单位面积的储存能力。通过集装单元化技术,促使物流实现标准化和批量化,促进物流向社会化、机械化和自动化方向发展,有利于降低物流成本。

集装单元器具是实现物流单元化技术的关键和基础。集装单元器具中最主要的是集装箱和托盘,仓库中最常用的是托盘。

托盘是指用于集装、堆放、搬运和运输的放置作为单元负荷的货物和制品的水平平台装置。

1. 托盘的种类

按结构托盘可以分为平板托盘、箱型托盘、立柱型托盘、折叠式托盘。按材料托盘可分为塑料托盘、金属托盘、木质托盘、纸质托盘。另外托盘还有单面托盘、两面托盘,单面叉入、两面叉入、四面叉入式托盘。

2. 托盘的规格

美国主流托盘为 48 in×40 in(约为 1 200 mm×1 000 mm);日本主流托盘为 1 100 mm×1 100 mm 或 1 200 mm×1 000 mm。

我国从 2008 年 3 月 1 日起在全国范围内正式实施的托盘标准为 1 200 mm×1 000 mm 和 1 100 mm×1 100 mm 两种规格,并优先推荐使用 1 200 mm×1 000 mm 规格,以提高我国物流系统的整体运作效率。

●项目实训

配送中心作业区域规划

1. 实训内容

已知某配送中心六个作业区域关联图（如图 2-21 所示），做该配送中心的区域布局规划。

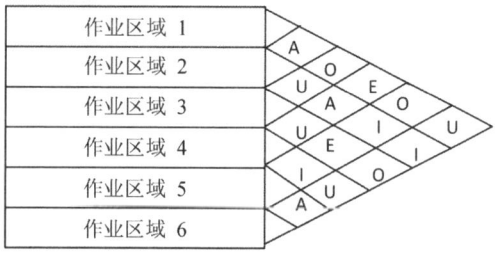

图 2-21 某配送中心六个作业区域关联图

2. 实训步骤

第一步，根据已知资料绘制定性关联图。

第二步，根据定性关联图绘制关联线图底稿表。

第三步，根据关联线图底稿表构建关联线图。

第四步，完成最终布局。

项目三 配送作业——进货及装卸搬运作业篇

● 学习目标

知识目标

通过本章的学习，了解配送中心的基本作业流程；掌握各不同类型配送中心作业流程的特点；掌握配送中心进货作业的流程；掌握搬运作业的作用、特点。

技能目标

掌握配送作业流程的操作内容；掌握配送中心进货作业的操作；重点掌握验收作业及货物验收中问题的处理方法；掌握搬运作业的特点及分类。

项目任务

任务一　配送中心基本作业流程

任务二　进货作业

任务三　装卸搬运作业

项目三 配送作业——进货及装卸搬运作业篇

任务一
配送中心基本作业流程

● 任务布置

  京津地区家乐福生鲜食品配送中心经营蔬菜类、水果类和干果类商品,该配送中心租用示范农场的库房面积约 500 m²,其中加工作业区面积约 330 m²,分为收货区、加工区、配送区;临时储存区有 4 个作业区,高 3 m 左右,储存区、冷藏库面积约 70 m²。配送中心内基本是人工作业,机械作业设备只有小型叉车入库,商品由供应商负责运输装卸,出库商品由配送中心负责配送,该配送中心的包装容器是平均承重 25 kg 的标准筐。家乐福生鲜食品配送中心的蔬菜商品来源于天津市武清区的蔬菜种植区,一般下午采收,晚上加工,第二天早上 5 点配送到店,该中心平均每天加工配送时令蔬菜 10 t,占京津两地家乐福所需 6 家销售量的 70%~80%。蔬菜类商品的作业流程,包括进货、拣选、打孔、清洗、装筐的,属于简单粗加工,在配送中心内不能进行蔬菜保存。该配送中心果品来源主要是南方水果及进口水果,本地产葡萄、苹果数量较少,平均日配送加工 5 t,该配送中心水果占京津两地家乐福门店所需水果量的 50%~60%,该配送中心干果应占京津两地家乐福 6 家门店所需干果销售量的 60%~70%。

  请思考:配送中心具体要做哪些工作?各作业如何相互配合才能完成一次完整的配送任务?

(资料来源:由相关资料整理)

一、配送中心基本作业流程

  配送中心的特性或规模不同,其运营涵盖的作业项目和作业流程也不完全相同,但其基本作业主要包括进货作业、搬运作业、储存作业、盘点作业、订单处理作业、拣货作业、流通加工作业、补货作业、配装出货作业、配送作业等。配送中心基本作业流程如图 3-1 所示。

  配送中心的基本作业流程可以这样描述,由进货车辆到达配送中心或接货开始,经进货作业确认进货品后,便依次将货品储存入库。为确保在库货品得到良好的保管,需要进行定期或不定期的盘点检查。当接到客户订单后,先依其性质做订单处理,之后即可按处理后的订单信息将客户订购的货品从仓库中取出(拣货作业)。拣货作业完成后,一旦发觉拣货区所剩余的存量过低,则必须由储存区来补货,如果整个储存区的存量也低于标准,便应向上游采购进货。

  配送中心作业流程的基本构成环节如下:

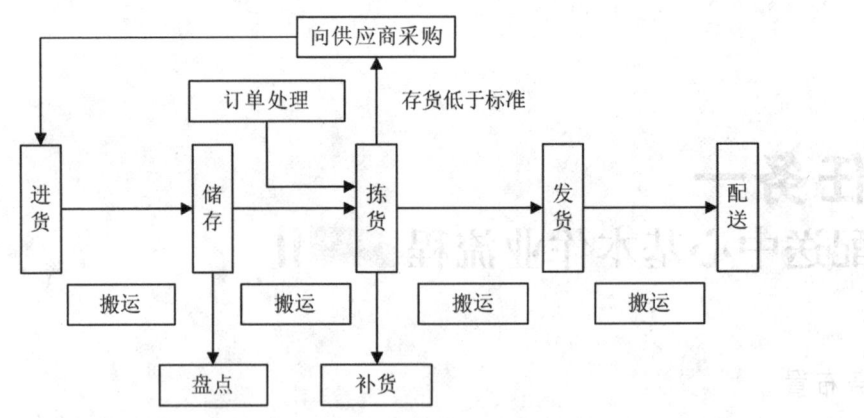

图 3-1 配送中心基本作业流程图

(一)进货作业

配送中心的进货主要包括进货计划分析、接货、验收入库三个环节。

1. 进货计划分析

进货计划制订的依据是采购计划、库存情况等。

2. 接货

当供应商接到配送中心或用户发出的订单之后,会根据订单的要求组织供货,配送中心则需要进行相应的人力、物力准备工作。

3. 验收入库

商品到达配送中心后,由配送中心组织检验人员对到货商品进行验收,验收的内容包括数量、质量验收。

(二)搬运作业

搬运作业是将不同形态的散装、包装或整体原料、半成品或成品,在平面或垂直方向加以提起、放下或移动,可能是要运送,也可能是要重新放置物料,而使货品能适时、适量移至适当的位置或场所存放。配送中心的每个作业环节都包含着搬运作业。

(三)储存作业

储存作业的主要任务是对将来要使用或者要出货的物料进行保存,且要经常对库存品进行检核控制,储存时要注意充分利用空间,还要注意存货管理。

(四)盘点作业

货品不断地进出库,在长期的累积下库存资料容易与实际数量产生不符,或者有些产品因存放过久,致使品质、功能受影响,难以满足客户的需求。为了有效地控制货品数量,需要对各储存场所进行盘点作业。

(五)订单处理作业

由接到客户订货开始到准备着手拣货之间的作业阶段,称为订单处理,包括有关客户订单的资料确认、存货查询、单据处理以及出货配发等。

(六) 拣货作业

为了保证商品能够准时送达客户手中,满足客户的需要,配送中心要根据客户订单要求对储存的商品进行拣取归类作业。从地位和作用来说,分拣是配送中心整个作业流程的关键环节。

(七) 流通加工作业

配送中心的流通加工主要是根据客户的要求进行的初加工活动。加工作业属于增值性经济活动,能够完善配送中心的服务功能。

(八) 补货作业

补货作业是指将货品从保管区域移到拣货区域,并做相应的信息处理。

(九) 配装出货

为了充分利用载货车辆的容积和载重能力,提高运输效率,降低运输成本,配送中心要按照配送线路、客户分布情况等因素对配送商品进行合理配载作业。

(十) 送货作业

送货是根据客户的要求,在准确的时间和准确的地点把商品送到客户手中的作业。送货作业是配送中心的最后一个作业环节,直接面对最终客户。

二、不同类型配送中心的作业流程

(一) 集货配送中心的一般流程

集货配送中心是以中小件杂货配送为代表的配送中心流程。由于货种多,为了保证配送,需要有一定的储存量,属于有储存功能的配送中心。该中心对进货、分类、配货、配装的功能要求较高,但一般来讲,很少有流通加工的功能。集货配送中心的一般流程如图3-2所示。

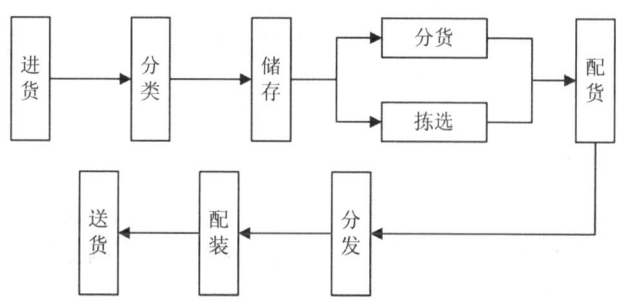

图3-2 集货配送中心的一般流程

(二) 不带储存库的配送中心流程

有的配送中心专以配送为职能,而将储存场所尤其是大量储存场所转移到配送中心之外的其他地点,配送中心则只有为一时配送进行备货的暂存,而不具有大量储存的功能。货物暂存在配货场所,在配送中心不单设储存区。不带储存库的配送中心流程如图3-3所示。

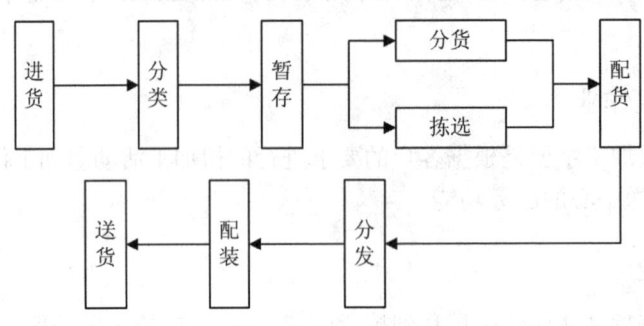

图3-3 不带储存库的配送中心流程图

这种配送中心和前一类配送中心的流程大致相同,主要工序及主要场所都用于理货、配货。其区别在于大量货物的储存区在配送中心外部而不在其中。没有集中储存的仓库,占地面积比较小,可以节省仓库、现代货架等设施和设备的巨额投资。

(三) 加工配送型配送中心流程

加工配送型配送中心随着加工方式的不同,配送中心的流程也有区别。典型的加工配送型配送中心流程如图3-4所示。

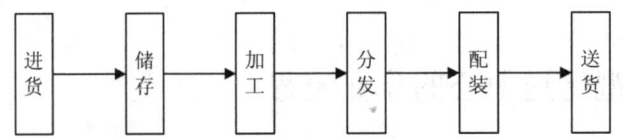

图3-4 加工配送型配送中心流程图

这种配送中心流程的特点:以铁板、钢筋和玻璃为例,进货是大批量、少品种的产品,因而分类的工作不繁重或基本上无须分类存放。只是进行加工,与生产企业按标准、系列加工不同,一般是按用户要求进行加工。因此,加工后的产品便直接按用户分放、配货。所以,这种类型的配送中心有时不单有分货、配货或拣选环节,在这种加工型配送中心,加工部分及加工后分放部分的工作是重点。有时,加工、分货、配货和拣货环节合并为一道工序。配送中心加工场地及加工后分放货物暂存区区域面积较大。

(四) 批量转换型配送中心流程

批量转换型配送中心是将大批量、品种较单一的产品进货式转换成小批量发货式的配送中心。成型煤加工的煤炭配送便属于这种类型。这种配送中心的流程如图3-5所示。

这种配送中心流程十分简单,基本不存在分类、拣选、分货、配货、配装等工序。但由于是大量进货,储存能力较强,储存工序及装货和送货工序是其主要工序。

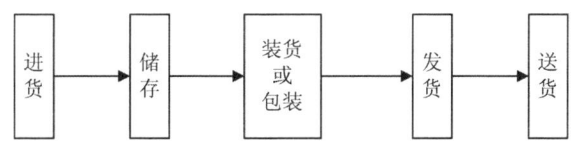

图3-5 批量转换型配送中心流程图

● 任务提示

配送中心基本作业主要包括进货作业、搬运作业、储存作业、盘点作业、订单处理作业、拣货作业、流通加工作业、补货作业、配装出货作业、配送作业等,但是不同的配送中心其流程也不尽相同。配送作业流程的合理性直接影响配送中心的效率,对配送作业流程的分析可以利用流程分析图实现。

任务二 进货作业

● 任务布置

海尔是世界白色家电第一品牌,目前在全球建立了21个工业园、24个制造工厂、10个综合研发中心、19个海外贸易公司,全球员工超过7万人。2013年,海尔实现全球营业收入1 803亿元,利润总额首次突破百亿大关,达到108亿元,同比增长20%。为实现其战略目标,提高市场竞争力,海尔集团在物流管理上实行"零库存"模式。海尔集团在全国各地建有42个配送中心,这42个配送中心构成了海尔集团服务市场和客户需求的重要物流网络。为确保配送中心实现高效运转,并为管理系统提供及时、准确的物流数据,配送中心的日常作业必须改变传统手工作业的方式,建设一套高效、准确的数据采集系统。

针对海尔配送中心的业务特点,借鉴国外先进制造企业的应用经验,海尔集团决定在各地的配送中心全面应用美国Symbol公司的便携式数据终端设备,在配送中心的入库、出库、盘点、移库等作业环节,实现了高效、准确、及时的数据采集和管理功能。美国Symbol公司的spT1800系列便携式数据终端作为集成条码扫描和移动计算功能的高科技产品,产品坚固耐用,便于携带,可摆脱线缆的束缚。在配送中心的进货作业环节,数据终端从主机系统下载有关的入库数据后,操作人员通过在数据终端上输入相应的入库单据编号,便可获得详细的入库数据,具体包括入库产品条码、单位、数量等。操作人员通过对实际入库产品条码的扫描,并将实收数据与应收数据核对,实现了对入库数据的高效采集和流程控制功能。最后,数据终端上采集的数据被上传到主机系统中,供物流管理系统做进一步的处理和分析。

(资料来源:由相关资料整理)

请思考:进货作业对配送中心经营的影响是什么?进货作业有哪些主要流程?在进货过程中发现问题应如何处理?

● 知识要点

一、进货作业流程与组织

（一）进货作业流程

进货作业是指从商品接运开始,把货物卸下,开箱理货,检查商品数量、质量,之后将有关进货信息进行数据处理等作业。

1. 进货的计划分析

进货计划制订的基础及依据是采购计划、进货因素。

进货因素包括:进货对象及供应商的数量;商品种类及数量;进货车种及车辆台数;每车卸货和进货的时间;进货所需人员数;商品的形状和特征等。

进货计划的制订必须依据订单所反映的信息,掌握商品到达的时间、品类、数量及具体的到货方式,尽可能准确预测出到货时间,以尽早做出卸货、储位、人力、物力等方面的计划和准备。

2. 收货前的准备

仓库应根据仓储合同或入库单、入库计划,及时地进行准备,以便货物能按时入库,保证入库过程顺利进行。仓库的入库准备,要求各岗位相关人员共同做好以下工作:

（1）熟悉入库货物

仓库业务、管理人员应认真查阅入库货物资料,必要时向存货人询问,掌握入库货物的品种、规格、数量、包装状态、单件体积、到库确切时间、货物存期、货物的理化特性、保管的要求等。

（2）掌握仓库库场情况

了解在货物入库期间、保管期间仓库的库容、设备、人员的变动情况,以便安排工作。

（3）制订仓储计划

仓库业务部门根据货物情况、仓库情况、设备情况制订仓储计划,并将任务下达到各相应的作业单位、管理部门。

（4）妥善安排货位

仓库部门根据入库货物的性能、数量,结合仓库分区分类保管的要求,核算货位大小,根据货位使用原则,安排货位,验收场地,确定堆垛方法、苫垫方案。

（5）做好货位准备

仓库人员要及时进行货位准备,彻底清洁货位,清除残留物,清理排水管道（沟）,必要时安排消毒、除虫、铺地。详细检查照明、通风等设备,发现损坏及时报修。

（6）准备苫垫材料、作业用具

在货物入库前,根据所确定的苫垫方案,准备相应的材料,并组织衬垫铺设作业。作业所需的用具要准备妥当,以便能及时使用。

（7）验收准备

仓库理货人员根据货物情况和仓库管理制度确定验收方法。准备验收所需的点数、称量、测试、开箱装箱、丈量、移动照明等工具、用具。

(8)装卸搬运工艺设定

根据货物、货位、设备条件、人员等情况,合理科学地采用卸车搬运工艺,保证作业效率。

(9)单证准备

仓库人员对货物入库所需的各种报表、单证、记录簿等(如入库记录、理货检验单、料卡、残损单等)预填妥善,以备使用。

3.商品接运与卸货

到达仓库的商品有一部分是由供应商直接运到仓库交货,其他商品则要经过铁路、公路、航运和空运等运输部门转运。凡经过交通运输部门转运的商品,均需经过仓库接运后才能进行入库验收。商品接运是商品进货作业的第一道作业环节,也是商品仓库直接与外部发生的经济联系。其主要任务是及时而准确地向交通运输部门提取入库商品,要求手续清楚、责任分明,避免将一些在运输过程中或运输前就已经损坏的商品带入仓库,为仓库验收工作创造有利条件。接运方式大致有以下四种:车站、码头提货,专用线接车,仓库自行接货和库内接货。

根据到达商品的数量、理化性质及包装单位,合理安排好人力及装卸搬运设备,并安排好卸货站台空间。

4.分类和编号

为保证仓库的物流作业准确而迅速地进行,在进货作业中必须对商品进行清楚、有效的分类及编号。可以按商品的性质、存储地点、仓库分区情况对商品进行分类和编号。

5.核对有关单据和信息

到货商品通常具备下列单据或相关信息:采购订单,采购进货通知单,供应方开具的出仓单、发票、磅码单、发货明细表等。有些商品还随货附有商品质量证书、材质说明书、合格证、装箱单等。对由承运企业转运的货物,接运时还需审核运单,核对货物与单据反映的信息是否相符。若有差错应填写记录,由送货人员或承运人签字证明,以便明确责任。

6.商品验收

商品验收是指对到库商品进行理货、分类后,根据有关单据和进货信息等凭证清点到货数量,确保入库商品数量准确;同时,通过目测或借助检验仪器对商品质量和包装情况进行检查,并填写验收单据和其他签收凭证等验收记录。

7.收货信息处理

按照进货作业流程,商品验收完毕后,即可通过搬运码放过程进入指定储位储存,进行存储作业。与此同时,必须做好进货过程中相关信息的处理,收货信息处理是指示后续作业的基础,因此,掌握并处理好进货信息非常重要。

(二)货物验收

所有到库商品必须在入库前进行验收,只有验收合格后才算正式入库。这种必要性体现在两个方面:一方面是各种到库商品来源复杂、渠道繁多,从结束其生产过程到入库前,经过一系列储运环节,受到储运质量和其他各种外界因素的影响,质量和数量可能发生某种程度的变化;另一方面是各类商品尽管在出厂前进行了检验,但有时也会出现错检或漏检的情况,使一些不合格商品按合格商品交货。

商品验收具有两方面的作用：一方面是有利于维护企业的自身利益；另一方面，只有做好验收工作，才能谈保管、保养的问题。

商品验收过程中，若发现商品数量不足、规格不符和质量不合格时，检验人员要做详细的验收记录，由企业业务主管部门向供货企业提出退货、换货或向承运单位提出索赔要求。如果商品入库没有进行严格的验收检查，在保管过程中或发货过程中发现商品存在问题，就会出现责任不清的情况，给企业造成不必要的经济损失。因此，在验收过程中必须严格检验，分清责任，使符合采购合同、符合企业需要的商品入库，维护企业的经济利益。

商品的验收工作是做好商品保管保养和使用的基础。到库商品经过了一系列的储运环节，商品外包装会出现损坏、散失的情况，没有外包装的商品更容易发生变化。这些情况的出现都将影响商品的保管及保养。只有在商品入库时进行验收检查，判明商品的实际状况，才能针对商品的实际情况，采取相应的措施对商品进行保管及保养。

总之，商品验收工作是一项技术要求高、组织严密的工作，验收工作关系到仓储业务能否顺利进行。因此，仓储企业要设置权责清晰的商品验收部门，明确检验人员的责任，使验收工作能够做到及时、准确、严格和经济。

商品验收包括验收准备、核对凭证和实物检验三个作业环节。

1. 验收准备

仓库接到到货通知后，应根据到货商品的特性做好验收前的准备工作。验收准备是做好整个验收工作的前提。

（1）人员准备：安排负责验收工作的检验人员，对于技术特性复杂的商品，要及时和用货单位的专业技术人员进行有效沟通。

（2）文件准备：准备好待验商品的有关文件，如技术标准、订购合同等。

（3）器具准备：准备好验收用的检验工具，如衡器、量具等，并校验正确。

（4）防护准备：对某些特殊商品的验收，如对毒害品、腐蚀品、放射品等的检验，需要准备相应的防护用品。

2. 核对凭证

入库商品必须具备下列凭证：

（1）入库通知单和订货合同副本，这是仓库接收商品的凭证。

（2）供货单位提供的材质证明书、装箱单、磅码单、发货明细表等。

（3）商品承运单位提供的运单，若商品在入库前发现有残损情况，还要有承运单位提供的货运记录，作为向责任方交涉的依据。

核对凭证就是将上述凭证加以整理、全面核对。入库通知单、订货合同要与供货单位提供的所有凭证逐一核对，只有相符后，才可以进行下面的实物检验。

3. 实物检验

实物检验就是根据入库单等相关凭证对商品进行数量和质量的检验。

（1）确定抽检比例

在业务量比较大的仓储企业，到库商品通常是整批、连续到货，而且品种、规格复杂，在有限的时间内不可能逐件查看，这就需要确定一个合理的抽查比例。验收的抽查比例一般根据商品的特性、价值的大小、品牌信誉、物流环境等因素而定。

(2) 数量检验

数量检验是保证入库商品数量准确的重要步骤,依据入库单等有关凭证,按商品的品名、规格、等级、产地等进行核对,以确保入库商品数量准确无误。数量检验可分为三种形式:

①计件。计件是按件数供货或以件数为计量单位的商品,在数量验收时清点件数。一般情况下,计件商品应全部逐一点清。实际应用时可采用标记计件、分批清点和定额装载三种方法。标记计件是在大批量商品入库时,每一件商品都做标记,待全部清点完毕,再按标记计算总的数量;分批清点是在包装规则、批量不大的商品入库时,将商品按行、列或层堆码,每行、列或层堆码的件数相同,清点完毕后,再统一计数;定额装载的方法主要用来清点包装规则、批量大的商品,可以用托盘、平板车等装载工具实行定额装载,最后计算入库商品的件数。

②检斤。检斤是按重量供货或以重量为计量单位的商品,在数量验收时称重。金属材料、某些化工产品多半是检斤验收。

③检尺求积。检尺求积是对以平方或体积为计量单位的商品,先检尺后求积所做的数量验收。如对木材、竹子、玻璃等验收,需要进行检尺计算,以求出平方或体积。

(3) 质量检验

质量检验包括外观检验、尺寸检验、理化检验三种形式。仓库一般只做外观检验和尺寸精度检验,理化检验则由仓库检验技术人员取样,委托专门检验机构或由收货方技术人员进行检验。

①商品的外观检验。商品的外观检验又称感官检验,检验人员利用感觉器官,如眼、耳、鼻等,检验商品的外包装;检查商品包装的牢固程度;检查商品有无损伤;检查商品是否被雨、雪、油污等污染,有无潮湿、霉腐、生虫等现象。商品的外观检验简便易行,大大简化了仓库的质量验收工作,节省了大量的人力、物力和时间,广泛应用于检验商品的外观和表面特征。但外观检验易受检验人员的经验、检验环境,甚至生理状态等因素的影响,主观性太强,且无统一的检验标准,须引起重视。

②商品的尺寸检验。对于需要进行尺寸精度检验的商品,如金属材料中型材的直径和圆度、管材的壁厚和内径、部分机电产品等的检验,需要仓库的检验技术人员进行尺寸检验。由于尺寸精度检验是一项技术性强且费时的工作,实际工作中可根据商品价值的大小、供应商的信誉等进行抽检。

③商品的理化检验。理化检验又称仪器检验,是借助各种试剂、仪器和设备对商品的内在质量和物理、化学性质所进行的检验。对商品内在质量的检验要求一定的技术知识和检验手段,所以一般由专门的技术检验部门执行。

(三) 进口货物的检验

进口货物的检验比国内货物的检验更严格,国家规定进口货物的验收内容和方法原则上与国内货物相同,但下列四项内容与国内货物验收是有区别的。

按照订货合同验收,到库货物及其资料必须与订货合同相一致,货物的质量、包装必须符合合同的规定,订货合同、技术资料、各项证件与到货核对完全相符后,方可进库验收。

入库单和资料不齐,不得验收;数量要全验,进口货物原则上要全面,但对到货规格整齐、包装完整,或因批量大或打开包装后对货物销售不利的,可以抽验10% ~ 20%,抽验合格,按正常手续验收入库。

进口货物要严格按照合同规定的方法计算重量,按商检规定检验外观质量,在检验过程中发现有外观缺陷时,要扩大20%～30%的抽验率,以最后检验结果作为判断依据。

验收中若发现存在数量短缺、外观缺陷等问题,由仓库负责填写验收记录单和明细、对照码单等交给货主,由货主报商检部门复验之后出证索赔。

(四)货物验收中问题的处理

仓库到货商品来源复杂,涉及商品生产、采购、运输等多个作业环节,不可避免地会出现诸如证件不齐、数量短缺、质量不符合要求等问题。因此,在货物验收过程中,要认真细致,区别不同的情况,及时进行处理。

1. 质量检验问题的处理

验收过程中,凡发现质量不符合验收规定的情况,应及时向供货单位进行换货交涉,或征得供货单位同意代为修理,或在不影响使用的前提下降价处理。

商品规格不符或错发时,应先将规格对的予以入库,规格不对的商品做好验收记录并交给相应部门办理换货手续。

2. 数量检验问题的处理

数量短缺或溢余在规定范围内的,可按原数入账。凡超过规定范围的,应查对核实,做成验收记录和磅码单交主管部门并向供货单位办理交涉。对于数量溢出较大的情况,可选择退回商品或补发货款的方式予以解决;对于数量短缺较大的情况,可选择按实数签收并及时通知供应商。

3. 验收凭证问题的处理

验收凭证问题主要是指验收需要的证件未到或证件不齐全。验收过程中出现此类问题时,要及时向供应商索取,到库商品应作为待证验品堆放在待验区,待证件到齐后再进行验收,证件未到或不齐全不得验收。

4. 证物不符问题的处理

验收过程中发现验收单证与实物不符的情况时,应把到库商品放置于待检区并及时与供应商进行交涉,可以采取拒绝收货、改单签收或退单、退货的方式解决。

此外,在对验收过程中发现的问题进行处理时应做到:

(1)在商品入库凭证未到或未齐之前不得正式验收。

(2)发现商品数量或质量不符合规定,要会同有关人员当场做出详细记录,交接双方在记录上签字。

(3)在数量验收中,计件商品应及时验收,发现问题后要按规定的手续、在规定期限内向有关部门提出索赔的要求。

(4)凡有价格不符,应按合同规定价格给付,对多收部分应拒付;对少收部分,应通知供货单位更正。

●任务提示

进货是准备货物的一系列活动。它是配送的基础环节,是决定配送与否、规模大小的最基础环节,同时,也是决定配送效益高低的关键环节。如果进货及时或不合理导致成本过高,会大大降低配送的整体效益。进货的接货和验收过程要根据具体情况进行流程设定。如果遇到接货及验收问题,则根据具体情况进行分析。

任务三 装卸搬运作业

● 任务布置

云南双鹤医药有限公司(以下简称"云南双鹤"),是一家以市场为核心、现代医药科技为先导、金融支持为框架的新型公司,也是西南地区经营药品品种较多、较全的医药专业公司。

虽然云南双鹤已形成规模化的产品生产和网络化的市场销售,但其流通过程中物流管理严重滞后,造成物流成本居高不下,不能形成价格优势。这严重阻碍了物流服务的开拓与发展,成为公司业务发展的"瓶颈"。

装卸搬运活动是物流各环节活动正常进行的关键,而云南双鹤则忽视了这一点。由于搬运设备的现代化程度低,只有几个小型货架和手推车,大多数作业仍处于人工作业为主的原始状态,工作效率低,且易损坏物品。另外,仓库设计得不合理造成长距离的搬运,并且库内作业流程混乱,形成重复搬运,大约有70%的无效搬运,这种过多的搬运次数,损坏了商品,也浪费了时间。

(资料来源:云南双鹤医药有限公司网站)

请思考装卸搬运环节对企业的作用,并结合本章所学内容对云南双鹤的搬运系统的改造提出建议和方法。

● 知识要点

一、装卸搬运作业

物流系统各个环节的前后或同一环节的不同活动之间都必须进行装卸搬运作业。装卸搬运是物料的不同运动(包括相对静止)阶段之间相互转换的桥梁,正是因为有了装卸搬运活动才能把物料运动的各个阶段连接成连续的"流",使物流的概念名副其实。

(一)装卸搬运的特点

1. 具有伴生(伴随产生)性和起讫性的特点

装卸搬运的目的总是与物流的其他环节密不可分,不是为了装卸而装卸,与其他环节相比,它具有伴生性的特点;运输、储存、包装等环节一般都是以装卸搬运为起始点和终结点,因此它又有起讫性的特点。

2. 具有提供保障和服务性的特点

装卸搬运保障了生产中其他环节活动的顺利进行,具有保障性质;装卸搬运过程不消耗原材料,不排放废弃物,不大量占用流动资金,不产生有形产品,因此具有提供劳务的性质。

3. 具有"闸门"和"咽喉"的作用

装卸搬运制约着生产与流通领域其他环节的业务活动,如果这个环节处理不好,整个物流系统就会处于瘫痪状态。

(二) 装卸搬运的分类

1. 按装卸搬运场所和设备对象分类

按装卸搬运场所和设备对象,装卸搬运可分为仓库装卸、铁路装卸、港口装卸、汽车装卸、飞机装卸、车间搬运和站台装卸搬运等。

(1) 仓库装卸配合出库、入库、维护保养等活动进行,并且以堆码、上架、取货等操作为主。

(2) 铁路装卸是对火车车皮的装进及卸出,其特点是一次性作业就实现一车皮的装进或卸出,很少有像仓库装卸时出现的整装零卸或零装整卸的情况。

(3) 港口装卸包括码头前沿的装船,也包括后方的支持性装卸,有的港口装卸还采用小船在码头与大船之间过驳的办法,因而其装卸的流程较为复杂,往往经过几次装卸及搬运作业才能最后实现船与岸之间的货物过渡。

(4) 汽车装卸一般一次装卸批量不大。由于汽车装卸具有灵活性,可以减少搬运活动,因而可以直接利用装卸作业达到车与物流设施之间货物过渡的目的。

(5) 飞机装卸是对飞机机舱的装进及卸出,一般通过传送带搬运,自动化程度较高。

(6) 车间搬运是指在车间内部工序间进行的各种装卸搬运活动,如原材料、在制品、半成品、零部件、产成品等的取放、分拣、堆码、输送等作业。

(7) 站台装卸搬运是指在车间或仓库外的站台进行的各种装卸搬运活动,如装车与卸车、集装箱装箱与掏箱、搬运等作业。

2. 按装卸搬运机械及其作业方式分类

(1) "吊上吊下"方式

采用各种起重机械从货物上部起吊,依靠起吊装置的垂直移动实现装卸,并在起重机械运行或回转的范围内实现搬运,或依靠搬运车辆实现小范围搬运。由于吊起及放下属于垂直运动,因此这种装卸方式属垂直装卸。

(2) "叉上叉下"方式

采用叉车从货物底部托起货物,并依靠叉车的动力进行货物位移,搬运完全靠叉车本身,货物可不经中途落地直接放置到目的处。这种方式垂直运动不大,主要是水平运动,属水平装卸。

(3) "滚上滚下"方式

"滚上滚下"主要指港口装卸的一种水平装卸方式。这种方式利用叉车、半挂车或平车承载货物,连同车辆一起开上船,到达目的地后再从船上开下。利用叉车的方式,在船上卸货后,叉车必须离船;利用半挂车、平车的方式,拖车将半挂车、平车拖拉到船上后,拖车开下离船而载货车辆连同货物一起运到目的地,再原车开下或拖车上船拖拉半挂车、平车。

(4)"移上移下"方式

此方式主要是在两车之间(如火车及汽车)进行靠接,然后利用各种方式,不使货物垂直运动,而靠水平移动从一辆车上推移到另一辆车上。"移上移下"方式需要使两种车辆水平靠接,因此,需对站台或车辆货台进行改变,并配合移动工具实现这种装卸。

(5)"散装散卸"方式

"散装散卸"是对散装货物进行的装卸,一般从装点直到卸点中间不再落地,这是集装卸与搬运于一体的装卸方式。

3.按装卸搬运对象分类

按装卸搬运对象,可分为散装货物装卸、单件货物装卸和集装货物装卸等。

(1)散装货物装卸

散装货物装卸是指对煤炭、矿石、粮食、化肥等块、粒、粉状物资,采用重力法(通过筒仓、溜槽、隧洞等方法)、倾倒法(铁路的翻车机)、机械法(抓、舀等)和气力输送法(用风机在管道内形成气流,运用动能、压差来输送)等进行装卸。

(2)单件货物装卸

单件货物装卸是指对单件货物逐件装卸搬运的方法,这是人力作业阶段的主要方法。目前对长大笨重、形状特殊的货物或集装会增加危险的货物等,仍然采取这种方法。

(3)集装货物装卸

集装货物装卸是指将货物集零为整进行装卸搬运的方法。具体包括集装箱作业法、托盘作业法、货捆作业法、滑板作业法、网装作业法以及挂车作业法等。

(三)实现装卸搬运合理化应遵循的原则

1.省力化原则

尽可能节省人力和物力,即能向下则不向上,能直行则不转弯,能用机械则不用人力,能水平则不要上斜,能滑动则不摩擦,能连续则不间断,能集装则不分散。

2.顺畅化原则

它是保证作业安全、提高作业效率的重要方面。顺畅化就是作业场所无障碍,作业不间断,作业通道畅通,最明显的例子是流水线作业。

3.短距化原则

它是以最短的距离完成装卸与搬运作业,能直行则不转弯也是短距化原则的例证。

4.单元化原则

它是提高装卸与搬运效率的有效方法,如集装箱、托盘等单元化设备的利用等都是单元化的例证。

5.连续化原则

连续化装卸与搬运的例子很多,如输油、输气管道,以及皮带传送机、辊道输送机、旋转货架等都是连续化装卸与搬运的应用。

6.人性化原则

货物在包装和捆包时应考虑人的正常能力和抓拿的便利性。

配送作业

● **任务提示**

  一方面可以从物流整体性上,另一方面从对单个企业的效率上说明合理卸搬装运的作用。企业内部物流的装卸与搬运是企业生产领域的动脉,是衔接物流各环节活动正常进行的关键。云南双鹤的搬运系统只靠几个小型货架和手推车是不行的,必须实现搬运设备的现代化;尽量实现装卸搬运作业的连续化,减少装卸搬运次数,减少无效装卸搬运,节省装卸搬运成本;同时,根据企业自身的实际情况设计合理的仓库,缩短搬运距离,节省时间;整理库内作业,合理布置库内作业流程。

● **项目实训**

  入库接运及验收

  1. 实训人员

  仓库经理1人,仓库主管1人,仓库管理员2人,客户1人,5人一组。

  2. 实训步骤

  A企业2016年8月10日收到B公司的入库通知单,其中包括800台海信牌彩色电视机、300台242L海尔电冰箱、500箱某品牌饼干、1000箱方便面、600箱可口可乐饮料、400箱矿泉水、500箱洗衣粉等商品,需入库存放。预计货物8月14日入库。商品将在经过短期储存后,配送至B公司下属门店。

  (1) 请根据产品特点,制定合理的入库流程。

  (2) 需要做哪些入库准备工作?

  (3) 试想一下入库验收可能出现哪些问题,应如何处理。

项目四 配送作业——在库保管及库存控制篇

● 学习目标

知识目标

了解配送中心在库保管及库存控制的相关理论,掌握储位规划与编号;掌握货物保管养护原则;掌握盘点作业的流程;了解仓储成本分析的意义,掌握库存控制的意义和经济定货批量的含义;掌握 ABC 管理法的内涵。

技能目标

通过实地调研或案例分析,了解在库保管要求;掌握盘点作业的方法及适用性,能够处理盘点中的问题;正确认识库存控制的作用。

项目任务

任务一 在库保管业务

任务二 盘点作业

任务三 库存控制

任务四 安全管理

配送作业

任务一
在库保管业务

● 任务布置

四川某啤酒公司,以成都为基地,辐射西南地区,目前该公司的销售点已经遍布四川各大中小城市,在成都市的销售网点尤为密集。据调研结果显示,该公司在成都市的金牛区、青羊区、武侯区、成华区、锦江区等19个区都设有销售点。该公司的成都生产厂位于成都市武侯区机场路,处于城郊,整个成都地区的该品牌啤酒都是在这里生产制造,然后向城市的19个区的销售点配送。

请调研并完成啤酒配送中心的管理要点并给出啤酒保管的注意事项。

● 知识要点

一、储位规划与管理

进仓作业人员要找到合适的储位,必须先掌握储位管理原则以及储位管理技术。

储位管理是探究如何将仓库储位合理地安排以便最快地存放、提取货物,从而实现仓库货物搬运时间最优化和提高空间利用率的操作。

从上面的定义可以看出,优化货物搬运时间其实包括两个部分:最小化行走距离和最小化存放、提取货物时间。前者与货物在仓库中存放的位置有关,后者与货物在储位上的位置高低有关。优化仓库的储位规划方案,可以同时节约入库时的搬运时间和出库时的提货与运送时间。合理的储位摆放方法是一种既能节省投资又能理想地提高仓库效率的有效手段。

(一) 储位规划

1. 储位规划的必要性

物流配送中心的作业是一连串的"存"和"取"的动作组合。随着需求向小批量、多品种和时效性方向发展,储存作业中货物流动频率、货物品种和数量迅速增加。据统计,仓库中卸货、取货、分拣和装车环节的作业一般占整个配送中心总作业时间的40%,而其余约60%的作业时间却是作业人员的行走耗时。考虑到劳动力成本占仓库成本的比例比较高以及许多行走耗时是因为储位规划不合理的缘故,那么如何使"存"和"取"的动作快速而有效,做到"好存好取",对储位进行有效的管理非常必要。现代物流配送中心除了保管之外,拣货、发货和配送也是很重要的工作,要及时掌握和控制货物在库状况,动态调整和改善储位安排,以尽量减少行走耗时,从而提高配送中心的运作效率和降低劳动力成本。

2. 储位管理基本原则

(1) 储位明确化

在仓库中储存的商品应有明确的存放位置。货物储存区必须经过详细的规划区分,每一储位都要编码。

(2) 存放商品合理化

每一商品的存放都遵循一定的规则,比如:

①存取频率高的货物对应的存放储位与收货区、发货区或仓库出入口的距离小,即考虑横向距离。

②存取频率越低的货物存放的纵向相对位置越高,相反,存取频率越高的货物存放的纵向相对位置越低,但最接近于最佳纵向存取位置,即不需弯腰。

③重量大的货物存放的储位纵向相对位置低,相反,重量小而体积大的货物存放的纵向相对位置高一些。

④需要专门储存环境的货物,要存放在指定的库区,冷冻品要存于冷库,易燃易爆品要存于防火防爆库。

⑤必须考虑货物的相关性,即相关性强的货物,一起出库的可能性大,最好置于相邻储位。

⑥必须考虑货物的相容性。相容性低的货物绝对不能放在一起,以免损害品质,如香烟、香皂和茶叶等。

⑦对寿命周期短的产品,要遵循"先入先出"的原则,即先入库的货物应先出库,如感光纸、胶卷、食品、药品等。

(3) 储位上商品存放状况明确化

当商品存放于储位后,商品的数量、品种、位置、拣取等变化情况都必须正确记录,仓库管理系统对商品的存放情况应明确、清晰。

(二) 储位编号

在商品保管过程中,根据储位编号可以对库存商品进行科学合理的管理,有利于对商品采取相应的保管措施;在商品收发作业过程中,按照储位编号可以迅速、准确、方便地进行查找,不但可以提高作业效率,而且可以减少差错。

储位编号应按一定的规则和方法进行。首先,确定编号的先后顺序规则,规定好库区、编排方向及顺序排列。其次,采用统一的方法进行编排,要求在编排过程中所用的代号、连接符号必须一致,每种代号的先后顺序必须固定,每一个代号必须代表一个特定的位置。

1. 区段式编号

把储存区分成几个区段,再对每个区段进行编号。这种方式是以区段为单位,每个号码代表的储区较大,区段式编号适用于单位化商品和数量大而保管期短的商品。区域大小根据物流量大小而定。

2. 品项群式

把一些相关性强的商品经过集合后,分成几个品项群,再对每个品项群进行编号。这种方式适用于容易按商品群保管和品牌差异大的商品,如服饰群、五金群等。

3. 地址式

利用仓库、区段、排、行、层、格等进行编码。如在存放货架的仓库,可采用四组数字来表示商品存在的位置,四组数字代表库房的编号、货架的编号、货架层数的编号和每一层中各格的编号。对于如 1-11-1-3 的编号,可以知道编号的含义是:1 号库房,第 11 个货架,第 1 层中的第 3 格,根据储位编号就可以迅速地确定某种商品存放的具体位置。此外,为了方便管理,储位编号和储位规划可以绘制成平面布置图,这样不但可以全面反映库房和货场的商品储存分布情况,而且可以及时掌握商品储存动态,便于仓库结合实际情况调整安排。

(三) 储位确定

1. 根据商品周转率确定储位

确认清楚什么样的商品存放在接近出入口或专用线的位置,什么样的商品存放在远离出入口处。

2. 根据商品相关性确定储位

相关性大的商品,通常被同时采购或同时出仓,对于此类商品应尽可能规划在同一储区或相近储区。

3. 根据商品特性确定储位

性质相同或所要求保管条件相近的商品应集中存放,并相应安排在条件适宜的库房或货场。

4. 根据商品体积、重量特性确定储位

重物存放在地面上或货架下层位置。为了保证货架的安全并方便工人搬运,人的腰部以下的高度通常储放重物或大型商品。

5. 根据商品"先进先出"的原则确定储位

"先进先出"即指先入库的商品先安排出库,这一原则对于寿命周期短的商品尤其重要,如食品、化学品等。在运用这一原则时,必须注意在产品形式变化少、产品寿命周期长、质量稳定而不易变质等情况下,要综合考虑"先进先出"所引起的管理费用的增加,而对于食品、化学品等易变质的商品,应考虑的原则是"先到期的先出货"。

(四) 储存策略

要根据储存物品的情况选择储存方法。

1. 定位储存

定位储存是指每一项商品都有固定的储位,商品在储存时不可互相串位。

适应条件:不同物理、化学性质的货物须控制不同的保管储存条件,防止不同性质的货物互相影响;重要物品须重点保管;多品种、少批量货物的存储。

采用定位储存方式易于对在库商品进行管理,提高作业效率,减少搬运次数,但需要较多的储存空间。总的来说,定位储放容易管理,所以总搬运时间较少,但却较多地占用储存空间。此策略较适用于以下两种情况:库房空间大;多品种且每种数量较少的商品储放。

2. 随机储存

每一个货品被指派储存的位置都是经由随机的过程产生的,而且经常改变,也就是说,任何货品可以被存放在任何可利用的位置。此策略一般是由储存人员按习惯来储存,且通常可与靠近出口法则联用,按货品入库的时间顺序储放于靠近出入口的储位。随机储存的优点为:由于储位可公用,因此只需按所有库存货品最大在库量设计即可,储区空间的使用率较高。但是,采用随机储存方法,货品的出入库管理及盘点工作的进行难度较大;周转率高的货品可能被储存在离出入口较远的位置,增加了出入库的搬运距离;具有相互影响特性的货品可能相邻储存,造成货品的损害或发生危险。

随机储存方法较适用于下列两种情况:库房空间有限,尽量利用储存空间;储存种类少或体积较大的货品。

3. 分类储存

所有的储存货品按照一定特性加以分类,每一类货品都有固定的存放位置,而同属一类的不同货品又按一定的法则来指派储位。分类储存通常按以下几点来分类:产品相关性;流动性;产品尺寸、重量;产品特性。

分类储放较定位储放具有弹性,但也有与定位储放同样的缺点,因而较适用于以下情况:产品相关性大者,经常被同时订购;周转率差别大者;产品尺寸相差大者。

4. 分类随机储存

每一类货品有固定存放的储区,但在各类的储区内,每个储位的指派是随机的。分类随机储存兼具分类储存及随机储存的特点,需要的储存空间介于两者之间。分类随机储存方法有分类储存的部分优点,又可节省储位数量,提高储区利用率。但不足之处是货品出入库管理及进行盘点工作的难度较高。

5. 共同储存

如果确定知道各货品的进出仓库时刻,不同的货品可共用相同储位的方式,称为共同储存。共同储存在管理上虽然较复杂,但所用的储存空间及搬运时间却更经济。

二、货物保管养护

(一)仓库保管原则

1.商品的性能应一致

商品的性能一致是指不同商品之间具有互转性,即同储于一个库区,不会互相影响、互相作用,以确保商品的储存环境的安全。如化学危险品和一般商品、毒品和食品、互相串味的商品(茶叶和肥皂、酒和香烟)等,绝不能混杂储存在同一库房或同一库区内,必须采用分区分类的方法,将它们分开储存。又如固体精萘会升华成气体,能防虫、杀虫,但会污染食品,不宜与饼干、糕点等食品同储一库,而可与毛皮、毛料服装同储一个库区,一举两得。还如,羊毛等蛋白质纤维怕碱不怕酸,而棉纤维则怕酸不怕碱,在分区分类储存时,应注意将碱性商品与羊毛制品分开储存,将酸性商品同棉制品分开储存。再如,碳化钙、磷化锌和碳化金属等遇水燃烧的商品,不能与酸、氧化剂同储一库,因为一旦相遇,即会发生燃烧或爆炸,后果不堪设想。

2. 商品的养护措施应一致

为了防止商品在储存期间发生物理机械变化、化学变化、生理生化变化及某些生物引起的变化,仓库保管人员必须采取一定的养护措施,如低温储藏养护、加热灭菌储藏养护、气调储存养护等。然而,不同的商品常因其性质各不相同,而采用的养护方法也各不相同。如冻猪肉、冻鸡、冻鸭等冷冻食品,需要在低温冷藏(-18～-15℃)仓库内储藏养护,而苹果、生梨、蔬菜等时令食品,则需在高温冷藏(-2～5℃)仓库内储藏养护,这两类商品的养护措施各不相同,所以不能同储在一个库区,必须分区分类储存。而对于养护措施相同的商品,则可以同储一个库区,如棉布与棉衣、被单、被套等。

3. 商品的消防方法应一致

防火、灭火方法不同的商品不应同库储存,必须分开,如涂料、橡胶制品燃烧时,需要用泡沫灭火器灭火,而精密仪器失火时,则需要用二氧化碳灭火器灭火,这两类商品就不宜混存在同一库区。又如由爆炸品引起的火灾,主要用水扑救;而遇水分解的多卤化合物、氯磺酸、发烟硫酸等,绝不能用水灭火,只能用二氧化碳灭火器、干粉灭火器灭火。因而灭火方式不同的商品不能同储在一个库区,必须分开储存。而对于消防方法相同的商品,则可以储存在同一库区,如小麦和玉米,灭火时主要用水,因此可以同储在一个库区。

仓库的分区、分类必须同时考虑以上的一致性原则,统筹规划,把仓库划分为若干保管区域,把储存商品划分为若干类别,以便安全地、保质保量地分区分类储存和保管库存商品。

● 应用案例

1869 年,亨氏(H. J. Heinz)第一个将调味酱装进玻璃瓶出售,由此创立了一个年销售额逾 116 亿美元的食品王国,核心产品品类涵盖婴幼儿食品及营养品、番茄酱和调味品、正餐和零食。目前亨氏在中国境内共计运营 7 家工厂,其产品包括奶粉、米粉、果泥、面条、果酱、磨牙棒等,多种产品销往全国各地。

请根据本章内容,完成亨氏产品配送中心的储位规划。

(资料来源:http://www.shoujiguancha.com)

(二) 仓库保管方法

由于仓库的类型、规模、经营范围、用途各不相同,各种储存商品的性质、养护方法也迥然不同,因而分区分类储存的方法也有多种,需统筹兼顾、科学规划。

1. 按商品的种类和性质分区分类储存

按照商品的自然属性,把怕热、怕光、怕潮、怕冻、怕风等具有不同自然属性的商品分区分类储存。凡同类商品,性质相近,又有连带消费性的,可尽量安排在同一库区、库位进行储存,如床上用品和睡衣、拖鞋可存放在同一库区。但若性质完全不同,并且互有影响、互不兼容,不宜混存的商品则必须严格分库存放。

2. 按商品的危险性质分区分类储存

商品的危险性质,主要是指易燃、易爆、易氧化、腐蚀性、毒害性、放射性等。仓库应根据商品的危险特性进行分区分类储存,以免发生相互接触,产生燃烧、爆炸、腐蚀、毒害等严重恶性事故。如化学危险品和一般商品、毒品和食品,决不能混杂储存在同一库房或同一库区内,必须严格分区分类储存。这种方法主要适用于特种仓库。

3. 按商品的发运地分区分类储存

对于储存期较短的商品,在吞吐量较大的中转仓库或待运仓库,可按商品的发运地区、运输方式、货主,进行分区分类储存。通常可先按运输方式,如按公路、铁路、水路、航空划分,再按到达站、点、港的线路划分,最后按货主划分。这种分区分类方法虽不划分商品的种类,但性能不兼容、运价不同的商品仍应分开。

4. 按仓储作业的特点分区分类储存

超长、较大、笨重的商品,应与易碎、易变形的商品分区储存;进出库频繁的商品,应储存在车辆进出方便、装卸搬运容易、靠近库门的库区。而储存期较长的商品,则应储存在库房深处或多层仓库的楼上。

5. 按仓库的条件及商品的特性分区分类储存

一般情况下,怕热的商品应储存在地下室、低温仓库或阴凉通风的货棚内;负荷量较小的、轻泡的商品,可存放在楼上库房内,而负荷量较大的、笨重的商品,应存放在底楼库房内;价值较高的贵金属,如金银饰品等,须存放在顶楼库房内,而价值较低的普通金属制品,可存放在下层库房内。

(三) 一般商品的养护管理

商品经过一定的时间会发生质量变化,这种情况在运输和储存中都会出现。在此过程中应贯彻"以防为主,防重于治,防治结合"的方针,达到最大限度地保护商品质量、减少商品损失的目的。

1. 建立健全必要的规章制度

为做好商品的养护工作,应建立健全相应的规章制度。如岗位责任制,以便明确责任,更好地按照制度的要求,完成养护工作。

2. 加强商品的入库验收

商品入库验收时,一定要将商品的品种、规格和数量与货单核对是否相符,同时检查商品的包装是否完好,有无破损;检验商品的温度与含水量是否符合入库要求;检验商品是否发生虫蛀、霉变、锈蚀、老化等质量变化。

3. 适当安排储存场所

应按照商品的不同特性,安排适当的储存场所。易霉变及易生锈商品应储存在较干燥的库房内;易挥发及易燃易爆商品应储存在低温干燥的地下或半地下库房内;贵重商品要储存在楼上防潮条件优越的库房内。

4. 有效地苫垫和堆码

根据商品的性能、包装特点和气候条件做好苫垫和堆码工作。应将商品的垛底垫高,有条件的可以用油毡纸或塑料薄膜垫隔潮层。堆放在露天货场的商品,货区四周应设排水渠道,并将货物严密苫盖,防止积水与日晒雨淋。选择适当的堆码方式,如采用行列式、丁字形、井字形、围垛式等堆成通风垛。

5. 加强仓库温湿度的管理

要想管理好温湿度,必须掌握气温变化规律,做好库内温湿度的测定工作,以便更好地对仓库的温湿度进行控制和调节。

6. 搞好环境卫生

为使商品安全储存,必须保持环境卫生。库区要铲除杂草,及时清理垃圾,库房的各个角落均应清扫干净,做好商品入库前的清仓消毒工作,将库房的清洁卫生工作持久化、制度化,尽量减小一切虫鼠生存的空间,做好有效的防治工作。

7. 做好在库商品的检验工作

对在库商品,应据其本身特性及质量变化规律,结合气候条件和储存环境,进行定期或不定期检查,及时掌握商品质量变化的动态,发现问题及时解决。

● 知识链接

库存茶叶的保管保养措施

首先,茶叶必须储存在干燥、阴凉、通风良好、无日光照射,具备防潮、避光、隔热、防尘、防污染等防护措施的库房内,并要求进行密封。其次,茶叶应专库储存,不得与其他物品混存,尤其严禁与药品、化妆品等有异味、有毒、有粉尘和含水量大的物品混合。库房周围也要求无异味。最后,一般库房温度应保持在15 ℃以下,相对湿度不超过65%。

三、货物堆码与苫垫

1. 一般货物的堆放方法

根据货物的特性、包装方式和形状、保管的要求,方便作业和充分利用仓容以及仓库的条件确定存放方式。仓库货物存放的方式有地面平放式、托盘平放式、直接码垛式、托盘堆码式和货架存放式等。

货物储存的码垛方法主要有:

(1)散堆法

散堆法适用于露天存放的没有包装的大宗货物,如煤炭、矿石、黄沙等,也适用于库内的少量存放的谷物、碎料等散装货物。散堆法是直接用堆扬机或铲车从确定的货位后端起,直接将货物堆高,在达到预定的货垛高度时,逐步后退堆货,后端先形成立体梯形,最后成垛,整个垛形呈立体梯形。

(2)货架存放

货架存放适用于小件,品种规格复杂且数量较少,包装简易或脆弱、易损害且不便堆垛的货物,特别是适用于价值较高并需要经常查数的货物仓储存放。

(3)堆垛法

对于有包装(如箱、桶、袋、箩、筐、捆、扎等)的货物,包括裸装的计件货物,应采取堆垛的方式储存。常见的是五五堆放法,包括五五成行、五五成堆、五五成层、五五成串和五五成方等。

2. 货物堆放原则

货物堆放原则应保证商品安全,便于检验、复查和规范化操作。

(1)充分利用仓库空间,尽量提高仓库实用率。
(2)利用机械化装卸,使用叉车和加高机等增加货物堆放的空间利用率。
(3)通道要有合适的宽度,保证一定的装卸空间,保证搬运顺畅,提高装卸效率,保证安全。
(4)仓库堆放要考虑"先进先出"的原则,控制好码放位置。
(5)商品码放托盘时,商品标志必须朝上,商品摆放宽度不超过托盘宽度,每板高度不得超过规定标准,商品重量不得超过托盘规定的载重量。
(6)货物堆放要易于识别和检查。正品、不良品、呆料、废料要有不同的存放标识。
(7)每盘商品必须标明件数,上端捆扎牢固,防止跌落。托盘上商品尽量堆放平稳,便于向高堆放。

3. 货物的苫盖和衬垫技术

(1)货物的苫盖

在露天存放物资时,为防止雨淋、风雪及日光曝晒等危害,垛上需加适当的苫盖物,这便是货物的苫盖。苫盖的主要方法有苫布苫盖法、席片苫盖法、竹架苫盖法、塑料苫盖法和隔离苫盖法等。

(2)货物的衬垫

在货物堆垛时,按照垛形的尺寸和负重情况,先在垛底放上适当的衬垫物,这种方法即为衬垫。

● 任务提示

啤酒属于嗜好品,储藏条件比较苛刻,湿度和温度波动都会影响啤酒的口味。而仓储和运输的混乱,使啤酒的新鲜度保持受到了极大的考验。可以说,新鲜是啤酒品牌的竞争利器,注重口感的消费者如果碰上了过期酒,品牌忠诚度绝对会大打折扣。

(1)啤酒应贮于阴凉、干燥、通风的环境中;不得露天堆放,严防日晒;同时也不得与潮湿的地面直接接触,防止瓶外壁长霉斑。

(2)库房要求干净卫生,保持干燥,不要放置杂物。库房的温度要求控制在5~15 ℃,注意通风和湿度的调节。

(3)啤酒在常温下阴凉处储存最适宜,应注意避免日晒,不能冰冻。

任务二
盘点作业

● 任务布置

某汽车制造企业每个月都会对其自有原材料仓库进行一次盘点,该原材料仓库共有几万种物料供应,该企业总装车间有十几条生产线,每天原材料出入库频率很高。假如你是该原材料仓库的主管,你会如何组织本月的盘点工作?

● 知识要点

一、认识盘点

在配送中心里,货品不断地进出库,在长期的累积下,库存资料容易产生与实际数量不符的现象。或者有些产品因存放过久、养护不当,导致质量受到影响,难以满足客户的要求。为了有效地控制货品数量和质量,而对各储存场所进行数量清点的作业,称为盘点作业。

(1)为了确定现存量,并修正货账不符产生的误差。通常货物在一段时间的不断接收与发放后,容易产生误差。

(2)为了计算企业的损益。企业的损益与总库存金额有相当密切的关系,而库存金额又与库存量及其单价成正比。因此为了能准确地计算出企业实际的损益,就必须针对现有数量加以盘点。一旦发现库存太多,就表示企业的生产经营受到压力。

(3)为了稽核货品管理的绩效,使出入库的管理方法和保管状态变得清晰。如呆料和废品的处理状况、存货周转率、物料的保养维修,均可借盘点发现问题,并加以改善。

二、盘点作业的步骤

(一)事先准备

盘点作业的事先准备工作是否充分,关系到盘点作业进行的顺利程度。为了能在短促的时间内,利用有限的人力达到迅速、准确的目标,事先的准备工作内容如下:

(1)明确建立盘点的程序和方法。
(2)配合会计决算进行盘点。
(3)盘点、复盘、监盘人员必须经过训练。
(4)经过训练的人员必须熟悉盘点用的表单。
(5)盘点用的表单必须事先印制完成。
(6)库存资料必须确实结清。

(二)决定盘点时间

从理论上讲,在条件允许的情况下,盘点次数越多越好,但因每次实施盘点必须投入人力、物力、财力,这些成本耗资不菲,故也很难经常为之。事实上,导致盘点误差的关键原因在于出入库的过程,可能是出入库作业单据的输入错误、检查点数的错误,或是出入库搬运造成的损失,因此一旦出入库作业次数增多,误差也会随之增加。在配送中心货品流动速度较快的情况下,我们既要防止过久盘点对公司造成的损失,又碍于可用资源的限制,因而最好能视配送中心各货品的性质决定不同的盘点时间。

(三)盘点的方法

1.账面盘点法

账面盘点法就是将每一种货品分别设账,然后将每一种货品的入库与出库情况详加记载,不必实地盘点即能随时从电脑或账册上查悉货品的存量。账面盘点又称为永续盘点,就是把每天入库及出库货品的数量及单价记录在电脑或账簿上,而后不断地累计汇总,算出账面上的库存量及库存金额。

2.现货盘点(实地盘点)法

现货盘点依其盘点时间频度的不同又分为期末盘点及循环盘点。期末盘点系指在期末一起清点所有货品数量的方法,而循环盘点则是在每天、每周做少品种、少量的盘点,到了月末或期末则每项货品至少完成一次盘点的方法。而现货盘点亦称为实地盘点或实盘,就是实际去清点调查仓库内的库存数,再依货品单价计算出实际库存金额的方法。

盘点因场合、要求的不同,方法亦有差异,为适应不同状况,盘点方法的决定必须明确,以免盘点时混淆。

(四)盘点人员的组织与培训

为使盘点工作得以顺利进行,盘点时必须增派人员协助进行,由各部门增援的人员必须组织化,并且施以短期训练,使每位参与盘点的人员充分发挥其作用。人员的培训分为两部分:第一,针对所有人员进行盘点方法的培训;第二,针对复盘与监盘人员进行认识货品的培训。

(五)储存场所的清理

(1)在盘点前,对厂商交来的物料必须明确其所有数。如已验收完成,属本配送中心,应及时整理归库;若尚未完成验收程序,是否归属厂商,避免混淆。

(2)储存场所在关闭前应通知各需求部门预领所需的物品。

(3)整理整顿储存场所,以便计数盘点。

(4)预先鉴定呆料、废品、不良品,以便盘点。

(5)账卡、单据、资料均应整理后加以结清。

(6)储存场所的管理人员在盘点前应自行预盘,以便早发现问题并加以预防。

(六)盘点作业

在盘点过程中一定要仔细认真,由于盘点工作涉及大量数字,如果因一时大意看错数字、数错数字,在核对时就会出现差异,从而导致重新盘点。一般在盘点中,可以采用人工抄表技术,也可以用电子盘点计数器辅助盘点。盘点工作不仅工作量大,而且非常烦琐,易导致疲劳,因此为保证盘点正确性,除了加强盘点前的培训工作以外,盘点作业时的指导和监督也非常重要。

(七)盘点结果处理

1.差异因素追查

盘点结束后,当发现所得数据与账簿资料不符时,应追查产生差异的可能原因:

(1)是否因记账员素质不高,致使货品数目无法表达。

(2)是否因料账处理制度的缺点,导致货品数目无法表达。

(3)是否因盘点制度的缺点,导致货账不符。

（4）盘点所得的数据与账簿资料的差异是否在允许误差之内。

（5）盘点人员是否尽责，产生盈亏时应由谁负责。

（6）是否产生漏盘、重盘、错盘等情况。

（7）盘点的差异是否可以事先预防，是否可以降低料账差异的程度。

2. 盘盈、盘亏处理

差异原因追查后，应针对主要原因进行适当的调整与处理，呆料废品、不良品减价的部分则需与盘亏一并处理。货品除了盘点时产生数量的盈亏外，有些货品在价格上会产生增减，这些变更在经主管审核后必须利用"货品盘点盈亏及价目增减更正表"修改。

● **任务提示**

要根据工厂信息系统对原材料进行分类，事先确定好盘点的方式、方法。对盘点人员、设备、时间进行统一协调，按规定时间、频率进行盘点；做好盘点差异分析，做好流程改进。

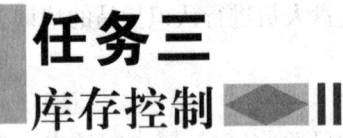

任务三
库存控制

● **任务布置**

戴尔公司创立之初是为客户提供电脑组装服务，在研发能力和核心技术方面与业界的IBM、惠普等公司有着一定差距，要想在市场竞争中占据一席之地，必须进一步分析计算机价值链的机会，依靠管理创新获取成本优势。因此，戴尔在发展过程中虽有业务和营销模式的革新，但把重点放在成本控制和制造流程优化等方面，尤其是其创造了直销模式，可以减少中间渠道，直接面对最终消费者，达到降低成本的目的，而实施面向大规模定制的供应链管理更能帮助戴尔与供应商有效合作和实现虚拟整合，降低库存周期及成本，从而获取高效率、低成本的优势，这也正是其核心竞争力所在。

请通过戴尔公司的案例来谈谈降低库存成本的重要意义，并了解控制库存的方法。

● **知识要点**

一、仓储成本分析

（一）仓储成本分析的意义

仓储成本是指仓储企业在开展仓储业务活动中以货币计算的各种要素的投入总和。仓储成本是物流成本的重要组成部分，对物流成本的高低有直接影响。仓储成本分析对于物流企业来说意义重大。

1. 仓储成本分析为企业制订经营管理计划提供依据

在制订经营管理计划时,必须考虑自身的经营能力,仓储成本正是经营能力的重要指标,因此通过仓储成本的分析,能帮助企业对不同经营方案进行比较,选择成本最低、收益最大的方案来制订经营管理计划。

2. 仓储成本分析为仓储产品定价提供依据

物流企业的根本目的依然是追求利润最大化。物流企业在为社会提供仓储产品(服务)时,需要有明确的产品价格。

3. 仓储成本分析为设施设备改造提供依据

仓储成本分析有利于加速物流行业的现代化进程,推动技术革新。

物流企业要提高能力与效率,必然要进行技术革新,改造设施和设备,但是设施和设备的投入必须获得相应的产出回报,这必须在准确的成本核算和预测的基础上才能得以保证。

4. 仓储成本分析为仓储企业的劳动管理提供依据

劳动力成本本身就是仓储成本的重要组成部分,但是劳动力成本与其他成本之间可能存在着替代关系,也可能存在着互补关系,因而确定劳动力的使用的决定性因素是收益,以能够获得总成本最低或总收入增加为原则确定劳动力的使用量。同时,成本因素也是劳动考核、岗位设置和决定劳动报酬的参考依据。

(二)仓储成本的构成

1. 折旧费或租赁费

仓储企业有的是以自己拥有所有权的仓库以及设备对外承接仓储业务,有的是以向社会承包租赁的仓库及设备对外承接业务。自营仓库的固定资产每年需要提取折旧费,对外承包租赁的固定资产每年需要支付租赁费。仓储费或租赁费是仓储企业的一项重要的固定成本,构成仓储企业的成本之一。

2. 仓库管理人员的工资和福利费

仓库管理人员的工资一般包括固定工资、奖金和各种生活补贴。福利费可按标准提取,一般包括住房基金、医疗以及退休养老支出等。

3. 保管费

保管费指为储存货物所开支的货物养护、保管等费用,包括用于货物保管的货架、货柜的费用开支,仓库场地的房地产税等。

4. 修理费

修理费主要用于设备、设施和运输工具的定期大修,每年可以按设备、设施和运输工具投资额的一定比例提取。

5. 装卸搬运费

装卸搬运费是指货物入库、堆码和出库等环节发生的装卸搬运费用,包括搬运设备的运行费用和搬运工人的人工费用。

6. 管理费用

管理费用指仓储企业或部门管理仓储活动发生的费用,主要包括仓库设备的保险费、办公费、营销费、水电费等,以及开展仓储业务而发生的各种人员培训费、差旅费、招待费等。

7. 仓储损失费

仓储损失费指保管过程中货物损坏而需要仓储企业赔付的费用。造成货物损失的原因一般包括仓库本身的保管条件,管理人员的人为因素,货物本身的物理、化学性能,搬运过程中的机械损坏等。

二、订货方法

(一)库存和库存的作用

1. 库存

库存是指为今后按预定的目的使用而处于闲置或非生产状态的物品。广义的库存还包括处于制造加工状态和运输状态的物品。一般情况下,人们设置库存的目的是防止短缺,就像水库里储存的水一样。另外,它还具有保持生产过程连续性、分摊订货费用、快速满足用户订货需求的作用。在企业生产中,尽管库存是出于种种经济考虑而存在,但库存也是一种无奈的结果。它是由于人们无法预测未来的需求变化,才不得已采用的应对外界变化的手段。

2. 库存的作用

库存的积极作用:

(1)防止发生缺货。缩短从接受订单到送达货物的时间,快速满足客户的期望,缩短交货期,以保证优质服务,同时又要防止脱销。

(2)利用经济订货批量的好处,保证适当的库存,节约库存费用。

(3)降低物流成本。以适当的间隔补充与需求量相适应的合理的库存,以降低物流成本,消除或避免销售波动的影响。

(4)保证生产的计划性、平稳性,以消除或避免销售波动的影响,并保证各生产环节的独立性。

(5)储备功能。在价格下降时大量储存,以应对灾害等不时之需,减少损失,增强企业抵御原材料市场变化的能力。

反过来,库存也会给企业带来不利的影响,这些影响主要包括以下几方面:

(1)占用大量的流动资金。

(2)发生库存成本。库存成本是指企业为持有库存所需花费的成本。

(3)掩盖了其他一些管理上的问题,如掩盖了供应商的供应质量、交货不及时等问题。

库存管理方式是指用于控制库存量的检查和订货方式,也就是说,归根到底,库存控制要解决三个主要问题:确定库存检查周期、确定订货量、确定订货点(何时订货)。

(二)经济订货批量模型

企业每次订货的数量多少,直接关系到库存和库存总成本大小,因此企业希望找到一个合适的订货数量,使得库存总成本最小。经济订货批量模型就能满足这一要求。EOQ 的控制原理就在于平衡采购进货成本和仓储成本,确定一个最佳的订货数量,使年度总库存成本最小。

1. 存货成本的组成

与储存货物有关的成本,一般可分为以下几类:

(1) 购置成本

购置成本是指存货本身的价值,经常用数量与单价的乘积来确定,一般的考察期是年,年需求量用 D 表示,单价用 P 表示,因此购置成本为 DP。

(2) 订货成本

订货成本是指取得订单的成本,也称为订货费,如差旅费、邮资费以及电话费等支出。订货成本中有一部分与订货次数无关,如常设采购部门的基本开支等,成为订货的固定成本,用 F_1 表示;另一部分与订货的次数有关,如差旅费、邮资费等,称为订货的变动成本,用 C 表示;订货次数等于年需求量 D 与每次进货量 Q 之商。

$$订货成本 = F_1 + \frac{D}{Q}C$$

(3) 储存成本

储存成本是指为保持一定库存而发生的成本,如库存占用资金应计的利息,仓储人员的工资、保险费以及库存因破损变质而损失的库存成本,也分为固定成本和变动成本,固定成本与库存量的多少无关,如仓库的折旧、仓库职工的固定月工资等,用 F_2 表示;变动成本与库存量有关,如库存的破损变质的损失、保险费等。单位存储变动成本,用 K 表示,则储存成本为:

$$储存成本 = F_2 + K\frac{Q}{2}$$

(4) 缺货成本

缺货成本是指由于存货供应中断而造成的损失,包括原材料供应中断造成的停工损失、产成品库存缺货造成的拖欠发货损失和丧失销售机会的损失。如果企业已紧急采购代用材料,解决库存材料中断之急,那么缺货成本还可以表现为紧急额外购入产生的加急费等。缺货成本用 H 表示,如果以 TC 来表示储备存货的年度总成本,它的计算公式为:

年度总成本 = 购置成本 + 订货成本 + 库存成本 + 缺货成本

$$TC = DP + F_1 + \frac{D}{Q}C + F_2 + K\frac{Q}{2} + H$$

企业期望的库存最优化就是使得年度的库存总成本最小。由此可见,与库存总成本有关的变量很多,为了解决问题,有必要简化或者舍弃一些变量,先研究解决简单的问题,再扩展到复杂的问题。这需要建立一些假设,在此基础上建立经济订货批量的基本模型。

2. 经济订货批量基本模型

经济订货批量模型需要设立的假设条件是:

(1) 企业能及时补充库存,即需要时便可以立即取得货物,订货提前期稳定。

(2) 所订货物能够集中到货,而不是陆续入库。

(3) 不允许缺货,即无缺货成本,H 为零。

(4) 需求量稳定,并且能预测,即 D 为已知常量。

(5) 库存的单价不变,不考虑现金折扣,即 P 为固定的已知常量。

(6)企业现金充足,不会因为现金短缺而影响进货。

(7)所需的货品市场供应充足,不会因为购买不到需要的商品而影响其他方面。

设立了以上的假设条件以后,储存物资的年度库存成本公式可以简化为

$$TC = DP + F_1 + \frac{D}{Q}C + F_2 + K\frac{Q}{2}$$

式中,TC——年度库存总费用(元);

D——年需求量(件/年);

P——单位购置成本(元/件);

F_1——年度固定订货成本(元);

Q——每次订货批量(件);

C——单位订货成本(元/次);

F_2——年度固定储存成本(元);

K——单位平均年储存保管费用(元/件·年)。

当F_1、F_2、D、P、C和K均为已知的常数时,TC的大小取决于Q,此时,库存的年度库存总成本与订货批量之间的关系如图4-1所示。

由图4-1可见,订货成本和储存成本都是库存总成本的重要组成部分,增大每次订货批量有利于减少订货次数,降低订货成本,但订货批量的增加通常会导致平均库存量的增加,引起存储成本的上升。储存成本随着订货量Q的增大而增大,订货成本随订货量Q的增大而减小,当储存成本和订货成本相等时,总成本曲线处于最低点,此时对应的订货量就是经济订货批量EOQ。

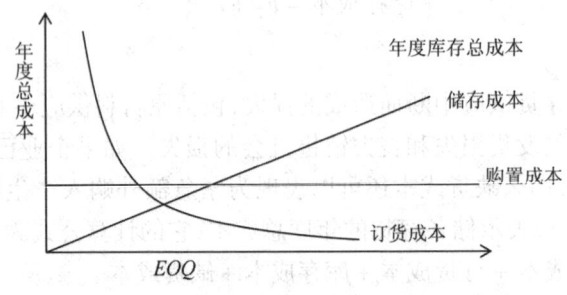

图4-1 经济订货批量模型

为求得TC的最小值,将TC_1求导,并令一阶导数等于0,得到经济订货批量EOQ的计算公式为

$$EOQ = \sqrt{\frac{2CD}{K}} = \sqrt{\frac{2CD}{PF}}$$

式中,D——年需求量(件/年);

C——单位订货成本(元/次);

K——单位平均年储存保管费用(元/件·年);

F——单位货物年储存保管费率(百分比);

P——单位购置成本(元/件)。

有时,单位平均年储存保管费用以单位乘以单位货物年储存保管费率形式出现,则$K = PF$。

【例1】A公司以单价100元每年购入某种产品8 000件。每次订货费用为30元,单位维

持库存费按库存货物价值的3%计算。求最优的订购数量和年订购次数。

解: $EOQ = \sqrt{\dfrac{2CD}{K}} = \sqrt{\dfrac{2CD}{PF}} = \sqrt{\dfrac{2 \times 30 \times 8\,000}{100 \times 3\%}} = 400$(件)

年订购次数 $= \dfrac{D}{EOQ} = \dfrac{8\,000}{400} = 20$(次)

3. 考虑折扣因素的经济订购批量

供应商为了吸引客户一次购买更多的商品,往往规定对于购买数量达到或超过一个数量标准时给予客户价格上的优惠,这个事先规定的数量标准称为折扣点。由于折扣往往是按订货批量提供的,因而又称为数量折扣。当供应商有数量折扣的优惠条件时,买方如果加大订货批量,可以获得较低的购置单位,降低购置成本。但与此同时,采购数量的增加也会增加平均库存量,导致储存成本的上升。

面对供应商的数量折扣价格优惠,买方将分阶段对年度库存总成本进行计算和比较,以确定是否需要增加订货量去获得折扣,判断的准则为:若接受折扣数量所产生的年度总成本小于按经济订购批量购买的年库存总成本,则接受折扣数量;反之,应不考虑数量折扣计算出的经济订购批量 EOQ 购买。

【例2】A 公司每年购入某种产品8 000件。某产品的定价是100元,每次订货费用为30元,每件产品的年保管成本是3元/件。若供应商给出的折扣条件是:一次订购量小于600时,价格为100元/件;若一次订购量大于或等于600时,价格为80元/件,问此时企业该如何订货?

解:(1)计算正常情况下的 EOQ

$$EOQ = \sqrt{\dfrac{2CD}{K}} = \sqrt{\dfrac{2CD}{PF}} = \sqrt{\dfrac{2 \times 30 \times 8\,000}{3}} = 400 \text{(件)}$$

(2)比较 EOQ 与折扣数量 EOQ < 折扣数量

(3)比较两种情况下的总成本 TC

采用 EOQ 数量订货时,

$$TC_1 = DP + \dfrac{DC}{Q} + \dfrac{QK}{2}$$

$$= 8\,000 \times 100 + \left(8\,000 \times \dfrac{30}{400}\right) + \left(400 \times \dfrac{3}{2}\right) = 801\,200 \text{(元)}$$

采用折扣数量订货时

$$TC_2 = DP + \dfrac{DC}{Q} + \dfrac{QK}{2}$$

$$= 8\,000 \times 80 + \left(8\,000 \times \dfrac{30}{600}\right) + \left(600 \times \dfrac{3}{2}\right) = 641\,300 \text{(元)}$$

(4)结论:因为 $TC_1 > TC_2$,由此可见,按照供应商提供的数量折扣进行购买,可以减少年度总成本,所以,应当按照折扣数量600进行订购。

(三)ABC 分类法

1. ABC 分类法的基本原理

有些公司有数万种以上的存货,对每种存货都进行详细的库存分析是不经济的,因为通过不断地盘点、发放订单、接收订货等工作来控制库存要耗费大量的时间和资源。当资源有限时,企业很自然地就会试图采用最好的方式,利用有限的资源来对库存进行控制。换句话说,此时企业的库存控制重点应该集中于重要物品。

19世纪,帕累托在研究财富分布时发现,20%的人口控制了80%的财富。这一现象被概括为"重要的少数""次要的多数"。在库存系统中帕累托原理同样适用(少量商品占用了大量投资)。在库存中,往往少数几种商品的年消耗金额占总消耗额的大部分。为了有效地进行库存控制,对于贵重商品应少量采购和严密控制,而对于低价值商品就可以大量采购和稍加控制。

ABC分类法的基本原理是按照所控制对象价值的不同或重要程度的不同将其分类,通常根据年耗用金额(存货价值或数量成本)将商品分为三类:A类存货的品种种类占总品种数的10%左右,但价值占存货总价值的70%左右;B类存货的品种种类占总品种数的20%左右,价值占存货总价值的20%左右;C类存货的品种种类占总品种数的70%左右,价值占存货总价值的10%左右。

某类存货的总价值的大小是衡量其重要程度的尺度,也就是说,一种价格虽低但用量极大的商品可能比价格虽高但用量极少的商品重要。当根据商品的年耗用金额来对其进行排队时,常会发现少数商品占用了大量资金,而大多数商品占用的资金却很少。

2. ABC分类的依据

进行ABC分类时,通常是根据年使用费的多少来分类,对于年使用费高的商品,可以给予更大的注意。这些商品宜采用永续盘存法来保证精确地控制存货。因为,对这类商品来说,哪怕是多1个月的存货,都会增加不少开支。而价廉且用量较小的商品,多保持3个月的存货带来的费用增加,也不如精确控制它们所需要的费用大。

在库存管理中,ABC分类法一般是以库存价值为基础进行分类的,它并不能反映库存品种对利润的贡献度、紧迫性等情况,而在某些情况下,C类库存缺货所造成的损失也可能是十分严重的。因此,在实际运用ABC分类法时,需具体、灵活地根据实际情况来操作。也就是说ABC分类的标准并不唯一,分类的目标是把重要的商品与不重要的商品分离开来,其他指标也同样可以用来对存货进行分类。另外,ABC分析理论上要求分为三类,但在实际应用中可以根据实际情况分为五类或六类。

3. ABC分类的库存策略

将商品进行ABC分类,其目的在于根据分类结果对每类商品采取适宜的库存控制措施。A类商品应尽可能从严控制,保持完整和精确的库存记录,给予最高的处理优先权等;而对于C类商品,则可以尽可能简单地控制。例如,从订货周期来考虑的话,A类商品可以控制得紧些,每周订购一次;B类商品可以两周订购一次;C类商品则可以每月或每两个月订购一次。值得注意的是,ABC分类与商品单价不一定有关。A类商品的耗用金额很高,但这可能是单价不高但耗用量极大的组合,也可能是单价很高但耗用量不大的组合。与此相类似,C类商品可能价格很低,但用量并不少,也可能是价格并不低,但用量很少。ABC各类商品的库存控制策略如表4-1所示。

表 4-1　不同类型商品的库存控制策略

存货类型	库存控制策略
A 类	严密控制,每月检查一次
B 类	一般控制,每三个月检查一次
C 类	自由处理

● 任务提示

具体来说,戴尔平均物料库存大约只有 5 天。在 IT 业界,与其最接近的竞争对手也有 10 天以上的库存,业内的其他企业平均库存更是达到了 50 天左右。这样的优势使得戴尔具有 8% 的价格优势。戴尔的库存管理并不仅仅着眼于"低",通过双向管理其供应链,通盘考虑用户的需求与供应商的供应能力,使二者的配合达到最佳平衡点,实现"永久性库存平衡",这才是戴尔库存管理的最终目的。

所以说,降低库存成本对于企业以及整个供应链上的企业联盟大幅度降低成本极为关键。在经济全球化的大趋势下,有效地降低库存成本能够使越来越多的企业面向全球经营,进行全球生产运作。总之,降低库存成本可以为企业大幅度降低总成本,以更低的总成本为顾客提供更多的时间或服务价值,从而为企业增强竞争优势做出相当的贡献。

任务四
安全管理

● 任务布置

安全事故 1:2015 年 8 月 12 日,位于天津市滨海新区吉运二道 95 号的瑞海公司危险品仓库运抵区("待申报装船出口货物运抵区"的简称,属于海关监管场所,用金属栅栏与外界隔离,由经营企业申请设立,海关批准,主要用于出口集装箱货物的运抵和报关监管)最先起火,共发生两次爆炸。事故现场形成 6 处大火点及数十处小火点,8 月 14 日 16 时 40 分,现场明火被扑灭。事故造成 165 人遇难,798 人受伤住院治疗;304 幢建筑物、12 428 辆商品汽车、7 533 个集装箱受损。调查认定,天津港"8·12"瑞海公司危险品仓库火灾爆炸事故是一起特别重大生产安全责任事故。

（资料来源:https://zhidao.baidu.com/question/683417396473598252.html）

安全事故 2:2010 年 8 月 7 日凌晨,某配送中心仓库夜班休息期间,当班夹包车司机未将钥匙拔出就离开了作业现场,之后一名装卸人员在无证的情况下,未经任何人允许私自启动了夹包车,结果在操作过程中误将油门当成刹车,导致夹包车驶离了装卸平台后掉落地面,造成夹包机的夹具、电瓶以及四周的护顶架严重损坏。

（资料来源:根据企业相关资料整理）

安全事故 3:2016 年 2 月 6 日凌晨,泸州市公安局纳溪区分局刑侦大队又接到了企业保卫部门干事报警,火老山仓库再次发生盗窃案,大量的电缆线丢失。刑侦大队迅速展开缜密侦查,打掉了以王某为首的盗窃团伙,破获系列盗窃企业仓库案件20余起,涉案金额近百万元。

(资料来源:http://news.163.com/16/0413/00/BKGA7I9K00014AED.html)

安全事故4:2015年5月26日,陈先生报警称,其位于龙池开发区的体育用品有限公司内丢失两箱近18万片强力磁铁,货品价值不菲。接到报警后,角美派出所警务七队民警迅速找到该企业的负责人,详细了解案发情况。经过梳理摸排,最终锁定了目标人物仓库管理人员李某,在报警人陈先生的办公室成功将李某抓获,并在李某宿舍当场查获3万多片强力磁铁。

(资料来源:http://fj.qq.com/a/20150701/006787.html)

通过以上案例事故可以了解安全管理主要针对哪些风险,为了应对这些风险,需要了解和掌握哪些相关知识。

● 知识要点

一、治安保卫

(一)治安保卫工作

治安保卫工作是仓储长期性的工作,需要采取制度性的管理措施。通过规章制度确定工作要求、工作行为规范,明确岗位责任;通过制度建立管理系统,及时顺畅地交流信息,随时堵塞保卫漏洞,确保有及时、有效的保卫反应。

仓库需要依据国家法律、法规,结合仓库治安保卫的实际需要,以保证仓储生产高效率地进行、实现安全仓储、防止治安事故的发生为目的,坚持以人为本的思想,科学地制定治安保卫规章制度。仓库所订立的规章制度不得违反法律规定,不能侵害人身权利或者其他合法权益,避免或者最低限度地减少对社会秩序的妨碍,有利于促进安全生产。

为了使得治安保卫规章制度得以有效执行,规章制度应具备相对的稳定性,使每一位员工都清楚地了解,以便按章执行、照章办事。随着形势的发展、技术的革新、环境的变化,规章制度也要适应新的需要进行相应修改,使之符合新形势下的仓库治安保卫工作的需要,规章制度的修改意味着新一轮制度学习和贯彻的开始。

仓库治安保卫的规章制度既有独立的规章制度,如安全防火责任制度,安全设施设备保管使用制度,门卫值班制度,车辆、人员进出仓库管理制度,保卫人员值班巡查制度等,也有合并在其他制度之中的制度,如仓库管理员职责、办公室管理制度、车间作业制度、设备管理制度等规定的治安保卫事项。

(二)治安保卫工作内容

仓库的治安保卫工作主要有防火、防盗、防破坏、防抢、防骗、员工人身安全保护、保密等工作。治安保卫工作不仅有专职保安员承担的工作,如门卫管理、治安巡查、安全值班等,还有大量的工作由相应岗位的员工承担,如办公室防火防盗、财务防骗、商务保密、锁门关窗等。仓库主要的治安保卫工作及要求如下。

1. 守卫要害部位

仓库需要通过围墙或其他物理设施隔离,设置一至两个大门。仓库大门是仓库与外界的连接点,是仓库地域范围的象征,也是仓储承担货物保管责任的分界线。大门守卫是维持仓库治安的第一道防线。大门守卫负责开关大门,限制无关人员、车辆进入,接待入库等工作。

守卫的主要职责包括对办事人员实施身份核查和登记,禁止入库人员携带火种、易燃易爆物品,检查入库车辆的防火条件,指挥车辆安全行驶、停放,登记入库车辆,检查出库车辆,核对出库货物和物品放行条,并收留放行条,特殊情况下查扣物品、封闭大门。

对于危险品仓库、贵重物品仓库、特殊品储存仓库等要害部位,需要安排专职守卫看守,限制人员接近,防止危害、破坏和盗窃等事故的发生。

2. 巡逻检查

巡逻检查是由专职保安员不定时、不定线、经常性地巡视整个仓库区每一个位置的安全保卫工作。巡逻检查一般安排两名保安员同时进行,携带保安器械和强力手电筒。

3. 防盗设施、设备使用

仓库的防盗设施大至围墙、大门,小到门锁、防盗门、门窗、监控装置,仓库根据法律规定和治安保管的需要设置和安装。仓库具有的防盗设施如果不加以有效使用,就不能实现防盗的目的。承担安全设施操作的员工应当按照制度要求,有效使用配置的防盗设施。

仓库使用的防盗设施主要有视频监控设备、自动警报设备、报警设备,仓库应按照规定使用所配置的设施,由专人负责操作和管理,确保设备的有效运作。

4. 治安检查

治安责任人应经常检查治安保卫工作,督促照章办事。治安检查实行定期检查与不定期检查相结合的制度,班组每日检查、部门每周检查、仓库每月检查。及时发现治安保卫漏洞和安全隐患,采取有效措施及时消除。

5. 治安应急

治安应急是仓库发生治安事件时采取紧急措施以防止和减少事件所造成的损失的制度。治安应急需要通过制订应急方案,明确应急人员的职责、发生事件时的信息(信号)发布和传递规定,以经常的演练来保证实施。

二、消防安全

(一)仓库火灾知识

1. 火灾的危害

仓库火灾是仓库的灾难性事故,不仅造成仓储货物的损害,还会损毁仓库设施,火焰和燃烧产生的有毒气体直接危及人身安全。仓库储存有大量的物品,机械电气设备大量使用,管理人员偏少,具有发生火灾的系统性缺陷。仓库的消防工作是仓库安全管理的重中之重,也是长期的、细致的、不能疏忽的工作。

2. 燃烧三要素

火是燃烧的一种方式,为一种剧烈的氧化反应,火具有放热、发光和生成新物质三个特征。火的发生必须具备三要素,即具有可燃物、助燃物以及着火源。

（1）可燃物是指在常温条件下能燃烧的物质,包括一般植物性物料、油脂、煤炭、蜡、硫黄、大多数的有机合成物等。

（2）助燃物指支持燃烧的物质,包括空气中的氧气、释放氧离子的氧化剂等。

（3）着火源则是物质燃烧的热能源,无论是明火源还是其他火源,实质上就是引起易燃物燃烧的热能,该热能引起易燃物质的气化,形成易燃气体,易燃气体在火源的高温中燃烧。着火源是引起火灾的罪魁祸首,是仓库防火管理的核心。

3. 仓库火灾的着火源

（1）明火与明火星。生产、生活活动使用的炉火、灯火,气焊气割的乙炔火,火柴、打火机的火焰,未熄灭的烟头、火柴梗的火星,车辆、内燃机械的排烟管火星,飘落的未熄灭烟花爆竹等。

（2）电火。由于电线短路、用电超负荷、漏电引起的电路电火花,电气设备的电火花、电气设备升温引起燃烧等。

（3）化学火和爆炸性火灾。一些化学反应会释放大量的热甚至直接发生火焰燃烧,从而引发火灾,如活泼轻金属遇水的反应和燃烧,硫化亚铁氧化燃烧、高锰酸钾与甘油混合燃烧等;具有爆炸危险的货物在遇到冲击、撞击或热源,发生爆炸而引起火灾;一定浓度的易燃气体、易燃物的粉尘,遇到火源也会发生爆炸。

（4）自燃。自燃是指物质自身的温度升高,达到自燃点时,无需外界火源,就发生燃烧的现象。容易发生自燃的物质有谷物、煤炭、棉花、化纤、干草、鱼粉、部分化肥、油污的棉纱等。

（5）雷电与静电。雷电是带有不同电荷的云团接近时瞬间放电而形成的电弧,电弧的高能量能引起可燃物质燃烧。静电则是因为摩擦、感应使物体表面电子大量集结,向外以电弧方式传导的现象,同样也能使易燃物燃烧。液体容器、传输液体的管道、工作的电器、运转的输送带、高压电与强无线电波都会产生静电。

（6）聚光。太阳光的直接照射会使物体表面温度升高,如果将太阳光聚合,会形成强烈光束,就会使易燃物升温而燃烧。玻璃的折射、镜面的反射光都可能出现聚光现象。

（7）撞击和摩擦。金属或其他坚硬的非金属在撞击时会产生火花,引起接近的易燃物品的燃烧。物体长时间摩擦也会升温导致燃烧。

（8）人为破坏。人为恶意将火源引入仓库从而造成火灾。人为故意引火构成纵火罪,纵火人要受到刑事惩罚。

（二）防火与灭火方法

燃烧是可燃物、助燃物、着火源（温度）三要素共同作用的结果,缺少其中一个要素都不能形成火灾。防火工作就是使三者分离,防止其互相发生作用。而灭火的方法也就是围绕着这个原理进行,将其中一种或两种要素分离。

1. 防火方法

（1）控制可燃物

通过减少或不使用可燃物,将可燃物质进行难燃处理来防止火灾。如仓库建筑采用不燃材料,使用难燃电气材料等;易燃货物使用难燃包装,用难燃材料苫盖可燃物等。采用通风的方式将可燃气体及时排除,洒水减少可燃物扬尘等。

(2)隔绝助燃物

对于易燃品采取封闭、抽真空、充惰性气体、浸泡的方式,表面涂刷不燃漆、不燃涂料的方式使易燃物不与空气直接接触来防止燃烧。

(3)消除着火源

通过使得发生火灾的着火源不在仓库内出现来实现防火的目的。由于仓库不可避免要储藏可燃物,隔绝空气的操作需要较高的成本,仓库防火的核心就是防止着火源。

2. 灭火方法

灭火是可燃物已发生燃烧时采取的终止燃烧的措施。

(1)冷却法

将燃烧物的温度降低到燃点以下,使之不能气化,从而阻止燃烧。常用的冷却法有利用大量冷水、干冰等降温。

(2)窒息法

使火场附近的氧气含量减少,使燃烧不能继续。窒息法有封闭窒息法,如将燃烧空间密闭充注不燃气体窒息法,如二氧化碳、水蒸气等;不燃物遮盖窒息法,如用黄沙、惰性泡沫、湿棉被等覆盖着火物灭火。

(3)隔绝法

隔绝法是将可燃物减少、隔离的方法。当发生燃烧时,将未着火的货物搬离从而避免火势扩大。隔绝法是灭火的基本原则,一方面减少受损货物,另一方面能起到控制火势的作用。当发生火灾时,首要的工作就是将火场附近的可燃物搬离或采用难燃材料隔离。

(4)化学抑制法

通过多种化学物质在燃烧物上的化学反应,产生降温、绝氧等效果,消除燃烧。

(5)综合灭火法

火灾的危害性极大,而且当火势迅猛时,基本无法控制。发生火灾时要及时采取各种能够采用的灭火法,不能依赖单一的方法,如采取库外喷水和降温同时进行,搬离火场附近货物的隔绝法和释放灭火剂同时进行。

在共同使用多种灭火方式时,要注意避免所采用的手段互相干扰,从而降低灭火效果。如采用泡沫灭火时,不能用水冲,除非有大量的水源代替不足的泡沫。酸性灭火剂不能与碱性灭火剂共同使用。

3. 消防设施和灭火器

(1)仓库建筑的防火规范

仓库必须依据国家标准《建筑设计防火规范》和仓库的拟定用途确定合乎规范的耐火等级、层数和占地面积、库房容积和防火间距,在仓库建设时不得改变。

仓库应按国家有关防雷设计规范的规定设置防雷装置,并需定期检查,防止损害,以保证有效。防雷装置接地电阻不大于 10 Ω,接闪器圆钢直径不小于 8 mm,扁钢、角钢厚度不小于 4 mm。仓库区内必须设置消防车通道,消防车通道不小于 4 m。

(2)消防水系统

库房内应设室内消防给水,同一库房内应采用统一规格的消防栓、水枪和水带,水带长度不应超过 25 m。超过四层的库房应设置消防水泵接合器。对于面积超过 1 000 m² 的纤维及其制品的仓库,应设置闭式自动喷水灭火系统。消防水可以由水管网、消防水池、天然水源供给,但必须要有足够的压力和供水量。寒冷季节要采取必要的防冻措施,防止消防水系统损坏。

(3)灭火器和灭火剂

灭火器是在一些轻便的容器内装灭火剂,发生火灾时使用灭火器内的灭火剂扑灭火源。灭火器布置在仓库各个出入口的附近位置,是应急灭火最重要的器材。

灭火器根据容器内盛装的灭火剂命名,分为清水灭火器、泡沫灭火器、二氧化碳灭火器、干粉灭火器、1211灭火器等。不同的灭火器要有针对性地使用,才能达到有效灭火的目的。

水是最常用的灭火剂,能起到降温冷却、隔绝空气、冲击火焰的灭火作用。除了电气火灾、油类火灾和轻于水的不溶于水液体、碱金属的火灾外,其他火灾都可以用水扑灭。

泡沫,又分为化学泡沫和空气泡沫。由于泡沫较轻,覆盖在可燃物表面,能起到阻隔空气的作用,从而使燃烧终止。泡沫主要用于油类火灾,也可以用于普通火灾的灭火。

二氧化碳又称为干冰,二氧化碳灭火器即利用液态的二氧化碳在气化时大量吸热造成降温冷却以及二氧化碳本身的窒息作用灭火。二氧化碳最适用于电气设备、气体以及办公地点、封闭舱室的灭火。二氧化碳即时气化,不留痕迹,不会损坏未燃烧的物品。但二氧化碳对人体同样具有窒息作用,在使用时要注意防冻和防窒息。

"1211"即二氟—氯—溴甲烷,是一种无色透明的不燃绝缘液体,通过氮气高压储存在高压钢瓶内。灭火时对着着火物释放,通过降温、隔绝空气,形成不燃覆盖层灭火。其灭火效率极高,比二氧化碳高3~4倍,适合于油类火灾、电气火灾的扑灭。

干粉,如碳酸氢钠粉等干燥、易流动、不燃、不结块的粉末,主要起着覆盖窒息的作用,还能减少燃烧液体的流动。干粉灭火器是利用氮气作为驱动动力,将筒内的干粉喷出的灭火器。干粉灭火器内充装的干粉灭火剂,是干燥且易于流动的微细粉末,由具有灭火效能的无机盐和少量的添加剂经干燥粉碎混合而成。除扑救金属火灾的专用干粉化学灭火剂外,目前国内已经生产的产品有磷酸氨盐、碳酸氢钠、氯化钠、氯化钾等。干粉灭火器可扑灭一般可燃固体火灾,还可扑灭油、气等燃烧引起的火灾,主要用于扑救石油、有机溶剂等易燃液体、可燃气体和电气设备的初期火灾。

对于小面积火灾,使用沙土覆盖灭火是一种有效的手段。由于沙土本身具有惰性、不燃,较为沉重,具有较好的覆盖镇压能力,适合于氧化剂、酸碱性物质、遇水燃烧物质的灭火,同时沙土能吸附液体,阻止液体流动,也是扑灭液体火灾的重要材料。

(三)消防管理与防火

1.消防管理

仓库消防管理的方针是"预防为主、防消结合",重视预防火灾的管理,以不存在火灾隐患为管理目标。

仓库的消防管理工作包括仓库建设时的消防规划、消防管理组织、岗位消防责任、消防工作计划、消防设备配置和管理、消防检查和监督、消防日常管理、消防应急、消防演习等。

严格按照《仓库防火安全管理规则》布置仓库建筑和配置消防设备,并通过当地消防管理部门的验收。在任何情况下仓库的消防场地和设施都不得改作其他用途。仓库要与当地消防管理部门商定仓库消防管理的责任区域,确定保持联系的方法。

仓库的消防管理是仓库安全管理的重要组成部分,由仓库的法定代表人或最高领导人承担管理责任人,各部门、各组织的主要领导人担任部门防火管理责任人,每一位员工都是其工作岗位的防火责任人,形成仓库领导、中层领导、基层员工的消防组织体系,实行专职和兼职相结合的消防制度,使消防管理工作覆盖到仓库的每一个角落。

仓库根据需要可以组织专职消防机构和消防队伍,承担仓库消防工作的管理支持、检查和督促,应急消防管理,仓库消防设备管理和维护。

消防工作采用严格的责任制,采取"谁主管谁负责,谁在岗谁负责"的制度。每个岗位、每个员工的消防责任明确确定,并采取有效的措施督促执行。仓库需订立严格和科学的消防规章制度,制订电源、火源、易燃易爆物品的安全管理和值班巡逻制度,确保各项规章制度被严格执行。制定合适的奖惩制度,激励员工做好消防工作。

仓库内的工作人员需要经过消防培训,考核合格方可上岗。仓库还需要定期组织员工消防培训,并结合进行消防演习,确保每一位仓库员工熟悉岗位消防职责。经常性地开展防火宣传,保持员工的高度防火警惕性。

仓库的消防设备要有专人负责管理,坚决制止挪用或损坏消防设备的行为。根据各类消防设备的特性,定期保养和检查、充装。定期检查防雷系统,保证其处于有效状态。

2. 仓库防火

(1)严格把关,严禁将火种带入仓库

库区内严禁吸烟、严禁用火炉取暖。存货仓库内严禁明火作业。库房内不准设置和使用移动式照明灯具。库房内不得使用电炉、电烙铁等电热器具和电视机、电冰箱等家用电器。

(2)严格管理库区明火

库房外使用明火作业,必须按章进行,在消除可能发生火灾的条件下,经主管批准,在专人监督下进行,明火作业后彻底消除明火残迹。库区及周围50 m范围内,严禁燃放烟花爆竹。

(3)电与设备防火

库区内的供电系统和电器应经常检查,发现老化、损害、绝缘不良时,要及时更换。应该在每个库房外单独安装开关箱,保管人员离库时,必须拉开电闸断电。使用低温照明的不能改为高温灯具,防爆灯具不得改用普通灯具。

(4)作业机械防火

进入库区的内燃机械必须安装防火罩,电动车要装设防火星溅出装置。蒸汽机车要关闭灰箱和送风器。车辆装卸货物后,不准在库区、库房、货场内停放,更不得在库内修理。作业设备会产生火花的部位要设置防护罩。

(5)入库作业防火

装卸搬运作业时,作业人员不得违章采用滚动、滑动、翻滚、撬动的方式作业,不使用容易产生火花的工具,避免跌落、撞击货物。对容易产生静电的作业,要采取消除静电措施。货物入库前,要由专人负责检查,确定无火种隐患后,如无升温发热、燃烧痕迹、焦味等,方准入库。对已升温的货物,要采取降温措施后才能入库。

(6)安全选择货位

货物要适当地进行分类、分垛储存。对于会发生化学反应的货物应远离彼此,消防方法不同的货物不得同仓储存。根据货物的消防特性选择合适的货位,如低温位置、通风位置、光照位置、方便检查位置、干燥位置、少作业位置等。

（7）保留足够安全间距

货垛大小合适，间距符合要求。堆场、堆垛应当分类、分堆、分组和分垛，按照防火规范中防火距离的要求保留间距。

（8）货物防火保管

对已入库货物的防火保管是仓库保管的重要工作，仓库管理人员应经常检查仓库内的防火情况，按防火规程实施防火作业。经常检查易自燃货物的温度，做好仓库通风，对货场存放较久的货物时常掀开部分苫盖通风除湿。气温高时对易燃液体、易燃气体洒水降温。烈日中苫盖好货物，阻止阳光直射入仓库或反射入仓库照射货物。经常查看电气设备的工作状态，及时发现不良情况。仓库保管中发现不安全情况及时报告，迅速采取有效措施，消除隐患。

（9）及时处理易燃杂物

对于仓库作业中使用过的油污棉纱、油手套、油污垫料等沾油纤维、可燃包装、残料等，应当存放在库外的安全地点，如封闭铁桶、铁箱内，并定期处理。仓库作业完毕，应当对仓库、通道、作业线路、货垛边进行清理清扫，对库区、库房进行检查，确定安全后，方可离人。

三、作业安全

（一）作业安全管理

作业安全涉及货物的安全、作业人员人身安全、作业设备和仓库设施的安全等。这些安全事项都是仓库的责任范围，所造成的损失100%由仓库承担。因而说仓储作业安全管理就是经济效益管理的组成部分。

1. 安全操作管理制度化

安全作业管理应成为仓库日常管理的重要项目，通过制度化的管理保证管理的效果，制定科学合理的各种作业安全制度、操作规程和安全责任制度，并通过严格的监督，确保管理制度得以有效和充分的执行。

2. 加强劳动安全保护

劳动安全保护包括直接和间接施行于员工人身的保护措施。仓库要遵守我国《劳动法》的劳动时间和休息规定，每日8 h、每周不超过44 h的工时制，依法安排加班，保证员工有足够的休息时间，包括合适的工间休息。提供合适和足够的劳动防护用品，如高强度工作鞋、安全帽、手套、工作服等，并督促作业人员使用。

采用具有较高安全系数的作业设备、作业机械，作业工具应符合作业要求，作业场地必须具有合适的通风、照明、防滑、保暖等适合作业的条件。不进行冒险作业和不安全环境的作业，在大风、雨雪影响作业时暂缓作业，避免人员带伤病作业。

3. 重视作业人员资质管理和业务培训、安全教育

新参加仓库工作和转岗的员工，应进行仓库安全作业教育，对所从事的作业进行安全作业和操作培训，确保熟练掌握岗位的安全作业技能和规范。从事特种作业的员工必须经过专门培训并取得特种作业资格，方可进行作业，且仅能从事其资格证书限定的作业项目操作，不能混岗作业。

安全作业宣传和教育是仓库的长期性工作,作业安全检查是仓库安全作业管理的日常性工作,通过不断的宣传、严格的检查,严厉地对违章和忽视安全行为的惩罚,强化作业人员的安全责任心。

(二)安全操作基本要求

1. 人力操作

(1)人力作业仅限制轻负荷的作业。男工人力搬举货物每件不超过 80 kg,距离不大于 60 m;集体搬运时每个人负荷不超过 40 kg;女工不超过 25 kg。

(2)尽可能采用人力机械作业。人力机械承重也应在限定的范围,如人力绞车、滑车、拖车、手推车等不超过 500 kg。

(3)只在适合作业的安全环境内进行作业。作业前应使作业员工清楚明白作业要求,让员工了解作业环境,指明危险因素和危险位置。

(4)作业人员按要求穿戴相应的安全防护用具,使用合适的作业工具进行作业,采用安全的作业方法,不采用自然滑动和滚动、推倒垛、挖角、挖井、超高等不安全作业,人员在滚动货物的侧面作业,注意人员与操作机械的配合,在机械移动作业时人员需避开。

(5)合适安排工间休息。

(6)必须由专人在现场指挥和安全指导,严格按照安全规范进行作业指挥,人员避开不稳定货垛的正面、塌陷、散落的位置,运行设备的下方等不安全位置作业;在作业设备调位时暂停作业;发现安全隐患及时停止作业,消除安全隐患后方可恢复作业。

2. 机械安全作业

(1)使用合适的机械、设备进行作业,尽可能采用专用设备作业或使用专用工属具。使用通用设备,必须满足作业需要,并进行必要的防护,如货物绑扎、限位等。

(2)所使用的设备具有良好的工况。设备不得带"病"作业,特别是设备的承重机件,更应无损坏,应符合使用的要求。应在设备的承重负荷范围内进行作业,决不可超负荷运行。危险品作业时还需减低负荷 25% 作业。

(3)设备作业要由专人进行指挥。采用规定的指挥信号,按作业规范进行作业指挥。

(4)汽车装卸时,注意保持安全间距。汽车与堆物距离不小于 2 m,与滚动物品距离不得小于 3 m。多辆汽车同时进行装卸时,直线停放的前后车距不得小于 2 m,并排停放的两车侧板距离不得小于 1.5 m。汽车装载应固定妥当、绑扎牢固。

(5)移动吊车必须在停放稳定后方可作业。叉车不得直接叉运压力容器和未包装货物。移动设备在载货时需控制行驶速度。禁止两车共载一物。

(6)载货移动设备上不得载人运行。除了连续运转设备外如自动输送线,其他设备需停止稳定后方可作业,不得在运行中作业。

● 知识链接

叉车安全要求

1. 操作人员除非受过专业训练并且具有许可证,否则不要操作叉车。
2. 开始工作前,操作人员要确认已经穿工作服,戴个人安全帽、手套、耳塞(如果需要),扣好座位安全带。
3. 叉车使用前检查:发现任何问题必须立即报告,所有的修理和调整必须由合格的修理工完成。
4. 保证身体在叉车的顶架下面。
5. 把重物靠近门架而且后倾靠向门架。
6. 注意叉车的载重能力。
7. 遵守速度限制规定,注意高度限制。
8. 尽量避免行驶在坑洞和不平整的路面(冰面、泥土、碎石、沙子、软土等)。
9. 先放低货叉,再开车行驶(有无载物同样要求)。
10. 从卡车上装卸时,使用过渡登桥车,必须固定。采取措施防止卡车移动!
11. 货物挡住操作人员的视线时应该倒车行驶,注意操作人员目标区域的方向。倒车行驶时,要注意不可有人或者物件在路上,否则会被撞倒。
12. 车辆上面只能有一个人,禁止运载人员。
13. 升高时注意,货叉下方或者叉车附近严禁有人作业。
14. 松散或不稳定的货物应固定,货物不得过高,并要居中放置。
15. 正确地停放叉车:定点停放在预定位置,叉齿放在低位。从铲车下车的时候,拉起停车闸,拉起手制动,并且把控制杆处于合理位置。停放在斜坡上必须堵住车轮。
16. 不要用手扶持货物。
17. 注意在转弯盲角处放慢速度、鸣笛。
18. 在黑暗处打开操作灯。
19. 货物均匀放置在两个货叉的中间。禁止单叉作业。
20. 如叉车倾斜,不要跳离叉车!双手紧握方向盘,撑开双腿,将身体倾向倾斜的反方向。始终坐在座椅上,避免被压在叉车和地板之间。
21. 影响视线时须倒行。当需要上坡时,应该正行,并由其他人员协助引导。
22. 加油或检查蓄电池时,不许吸烟,可能导致火灾或爆炸。

● 任务提示

仓库安全管理要保护仓库员工的人身安全,避免仓库货物的损失,间接提高仓库运转效率,维护仓库基础设施。案例中包含仓库火灾、作业安全和仓库治安事件,可以围绕事件起因、预防措施和建议等方面展开分析。

●项目实训

盘点作业

1. 实训人员

参照物流企业仓库盘点工作流程,每7个人一个小组(初盘2人,复盘2人,记录员1人,仓库管理员1人,货区经理1人)。

2. 实训任务

2017年11月20日,晨达物流有限公司青岛地区某仓库接到总部的盘点指令,于11月23日对货物进行了一次现货盘点。各工作人员请在本货区经理的带领下,完成现货盘点任务。

3. 实训步骤

(1)请根据情境分析人员的角色分配及其各自的任务。

(2)制订盘点计划并展示。

(3)开始现货盘点,填写盘点表格。

(4)对盘点结果进行分析处理。

(5)由货区经理草拟盘点报告并汇报。

项目五 配送作业——拣货出库篇

● 学习目标

知识目标

通过本章的学习,掌握各不同类型配送中心作业流程的特点;掌握配送中心订单处理、拣货作业、退货作业、补货作业、出库作业的流程;重点掌握"播种法"和"摘果法"等拣货作业方法。

技能目标

掌握配送中心订单处理、拣货作业、出库作业的操作内容;能够针对不同的订单需求采取不同的拣货策略;能够掌握出货检查的不同方法,能够处理拣货出库作业过程中发生的问题。

项目任务

任务一 订单处理

任务二 拣货作业

任务三 退货、补货作业

任务四 出库发货作业管理

任务一
订单处理

● **任务布置**

联华生鲜食品加工配送中心总投资6 000万元，建筑面积35 000 m²，年生产能力20 000 t，其中肉制品15 000 t，生鲜盆菜、调理半成品3 000 t，西式熟食制品2 000 t，产品结构分为15大类约1 200种生鲜食品；在生产加工的同时，配送中心还从事水果、冷冻品以及南北货的配送任务。联华生鲜食品配送中心的配送范围覆盖联华标超、快客便利、世纪联华、华联吉卖盛、联华电子商务（联华OK网）等2000余家门店，奠定了企业的快速发展之路。

门店的要货订单通过联华数据通信平台实时地传输到生鲜配送中心，在订单上标明各商品的数量和相应的到货日期。生鲜配送中心接收到门店的要货数据后，立即在系统中生成门店要货订单，此时可对订单进行综合的查询，在生成完成后对订单按到货日期进行汇总处理，系统按不同的商品物流类型进行不同的处理。

1. 储存型的商品

系统计算当前的有效库存，比对门店的要货需求以及日均配货量和相应的供应商送货周期，自动生成各储存型商品的建议补货订单，采购人员根据此订单和实际的情况做一些修改，即可形成正式的供应商订单。

2. 中转型商品

此种商品没有库存，直进直出，系统根据门店的需求汇总，按到货日期直接生成供应商的订单。

3. 直送型商品

此类商品不进配送中心，由供应商直接配送到各相关需求的门店。系统根据到货日期，分配各门店直送经营的供应商，直接生成供应商直送订单，并通过EDI系统直接发送到供应商。

4. 加工型商品

系统按日期汇总门店要货，根据各产成品/半成品的BOM表计算物料耗用，比对当前有效的库存，系统生成加工原料的建议订单，生产计划员根据实际需求做调整，发送采购部生成供应商原料订单。

各种不同的订单在生成完成或手工创建后，通过系统中的供应商服务系统自动发送给各供应商，时间间隔在10 min内。供应商收到订单后，会立即组织货源，安排生产或做其他的物流计划。

（资料来源：http://www.chinawuliu.com.cn/xsyj/201101/04/143792.shtml）

根据以上案例，请思考订单处理的内容及步骤。

● 知识要点

一、订单处理概述

订单处理是从接到用户订单开始,一直到拣选货品为止的工作。其中包括接受订货、订单确认、设定订单号码、建立客户档案、存货查询及按订单分配存货、计算拣取的标准时间、确定出货程序、分配后货源不足的处理、订单资料处理输出等业务环节。订单处理流程如图5-1所示。

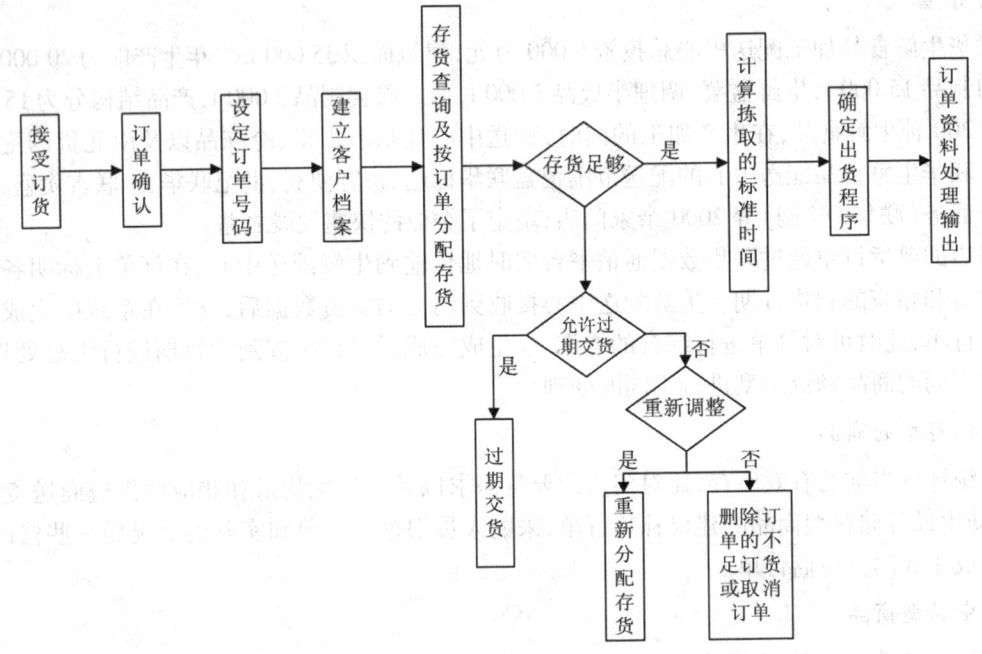

图 5-1　订单处理流程图

二、订单处理的原则

在订单处理的过程中,应遵循以下基本原则:

1. 缩短订单处理周期

订单处理周期的长短,取决于其所包括各业务环节所需要的时间。尽量缩短订单处理的周期,将大大减少客户的时间成本,提高客户所获得的让渡价值,提高客户的满意度。

2. 要使客户产生信任

客户订货的基础是信任。要明确订单处理工作是开展客户经营的重要组成部分,这次处理不当将会影响下次订货,要通过订单处理建立客户对品牌的信任和认同。

3. 提供紧急订货

主要应对用户由于各种原因而产生的突发性需求,大型的配送企业应当具备较高的应急能力,支持和保障用户的经营活动,这是与客户建立长远合作关系的重要手段。

4.减少缺货现象

缺货现象是使客户转向其他供货来源的主要原因。增加客户、保持客户连续订货的关键之一是减少缺货。

5.不忽略小客户

小客户有可能发展成为大客户。对小客户的订单处理得当,将会提高小客户的满意度,可能会带来以后的大批量订购或持续订购,也会因口碑宣传带来新的客户。

6.装配要求完整

企业所提供的货物应尽量装配完整,便于客户使用,或者采取便于客户自行装配的措施。

7.提供对客户有利的包装

针对不同客户的不同要求,应采取不同的包装,如有的适用于货架上摆放,有的适用于促销等。

8.随时提供订单处理的情况

配送企业要让客户能随时了解订单处理的情况,以便于接货、销售。

三、订单处理步骤

(一)接收订单

接收订货即接收订单的订货要求,订货方式主要有传统订货与电子订货两种。

1.传统的人工下单、接单的订货方式

(1)厂商补货

供应商直接将商品放在车上,一家家去送货,缺多少补多少。这种方式对于周转率较快的商品或新上市的商品较常使用。

(2)厂商巡货、隔日送货

供应商派巡货人员前一天先至各客户处确定需补充的货品,隔天再予以补货。

(3)电话口头订货

订货人员将商品名称及数量以电话口述向供应商订货,但因客户每天订货的品项可能达数十项,而且这些商品常需由不同的供应商供货,因此利用电话订货所费时间太长,且错误率高。

(4)传真订货

客户将缺货资料整理成书面资料,利用传真机传给供应商。利用传真机虽可快速地传送订货资料,但传真资料如果效果不好,常常增加事后确认的工作。

(5)邮寄订单

客户将订货表单或订货磁片、磁带邮寄给供应商。近来的邮寄效率及品质已不符所需。

(6)客户自行取货

客户自行到供应商处看货、补货,此种方式多为以往传统杂货店因地缘近所采取。客户自行取货虽可省却物流中心配送作业,但个别取货可能影响物流作业的连贯性。

(7)业务员跑单、接单

业务员至各客户处推销产品,然后将订单携回或紧急时以电话联络公司通知客户订单。

2.电子订货

电子订货,顾名思义,即由电子传递方式,取代传统的人工书写、输入、传送的订货方式,也就是将订货资料转为电子资料形式,借由通信网络传送,此系统即电子自动订货系统(EOS,Electronic Order System):采用电子资料交换方式取代传统商业下单、接单动作的自动化订货系统。其做法可分为以下三种。

(1)订货簿或货架标签配合手持终端机(HT,Handy Terminal)及扫描器

订货人员携带订货簿及扫描器巡视货架,若发现商品缺货,则用扫描器扫描订货簿或货架上的商品标签,再输入订货数量。当所有订货资料皆输入完毕后,利用数据机将订货资料传给供应商或总公司。

(2)销售时点(POS,Point of Sale)管理系统

客户如有 POS 收银机,则可在商品库存档里设定安全存量,每当销售一件商品时,计算机自动扣除该商品库存,当库存低于安全存量时,即自动产生订货资料,将此订货资料确认后即可通过电信网路传给总公司或供应商。亦有客户将每日的 POS 资料传给总公司,总公司将 POS 销售资料与库存资料比对后,根据采购计划向供应商下单。

(3)订货应用系统

客户信息系统里若有订单处理系统,可将应用系统产生的订货资料,经由转换软件功能转成与供应商约定的共通格式,在约定时间里将资料传送出去。

(二)订单确认

接受订单后,需对其进行确认。确认的主要内容有:

1.确认货物数量及日期

确认货物数量及日期就是对订货资料项目如品名、数量、送货日期等进行的基本检查,尤其当送货有延迟时,更需与客户再次确认订单内容或更正运送时间。

2.确认客户信用

接受订单后需要查核客户的财务状况,以确定其是否有能力支付该订单的账款。通常的做法是检查客户的应收账款是否已超过其信用额度。

3.确认订单形态

订单的交易形态有多种,物流中心应对不同的订单形态采取不同的交易及处理方式。

● 知识链接

不同的订单形态如表 5-1 所示。

表 5-1　不同的订单形态

订单类别	含义	处理方法
一般交易订单	接单后按正常的作业程序拣货、出货、发送、收款的订单	接到一般交易订单后,将资料输入订单处理系统,按正常的订单处理程序处理,资料处理完后进行拣货、出货、发送、收款等作业
现销式交易订单	与客户当场交易,直接给货的交易订单	在输入资料前就已把货物交给了客户,只需记录交易资料即可
间接交易订单	客户向配送中心订货,直接由供应商配送给客户的交易订单	接到间接交易订单后,将客户的订货资料传给供应商由其代配。客户的送货单是自行制作或委托供应商制作的,应对出货资料加以核对确认
合约式交易订单	与客户签订配送契约的交易订单	对待合约式交易订单,应在约定的送货期间,将订货资料输入系统处理并设定各批次送货时间,以便在约定时期系统自动产生所需的订单资料出货配送
寄库式交易订单	客户因促销、降价等市场因素先行订购一定数量的商品,往后视需要再要求出货的交易订单	当客户要求配送商品时,系统查询客户是否有此种寄库商品,出货时要从商品的寄库量中扣除

4. 确认订货价格

同一种产品,因客户不同、订购量不同,价格也会不同,输入价格时系统应加以检核。若输入的价格不符,系统应加以锁定,以便主管审核。

5. 确认加工包装

对于客户订购的商品,是否有特殊的加工包装要求都要详细确认记录。

(三) 制定订单号码

每一个订单都要有其单独的订单号码,号码由控制单位或成本单位指定,除了便于计算成本外,可用于制造、配送等一切有关工作,且所有工作说明单及进度报告均应附此号码。

(四) 建立客户档案

客户档案应包括如下内容:
(1) 客户名称、代号、等级等。
(2) 客户信用额度。
(3) 客户销售付款及折扣率的条件。
(4) 开发或负责此客户的业务员资料。
(5) 客户配送区域。
(6) 客户收账地址。
(7) 客户点配送路径顺序。
(8) 客户点适合的送货车辆形态。
(9) 客户点卸货特性。
(10) 客户配送要求。

(11) 延迟订单(过了订货时间的订单)的处理方式(或办法)。

(五) 存货查询及依订单分配存货

存货查询就是要检查库存状况,是否有货,是否能满足顾客订货条件。如果缺货,则提供商品资料或在途信息,这些便于接单人员与客户协调解决办法,如是否改订替代品或允许延后出货等。

订货资料输入系统确认无误后,下一步就是如何将大量的订货资料最有效地汇总分类、调拨库存,以便后续的物流作业能有效地进行。存货的分配模式可分为单一订单分配及批次分配两种。

1. 单一订单分配

此种情形多为线上即时分配,也就是在输入订单资料时就将存货分配给该订单。

2. 批次分配

累积汇总数笔订单资料输入后,再一次分配库存。采用批次分配时,要注意订单的分批原则,即批次的划分方法。由于作业的不同,各物流中心的分批原则也可能不同,总体来说有按接单时段、按配送区域路径、按流通加工要求等划分,如表5-2所示。

表5-2 订单分批的方法

订单分批的方法	说明
按接单时段	将整个接单时间划分为几个配送时段,把订单按接单先后顺序分为几个批次处理
按配送区域路径	将同一配送区域路径的订单汇总处理
按流通加工要求	将流通加工需求的订单汇总处理
按车辆要求	如果配送商品要用特殊的配送车辆(如低温车、冷冻车、冷藏车)或客户所在地、订货有特殊要求,可以汇总合并处理

如果订单的某商品总出货量大于可分配的库存量,可依以下四个原则来决定客户订购的优先性:具有特殊优先权者先分配;根据订单交易量或交易金额来取舍,将对公司贡献度大的订单做优先处理;按客户等级来取舍,将客户重要性程度高的做优先分配;根据客户信用状况,将信用较好的客户订单做优先处理。如表5-3所示。

表5-3 订单分批的原则

订单分批的原则	说明
特殊优先权者先分配	缺货补货订单、延迟交货订单、紧急订单、远期订单等,应给予优先分配权
订单交易量或交易金额	交易量或交易金额大的订单优先处理
客户等级	重要客户的订单优先处理
客户信用状况	信用较好的客户订单优先处理

(六) 计算拣取的标准时间

订单处理人员要事先掌握每一个订单或每批订单可能花费的拣取时间,以便有计划地安排出货过程。因此,要计算订单拣取的标准时间:

阶段一：计算拣取每一单元(一箱、一件)货物的标准时间。

阶段二：计算每品项订购数量(多少单元)，再配合每品项的寻找时间来计算出每品项拣取的标准时间。

阶段三：根据每一订单或每批订单的订货品项及考虑一些纸上作业的时间，将整张或整批订单的拣取标准时间算出。

(七)依订单排定出货程序及拣货程序

通常依据客户需求、拣取标准时间及内部工作负荷来拟订出货时间及拣货先后顺序。

(八)对分配后存货不足的处理

如果现有存货数量无法满足客户需求，客户又不愿以替代品替代时，则应按照客户意愿与公司政策来决定处理方式。其处理方式有以下几种：

(1)重新调拨。
(2)补送。
(3)删除不足额订单。
(4)延迟交货。
(5)取消订单。

(九)订单资料处理输出

订单资料经由上述处理后，即可开始打印一些出货单据，以展开后续的物流作业，主要有拣货单(出库单)、送货单、缺货资料，如表5-4所示。

表5-4　出货单据类别

出货单据类别	说明
拣货单	拣货单是拣货的依据，应配合拣货策略及拣货作业方式来加以设计，打印时应考虑商品储位，依据储位前后相关顺序打印，以减少人员重复往返取货，同时拣货数量、单位也要详细确认标示
送货单	物品配送交货时，通常附上送货单据给客户清点签收。要确保送货单上的资料与实际送货相符，除了出货前的清点外，对于出货单据的打印时间以及一些订单异动情况，如缺货品项或缺货数量等，也必须打印注明
缺货资料	库存分配后，对于缺货的商品或缺货的订单资料，系统应提供查询或报表打印功能，以便工作人员处理

(十)订单处理的合理化

通常一个配送中心的各个用户都要在规定时间以前将订货单或要货单通知给配送中心，然后配送中心再将这些订单汇总，并以此来进一步确定需要配送货物的种类、数量以及配送时间。

与其他功能子系统相比，配送中心订单处理系统的作业是配送中心与用户之间的互动作业。用户首先要进行订单准备，并将订单传输给配送中心。为了提高订单处理的效率，配送中心需要用户按照规定的时间和格式将订单传输给配送中心；随后配送中心还要进行接单、订单资料输入处理,出货商品的拣货、配送、签收、清款、取款等一连串的数据处理,这些活动都需要用户的配合。

虽然一般认为配送中心订单处理的作业流程起始于接单,经由接单所取得的订货信息经过处理和输出,终止于配送中心出货物流活动。但在这一连串的物流作业里,订单是否有异常变动、订单进度是否如期进行也包括在订单处理范围内。即使配送出货,订单处理并未结束,在配送时还可能出现一些订单异常变动,如客户拒收、配送错误等,直到将这些异常变动状况处理完毕,确定了实际的配送内容,整个订单处理才算结束。

因此配送中心订单处理系统的订单处理,需要对整个配送活动进行全程跟踪、调整,其处理过程将伴随整个配送活动的全过程。

任务二
拣货作业

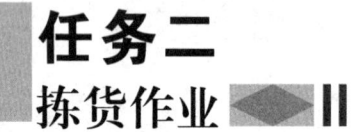

● **任务布置**

某快销品配送中心接收到了来自三个不同门店的订单,订单的具体内容如表5-5 ~ 表5-7所示。假设你是该配送中心的分拣人员,请根据这三个门店的订单制作分拣单为这些客户进行货物分拣。

表5-5 门店一订单内容

货品代码	货品名称	单位	规格	数量	条码
31031101	金力波瓶啤 640 mL	瓶	1*12	3	6926027711061
31030708	兰得利蓝特爽啤酒	瓶	1*12	4	6926026526461
03091705	农夫山泉纯净水	桶	1*12	3	6926026535261
03010302	可口可乐 600 mL	瓶	1*12	2	6926026535311
13010380	来一桶酸菜牛肉火锅面 137 g	碗	1*12	7	6925303773038

表5-6 门店二订单内容

货品代码	货品名称	单位	规格	数量	条码
03091705	农夫山泉纯净水	桶	1*12	7	6926026535261
03010302	可口可乐 600 mL	瓶	1*12	4	6926026535311
13010380	来一桶酸菜牛肉火锅面 137 g	碗	1*12	3	6925303773038
13070709	龙口粉丝香辣排骨 63 g	碗	1*12	2	6928537100045
53171101	双船卷纸 500 g	卷	1*10	5	6925623107845
13010952	农心大碗面 117 g	碗	1*12	8	6922343185145

表 5-7　门店三订单内容

货品代码	货品名称	单位	规格	数量	条码
31031101	金力波瓶啤 640 mL	瓶	1*12	5	6926027711061
31030708	兰得利蓝特爽啤酒	瓶	1*12	3	6926026526461
03010302	可口可乐 600 mL	瓶	1*12	5	6926026535311
13010380	来一桶酸菜牛肉火锅面 137 g	碗	1*12	4	6925303773038
13070709	龙口粉丝香辣排骨 63 g	碗	1*12	2	6928537100045
53171101	双船卷纸 500 g	卷	1*10	1	6925623107845
13010952	农心大碗面 117 g	碗	1*12	8	6922343185145

要想为这些门店进行货物的分拣，必须要明确什么是分拣作业，分拣作业的基本过程是什么，分拣的方法有哪些，如何确定分拣方式，才能保证快速准确地分拣需要的物品。

● 知识要点

一、拣货的概念

拣货作业是配送作业的中心环节。拣货就是依据顾客的订货要求或配送中心的作业计划，将商品从其储位或其他区域拣取出来的作业过程。拣货作业不仅工作量大、工艺复杂，而且要求作业时间短、准确度高。因此，加强对拣货作业的管理非常重要。在拣货作业中，根据配送的业务范围和服务特点，即根据顾客订单所反映的商品特性、数量多少、服务要求、送货区域等信息，采取科学的拣货方式，进行高效的作业，是配送作业中关键的一环。

二、拣货作业基本流程

(一) 形成拣货资料

拣货作业必须在拣货信息的指导下才能完成。拣货信息来源于顾客的订单或配送中心的送货单，因此，有些配送中心直接将顾客的订单或配送中心的送货单作为人工拣货指示，即拣货作业人员直接凭订单或送货单拣取货物。这种信息传递方式无法准确标示所拣货物的储位，导致拣货人员延长寻找货物时间和拣货行走路径。在国外大多数配送中心一般先将订单等原始拣货信息经过处理后，转换成拣货单或电子拣货信号，指导拣货人员或自动拣取设备进行拣货作业，以提高作业效率和作业准确性。

(二) 确定拣货方法

确定拣货方法时，需要从多方面对其进行明确，例如在确定每次分拣的订单数量时，可以对订单进行单一分拣，也可以进行批量分拣；在人员分配上可以使用一人分拣，也可以数人分拣或分区分拣；在分拣单位确定上可以按要求进行以托盘、整箱或单件为单位的分拣；在人货互动方面，可以采取人员固定或移动的分拣方法，也可以采用货物固定人员行走的分拣方法；在配货作业方法上，可以采取摘取式或播种式等。

(三) 选择拣货路径

确定拣货路线，配送中心根据拣货单所指示的商品编码、储位编号等信息，能够明确商品所处的位置，确定合理的拣货路线，安排拣货人员进行拣货作业。

(四) 行走和搬运

拣货时，拣货作业人员或机器必须直接接触并拿取货物，缩短行走和货物搬运的距离是提高配送中心作业效率的关键。

1. 人至物的方式

拣货人员利用步行或拣货车辆至货品储存区，即货品处于静态的储存方式，如轻型货架，而主要移动方为拣取者，可能为人，也可能是机器。

2. 物至人的方式

主要运动者为货品，即拣取者处于静态状态、在固定位置作业，而货品为动态的储存方式，如旋转自动仓储。

(五) 拣货

当货品出现在拣取者面前时，其一般采取的两个动作——拣取与确认。拣取是抓取物品的动作，确认则是确定所拣取的物品、数量是否与指示拣货的信息相同。在实际的作业中，配送中心多采用读取品名与拣货单据做对比的确认方式，较先进的做法是利用无线传输终端机读取条码后，再由计算机进行确认。配送中心通常对小体积、小批量、搬运重量在人力范围内且出货频率不是特别高的货品，采取手工方式拣取；对体积大、重量大的货物，利用升降叉车等搬运机械辅助作业；对于出货频率很高的货品，则采用自动分拣系统进行拣货。

(六) 分货与集中

配送中心在收到多个客户的订单后，可以形成批量拣取，然后再根据不同的客户或送货路线分类集中，有些需要进行流通加工的商品还需根据加工方法进行分类，加工完毕再按一定方式分类出货。多品种分货的工艺过程较复杂，难度也大，容易发生错误，必须在统筹安排形成规模效应的基础上，提高作业的精确性。在物品体积小、重量轻的情况下，可以采取人力分货，也可以采取机械辅助作业，或利用自动分货机自动将拣取出来的货物进行分类与集中。分货完成后，货物经过查对、包装便可以出货、装运、送货了。

三、拣货方法选择

(一) 拣货方式

拣货作业最简单的划分方式是将其分为按订单拣取、批量拣取和复合拣取三种。

1. 按订单拣取

按订单拣取又称"拣取式"、"摘果法"或"人到货前式"拣取作业。按订单拣取是针对每一份订单,拣取者巡回于仓库内,按订单所列的商品及数量,将客户所订购的商品逐一从仓库储位或其他作业区中取出,然后集中拣货的方式。

订单拣取方式的特点是：

(1)作业方法单纯,接到订单可立即拣货、送货,所以作业前置时间短。

(2)作业人员责任明确,易于安排人力。

(3)拣货后不用进行分类作业,适用于配送批量大的订单的处理。

(4)商品品类多时,拣货行走路线过长,拣取效率较低。

(5)拣货区域大时,搬运系统设计困难。

订单拣取的处理弹性比较大,临时性的生产能力调整较为容易,适合订单大小差异较大、订单数量变化频繁、季节性强的商品配送。在商品外形体积变化较大、商品差异较大的情况下宜采用订单拣取方式,如化妆品、家具、电器、百货、高级服饰等。

2. 批量拣取

批量拣取又称"分货式""播种法"。批量拣取即把多张订单集合成一个批次,按商品品种汇总后再进行拣取,然后按客户或不同订单做分类处理。

批量拣取方式的特点是：

(1)适合配送批量大的订单作业；

(2)可以缩短拣取货物的行走时间,增加单位时间的拣货量；

(3)必须当订单累积到一定数量时才一次性处理,因此会有停滞时间产生。

批量拣取方式通常在系统化、自动化设置之后,作业速度提高而产能调整能力较小的情况下采用,适合订单变化较小、订单数量稳定的配送中心和外形较规则、固定的商品出货,如箱装、扁袋装的商品。需进行流通加工的商品也适合批量拣取,再批量进行加工,然后分类配送,有利于提高拣货及加工效率。

3. 复合拣取

复合拣取是将按订单拣取和批量拣取组合起来的拣货方式,即根据订单的品种、数量及出库频率,确定哪些订单适用于按订单拣取,哪些订单适用于批量拣取,然后分别采取不同的拣货方式。

(二)拣货单位及拣货信息

1. 拣货单位

(1)单品

单品为拣货的最小单位,单品可由箱中取出,可以由人单手拣取。

(2)箱

箱由单品所组成,可由托盘上取出,必须用双手拣取。

(3)托盘

托盘由箱堆叠而成,无法用人手直接搬运,必须利用堆高机或拖板车等机械设备。

(4)特殊品

体积大、形状特殊,无法按托盘、箱归类,或必须在特殊条件下作业者,如大型家具、桶装液体、散装颗粒、长杆形货物、冷冻食品等,都属于具有特殊的商品特性,拣货时以特定的包装形式和包装单位为标准。

拣货单位是根据订单分析出来的结果而做决定的,如果订货的最小单位是箱,则不要以单品为拣货单位。库存的每一种货物要根据实际情况做出分析,以判断出拣货的单位。但一些货物可能需要有两种以上的拣货单位,设计时要针对每一种情况做分区的考虑。

2. 拣货信息

拣货信息来自客户的订单,它是拣货作业规划设计中的重要一环。拣货信息的作用在于指导拣货作业的进行,使拣货人员正确而迅速地完成拣货工作。拣货信息的来源有传票、拣货单、拣货标签和条形码等。

(1) 传票

这是直接利用订单或公司的交货单作为拣货指示根据。

(2) 拣货单

把原始的用户订单输入计算机,进行拣货信息处理后,打印出拣货单。这种方式的优点是避免传票在拣货过程中污损,而且产品储位编号可显示在拣货单上。

(3) 拣货标签

用印有物品名称、位置、数量和价格等资讯的标签取代拣货单,贴标签方式取代了拣货单,数量等于拣取量,在拣取的同时贴标签于物品上,以作为确认数量。

(4) 条形码

条形码是利用黑白两色条纹的粗细不同而构成不同的平行线条符号,代替商品货箱的码数字,贴在商品或货箱的表面,以便让扫描器来阅读,经过电脑解码,将线条符号转成数字号码,便于电脑运算。例如,利用条形码扫描器来读取表示货位编号的条形码后,即能轻易取得货物保管位置的信息。

(5) 资料传递器

资料传递器又称无线电识别器,将资料传递器安装在移动设备上,将能接受并发射电波之ID卡或标签等信息反应器安装在货品或储位上,当移动设备接近反应器时,传递器即读取反应器上的信息,透过天线由控制器辨识读出,再传至电脑进行控制管理。例如,ID卡装在托盘上,资料传递器装在堆垛机上,当堆垛机接近托盘时,托盘上的信息即被资料传递器读取并传递给计算机。

(6) 无线通信

通过安装在堆高机上的无线通信设备把拣货信息传递给拣货人员。

(7) 电脑随行指示

在堆高机或台车上设置辅助拣货的电脑终端,在拣取前先将拣货资料输入此电脑,拣货人员即可根据电脑屏幕的指示至正确位置拣取货品。

(8) 自动拣货系统

当将电子信息输入自动拣货系统后,系统可自动完成拣货作业,无须人工作业。

(三) 拣货策略

拣货策略是影响拣货作业效率的重要因素,对不同的订单需求应采取不同的拣货策略。决定拣货策略的四个主要因素为分区、订单分割、订单分批和分类。

1. 分区策略

分区策略就是将拣货作业场地做区域划分,按分区原则的不同,有以下四种分区方法。

(1) 货品特性分区

货品特性分区就是根据货品原有的性质,将需要特别储存搬运或分离搬运的货品进行区隔,以保证货品的品质在储存期间保持一定。

(2) 拣货单位分区

将拣货作业区按拣货单位划分,如箱装机货区、单品拣货区,或是具有特殊货品特性的冷冻品拣货区等。其目的是使储存单位与拣货单位分类统一,以方便分拣与搬运单元化,使拣货作业单纯化。一般来说,拣货单位分区所形成的区域范围是最大的。

(3) 拣货方式分区

在不同的拣货单位分区中,依拣货方法及设备的不同,又可细分为若干分区。分区的原则通常按商品销售的 ABC 分类而来。按各品类的出货量大小及拣取次数的多少,各做 A、B、C 群组划分,再根据各群组的特征,决定合适的拣货设备及拣货方式。这种方式可将作业区单纯化、一致化。

(4) 工作分区

在相同的拣货方式下,将拣货作业场地细分成不同的分区,由一个或一组固定的拣货人员负责拣取区域内的货物。这一策略的优点在于能减少拣货人员所需记忆的存货位置及移动距离,缩短拣货时间。同时,也可以配合订单分割策略,动用多组拣货人员在短时间内共同完成订单的拣取。接力式拣货就是工作分区下的产物。

以上的拣货分区可同时存在或单独存在于一个配送中心内。

2. 订单分割策略

当订单上订购的货品项目较多,或是拣货系统要求及时、快速处理时,为使其能在短时间内完成拣货处理,可将订单分成若干子订单,交由不同拣货区域同时进行拣货作业。将订单按拣货区域进行分解的过程叫作订单分割。

订单分割一般是与拣货分区相对应的,对于采用拣货分区的配送中心,其订单处理过程的第一步就是要按区域进行订单的分割,各个拣货区根据分割后的子订单进行拣货作业,各拣货区子订单拣选完成后,再进行订单的汇总。

(1) 按拣选单位分区的订单分割策略(见图 5-2)

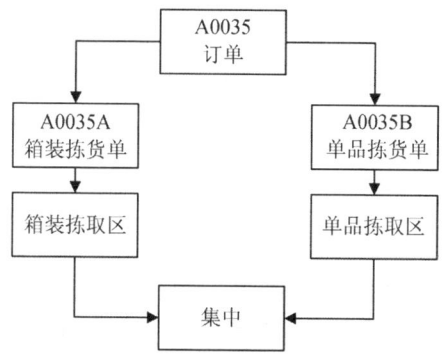

图 5-2 按拣选单位分区的订单分割策略

(2) 按拣选方式分区的订单分割策略(见图5-3)

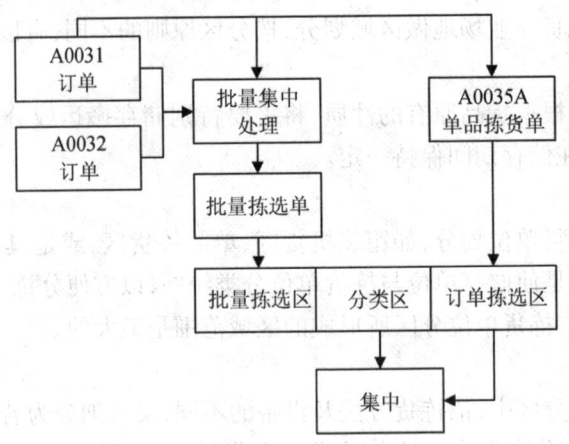

图 5-3　按拣选方式分区的订单分割策略

(3) 按工作分区的订单分割策略(见图5-4)

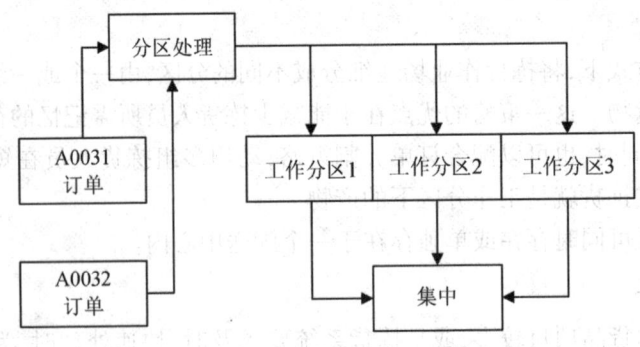

图 5-4　按工作分区的订单分割策略

3. 订单分批策略

订单分批是为了提高拣货作业效率而把多张订单集合成一批,进行批次分拣作业。若再将每批次订单中的同一商品种类汇总拣取,然后把货品分类至每一顾客订单,则形成批量拣取,这样不仅缩短了拣取时平均行走搬运的距离,也减少了储位重复寻找的时间,进而提高了拣货效率。订单分批方式有以下四种:

(1) 总合计量分批

合计拣货作业前所有累积的订单中每一商品项目的总量,再按这一总量进行拣取。这样便可将拣取路径减至最短,同时也使储存区域较单纯化,但需要功能强大的分类系统来支持。此种方式适合周期性配送,例如可将所有的订单在中午前搜集,在下午做合计处理,次日一早再进行拣取、分类工作。

(2) 时窗分批

当客户要求紧急发货时,可利用此策略,开启短暂而固定的时窗为 5 min 或 10 min,再将这一时窗中所有的订单做成一批,进行批量拣取。这一方式常与分区及订单分割联合运用,特别适合到达间隔时间短而平均的订单形态,同时订购量及种类不宜太多。各拣货分区利用时窗分批同步作业时,会因分区工作量不平衡和时窗分批分拣货量不平衡而产生作业等待的问题,因此如果能将作业等待的时间缩短,将大幅度提高拣货的产出效率。这种分拣方式较适合密集频繁的订单,只能应付紧急插单的需求。

(3) 固定订单量分批

固定订单量分批按"先到先处理"的基本原则,当订单累积达到设定的数量时,开始进行拣货作业。这种方式偏重于维持较稳定的作业效率,且在处理速度上慢于时窗分批方式。

(4) 智慧型分批

订单输入计算机处理后,将拣取路径相近的订单分成一批。采用这种分批方式的配送中心通常将前一天的订单汇总后,经过计算机处理在当天产生拣货单据,速度较快。要做到智慧型分批,最重要的就是货品储存位置和货位编码的相互配合,使得订单输入货品编号后,就可凭借货品货位编号了解货品储存位置的情况,再根据拣选作业路径的特性,找出订单分批的法则。

4. 分类策略

当采用批量拣货作业方式时,拣货完后还必须进行分类,因此需要相配合的分类策略。其具体可分为以下两类:

(1) 分拣时分类

在分拣的同时将货品按各订单分类,这种分类方式常与固定量分批方式或智慧型分批方式共同使用。因此,需使用计算机辅助台车作为拣货设备才能加快分拣速度,同时避免错误发生。该方式较适用于少量多样的场合,且由于拣选台车不可能太大,所以每批次的客户订单量不宜过大。

(2) 分拣后集中分类

其一般有两种分类方法:一是以人工作业为主,将货品总量搬运到空地上进行分发,而每批次的订单量及货品数量不宜过大,以免超出人员负荷;二是利用分类输送机系统进行集中分类,是较自动化的作业方式。当订单分割越细,分批批量品相越多时,越适合使用后一种方式。

以上四类拣货策略因素可单独或联合运用,也可以不采用任何策略,直接按订单拣选。

(四) 拣货路径规划

拣货路径管理是"人到货"拣选方式管理中的重要内容,其管理内容是确定拣选的顺序和拣选行走的线路,目的是在尽可能短的时间内完成拣选工作。

1. 影响拣货路径的因素

拣货路径的设计与拣货区域布局、拣货方式及策略、订单批量及货物种类、拣货设备等因素相关。

(1) 拣货区域布局

拣货区域中货架排列格局,货架长度、宽度、深度,巷道数量、宽度等都是影响拣货路径的重要因素。

(2) 拣货方式及策略

拣货方式、策略的应用就是确定拣货单上货物的拣选顺序,再由拣货员从其储位上取出。这决定了拣货员的行走路线。

(3) 订单批量及货物种类

订单批量及货物种类决定了在拣货过程中拣货方法、拣货策略等的应用。这间接影响着拣货员在拣货区的行走路线。

(4) 拣货设备

区域中的设备配置是拣货路径设计时考虑的因素之一,不同的拣货设备具有不同的应用条件,这决定了不同货物在拣选时需采用不同的拣货设备,因而每种货物在拣货路径设计时都应该考虑拣货设备的因素。

● **应用案例**

京东是专业的综合网上购物商城,销售超数万个品牌、4 020 万种商品,囊括家电、手机、服装、电脑、图书、母婴、个人护理、食品、旅游等 13 大品类。

快仓的智能仓储机器人为京东在河北固安的仓库负责货物的上货、拣选、发货、退货等工作流程,并在"双 11"期间,有效帮助客户顺利、有序、平稳度过物流环节。

一个拣货员每天接单 1 000 件,需要支付其 5 万元年薪。快仓的智能仓储机器人每台日均可处理 5 000 件,效率是人的数倍之多,智能仓储机器人除了能有效减少人工成本,高效也是其重要优势之一:智能仓储机器人能持续 24 h 不间断地高效工作,让一切流程最大精简化、精准化,能大大地降低企业运营成本。

快仓系统基于订单大数据的数据挖掘与机器学习的产品级解决方案,可以根据今天、昨天甚至是明天的几十万订单,综合所有信息做出决策,并能更精准地判断客户需求。快仓系统通过颠覆式的业务理念及高度整合的软件和硬件,实现了电商仓库操作模式从"人到货"向"货架到人"的转变,为客户提供最先进的"基于智能仓储机器人的订单拣选系统解决方案"。

(资料来源:http://www.sohu.com/a/197694141_610732)

请根据以上案例说说拣货作业的发展趋势,再说说你知道的其他案例。

2. 拣货路径的设计

为了提高仓库的效率,减少作业人员在仓库内的行程,需要精心设计拣货路径。无论采用何种拣货路径,均要考虑如何准确、快速、低成本地将货物拣出,同时还要考虑到操作方便、缩短行走路径等问题。

(1) 如果订单批量不大,货种不多,但货位分布较广时,可以避开不需拣选货位所在的通道,直接找到所需的货位进行拣选,如图 5-5 所示。

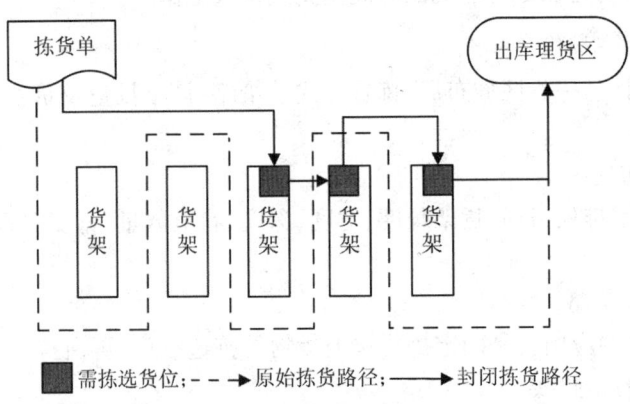

图 5-5 封闭式拣货路径

（2）如订单的批量大货种多，可以将订单分成多个拣选单，这些拣选单采用并联拣选的方法，同时进行拣货，如图5-6所示。

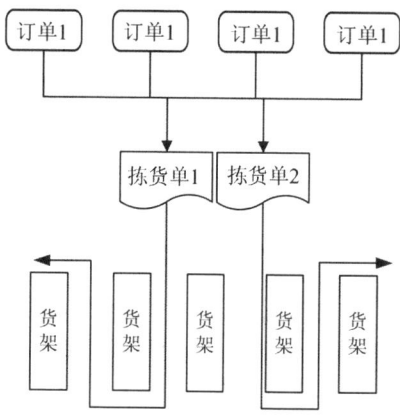

图5-6 并联拣选路径

（3）如果订单批量不大，但是货种多，可以采用串联拣选的方法进行拣货，工作区中接力式拣选，就是这样一种拣货方法，如图5-7所示。

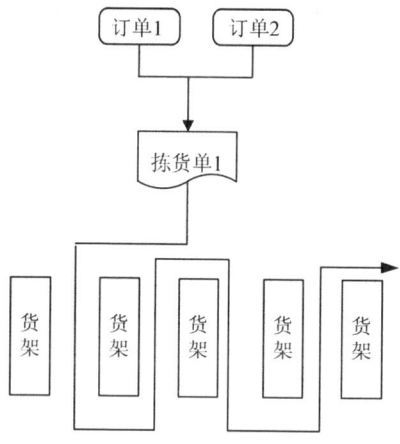

图5-7 串联拣选路径

● 任务提示

货物分拣就是拣货人员根据订货单的要求或配送作业计划，快速、准确地从储存的货物中拣出货物并将其集中到一起的作业过程。分拣作业基本流程在本节中已经讲过，同学们可以根据学到的知识选择合适的分拣方法及分拣方式。

任务三
退货、补货作业

● **任务布置**

提到退货，这似乎是一个人们不愿意听到的信息，然而，委托销售的图书在通常情况下，退货率都不低于40%，即便是畅销书也有20%~30%的退货比例。

过去，阳光书社关东物流中心负责退货图书处理的人员，包括一名计算机操作员，共13人，每3个人为一组，即便是4个作业组拼命地工作也忙不过来。为此，该公司社长西浦善彦先生决定引进自动分类设备，并立即着手可行性分析和调研。后来经与东洋热力株式会社商洽，双方共同设计制造的退货分拣设备于2000年4月底正式启用。

只要将新书和丛书搬放在流水线上设定好，就能够按照书名和定价进行自动分类与堆码。同时，通过对条形码的自动读取，计算机会立即把退货图书的各种数据传送给出版社。本系统投资额虽然只有约3 000万日元，但却取得良好的效益。过去，13名工作人员每日只能处理图书3万册，现在9名工作人员每日可处理图书35 000~36 000册，实际相当于节省了5~6名劳动力。

通过以上案例，我们要清楚：什么是退货作业？为什么会有退货？退货作业的基本流程和退货作业的处理方法是什么？

● **知识要点**

一、退货作业

（一）退货的原因及意义

商品退货是指配送中心按配送合同将货物发出后，由于某种原因，客户将商品退回公司的行为。退货作为配送作业的一个环节，越来越受到企业的重视。

1. 发生退货的原因

（1）依照协议退货。
（2）有质量问题退货。
（3）搬运途中损坏退货。
（4）商品过期退货。
（5）商品送错退回。

2. 做好商品退货的意义

（1）做好商品的退货工作可以满足客户需要，吸引大量订单。

(2)做好商品的退货工作可以树立良好的企业形象。

(3)做好商品的退货工作可以提高资源的利用率。

3.商品退货管理的原则

(1)责任原则。搞清楚退货产生的责任方及责任人。

(2)费用原则。退货会产生物流成本和机会成本等,要坚持退货费用最小原则,以能变通处理而不产生费用为最佳,即使产生退货费用,也要将费用降至最低。

(3)条件原则。退货是有条件的,由收货方人为造成损失的退货,供货方一般不予恢复。

(4)凭证原则。退货要依合同条款规定进行,并出具有关凭证。

(5)计价原则。退货要计算损失并入账。

(二)退货作业流程

1.接受退货

(1)将销货退回信息通知质量管理及销售部门,确认退货的原因。退货原因明显为公司的责任,应迅速整理好相关的退货资料并及时帮助客户处理退货。销货退回的责任在客户,应向客户说明。如果客户接受,则请客户取消退货要求;如果客户仍坚持退货,应以"降低公司损失至最小,且不损及客户关系"为原则加以处理。

(2)告知客户有关销货退回的受理相关资料,并主动协助客户将货品退回销售部门。

(3)销售部门要依据客户的书面要求或电话记录并经主管同意后,由相关部门安排商品更换,不得私下换货。

2.重新入库

(1)初步审核客户退回的货品。

(2)生成销货退回单。

3.重验货物品质

(1)通知质量管理部门按照新品入库验收标准对退回的商品进行新一轮的检查,以确认退货品的品质状况。对符合标准的商品进行储存备用或分拣配送。对有问题商品,以拒收标签标示后隔离存放。

(2)通知储存部相关人员进行重新挑选,或降级使用,或报废处理。

(三)掌握退货处理的方法

1.无条件重新发货

对于因为发货人按订单发货发生错误,由发货人重新调整发货方案,将错发物认回,重新按原正确订单发货,中间发生的所有费用应由发货人承担。

2.运输单位赔偿

对于因为运输途中产品受到损坏而发生退货的,根据退货情况,发货人确定所需的修理费用或赔偿金额,由运输单位负责赔偿。

3.收取费用,重新发货

对于因为客户订货有误而发生退货的,退货所有费用由客户承担,退货后,再根据客户新的订单重新发货。

4. 重新发货或替代

对于因为产品有缺陷,客户要求退货,配送中心接到退货指示后,营业人员安排车辆收回退货商品,将商品集中到仓库退货处理区进行处理。一旦产品回收结束,生产厂家及其销售部门就应立即采取措施,用没有缺陷的同一种产品或替代品重新填补零售商店的货架。

● **应用案例**

"双11"退货问题

天猫称"双11"(2017)仅一天交易额达1 682亿元,京东则称11月前11天销售突破1 271亿元……"双11"落下帷幕,各电商平台频频刷新交易纪录。不过,在11月11日24小时的狂买后,接踵而来的是退货大军,个别平台系统甚至一度崩溃。11日凌晨"买买买"、12日凌晨"退退退"的消费者也遭遇此尴尬。

服饰仍是退货的"重灾区"

记者从韵达快递网点了解到,从13日开始,快递员就接到不少市民要求退货的电话。今年"双11"的运程大大缩短,所以退货潮也来得更早一点。记者采访获悉,在首波"退货潮"中,服饰仍是"重灾区",问题主要集中在实物与宣传不符、运输损坏以及质量问题。

平台称退货率不足10%

对此,电商平台称,电商平台交易退货很常见,今年"双11"退货率不足10%,退货难的现象很快得到了解决。"今年的数字,其实根本不漂亮。第一得除去水分,要考虑到长时间的预购,节前消费被强制压缩至一天。"广东亚太电子商务研究院专家表示,"第二还要注意退货率,电商促销不能成为企业面子之战"。

中国网购文化造成的大量包装垃圾也引起关注

有调查结果显示,2016年"双11"在生产、打包和运输过程中产生的二氧化碳排放量达到25.8万吨,相当于258万棵树净化的量,过程中产生了13万吨的包装垃圾,其中回收利用率不到10%。中国电子商务研究中心法律权益部分析师姚建芳向记者表示,过高的退货率造成了物流的浪费,同时也造成了物流压力,过高的退货率也严重地影响商家信誉。

(资料来源:http://www.sohu.com/a/204627991_114731)

请通过以上案例分析:电商退货物流有哪些问题?针对这些问题可采取哪些措施?

(四)理赔退返管理

1. 理赔费用

(1)对于易发生退货的商品,根据经营商品的具体情况,统一给予收货方某一额度的理赔费用或补偿金。

(2)效益原则。理赔要建立在公平合理的基础上,理赔方在不违反合同规定的情况下尽量少支付费用。

(3)关系原则。理赔要适可而止,尽量维持双方未来友好的合作关系。

2. 退货理赔的处理

(1)组织质量管理部门人员立即开箱检验,并在接收清单上详细记录检验结果。

(2)配送中心与收货方代表在接收清单上签字确认后,收货方留存接收清单商家保管联的提货凭证,配送中心将故障品交由生产厂家处理。

(3)修复后,收货方凭接收清单商家保管联提回商品,并在备注栏注明"已归还"字样并签名。

(4)若退货责任由收货方承担,配送中心计算应付修理费用,列出清单,由收货方支付费用。

(5)若退赔的商品无法修复,销售部门要会同市场部门、财务部门及生产厂家进行审核,确认无误后,经有效审批人员签名和财务核实,按商品退货作业流程实施商品退换。

(6)仓管人员凭已审批同意的"商品退换货申请表"办理货物验收入库手续,同时填写商品退换货验收情况表。

(7)未经公司有效审批人员审批,擅自办理退换货手续者,按具体规定处罚责任人。

● **任务布置**

在超市中,你会看到理货员将仓库中或货架上方的货物取下来,拆箱后将里面的单件货物取出来放入货架低处,以便客户选择,这种操作为超市中的补货。配送中心中也有类似的补货作业。

请在这节课弄清楚:什么是补货作业?配送中心为什么会有补货作业的存在?补货作业的一般流程是什么?补货时怎样选择?

● **知识要点**

二、补货作业

为了保证拣货区有货,需要从保管区域将货品移到按订单拣取的动管拣货区域,然后将此迁移作业做库存信息处理。补货作业就是从保管区把货品搬运到另一个拣货区的工作。

1. 补货方式

补货作业的目的是确保商品能保质保量按时送到指定的拣货区,所以补货作业的筹划必须满足两个前提,即确保有货可配和将待配商品放置在存取都方便的位置。通常,在配送中心里主要采用下列三种补货方式:

(1)整箱补货

由货架保管区补货到流动货架的动管区。这种补货方式的保管区为货架储存,动管拣货区为两面开放的流动货架拣货区,拣货员拣货之后把货物放入输送机并运到发货区。当动管区存货低于设定的标准时,则进行补货作业。这种补货方式由作业人员到货架保管区取货箱,用手推车运载货箱到动管区。这种方式较适用于体积小且少量、多样出货的货品。

(2)托盘补货

托盘补货是指以托盘为单位进行补货,把托盘由地板堆放保管区运到地板堆放动管区。拣货时把托盘上的货箱置于中央运送机送到发货区。当存货量低于设定标准时,立即补货。

用堆垛机把托盘由保管区运到拣货动管区,也可以把托盘运到货架动管区进行补货。这种方式适用于体积大或出货量大的货品。

(3) 货架上层—货架下层补货

这种补货是将货架的上层作为保管区,下层作为动管区,商品由货架上层向货架下层进行补货。

当动管区的存货低于设定标准时,利用堆垛机将上层保管区的货物搬移至下层动管区。这种方式适用于体积不大、存货量不多且多为中小量出货的货物。

2. 补货时机

补货作业发生与否主要看动管区的货物存量是否符合需求,因此究竟何时补货要看动管区的存量,以避免出现在拣货中途才发现动管区货量不足需要补货而造成影响整个拣货区作业的情况。通常,补货时机有以下三种情况:

(1) 批次补货

在每天每一批次货品拣取之前,经计算机计算所需货品的总拣取量,再查看动管拣货区的货品量,计算差额并在拣货作业开始之前一次性补足货品。这种"一次补足"的补货原则,比较适合于一天内作业量变化不大、紧急插单不多,或是每一批次拣取量大且事先掌握的情况。

(2) 定时补货

将每天划分为若干个时段,补货人员在时段内检查动管区货架上的货品数量,如果发现动管区存量少于设定标准,便立即补货。这种"定时补足"的补货原则,较适合于分批拣货时间固定且紧急处理情况较多的配送中心。

(3) 随机补货

这是一种指定专人从事补货作业的方式,这些补货人员随时巡视动管区的货品存量,当发现动管区存货量少于设定标准时,随时补货。此种"不定时补足"的补货原则,较适合于每批次拣取量不大、紧急插单较多,以至于一天内作业量不易事前掌握的情况。

任务四
出库发货作业管理

● 任务布置

某快销品配送中心接收到了来自三个不同门店的订单,订单已经分拣完成。假设你是该配送中心的出库发货人员,请根据这三个门店的订单(任务三的三个订单)进行出库发货作业。

要想为这些门店进行货物的出库发货作业,必须要明确出库作业及发货作业的流程,并明确出货检查的几种方法。

● 知识要点

一、出库作业业务流程

（一）商品出库的依据和形式

1. 商品出库的依据

仓储企业商品出库依据货主开的"商品调拨通知单"或系统接收到的订单进行。不论任何情况，仓库都不得擅自动用、变相动用或外借库存商品。"商品调拨通知单"的格式不尽相同，不论采用何种格式，都必须符合财务制度要求，是有法律效力的凭证。应避免凭信誉或无正式手续的发货。

2. 商品出库形式

（1）送货

仓库根据货主单位的"商品调拨通知单"或系统订单，把商品交由运输部门或提供配送服务的机构送达收货单位。

（2）自提

由收货人或其代理人持"商品调拨通知单"直接到库提取，仓库凭单发货。自提具有"提单到库，随到随发"的特点。

（3）过户

过户是一种就地划拨的形式，商品虽未出库，但是所有权已从原存货单位转移到新存货单位。仓库必须根据原存货单位开出的正式过户凭证，才给予办理过户手续。

（4）取样

货主单位出于对商品质量检验、样品陈列等需要，到仓库提取货样。仓库根据正式取样凭证才予发给样品，并做好账务记载。

（5）转仓

货主单位为了业务方便或改变储存条件，需要将某批库存商品自甲库转移到乙库，仓库也必须根据货主单位开出的正式转仓单，才予办理转仓手续。

（二）出库业务流程

根据商品在库内的流向或出库单的流转而构成各业务环节的衔接，即为商品出库业务的流程。

1. 核单备货

商品发放需有正式的出库凭证，仓库保管员必须认真核对出库凭证，首先要审核凭证的真实性，然后核对商品的品名、型号、规格、单价、数量、收货单位等，最后审核出库凭证的有效期等。

审核凭证之后，按照单证所列项目开始备货工作。备货时应本着先进先出、易霉易坏先出、接近有效期先出的原则，备货完毕后要及时变动料卡余额数量，填写实发数量和日期。

2. 复核

为防止出现差错，备货后应立即进行复核。出库的复核形式主要有专职复核、交叉复核和环环复核三种。此外,复核工作贯穿在发货作业的各个环节中。

3. 包装
出库的商品如果包装不能满足运输部门或用户的要求,应重新进行包装。

4. 点交
商品经复核后,需要办理交接手续,当面将商品交接清楚。交清后,提货人员应在出库凭证上签章。

5. 登账
点交后,仓管人员应在出库单上填写实发数、发货日期等内容并签章。

6. 现场和档案的清理
现场清理包括清理库存商品、库房、场地,对保养、盈亏数量等情况进行整理。档案清理是指对收发、盈亏等情况进行的整理。

二、发货作业

根据出库业务流程,审核出库凭证之后,即开始按照出库单证所列项目将所拣取的商品按运输路线、自提或配送路线进行分类,再进行严格的出货检查,装入合适的容器或进行捆包,做好相应的标志,然后按车辆趟次或行车路线将商品运至发货区,最后装车发运,这一过程称为发货作业,如图5-8所示。

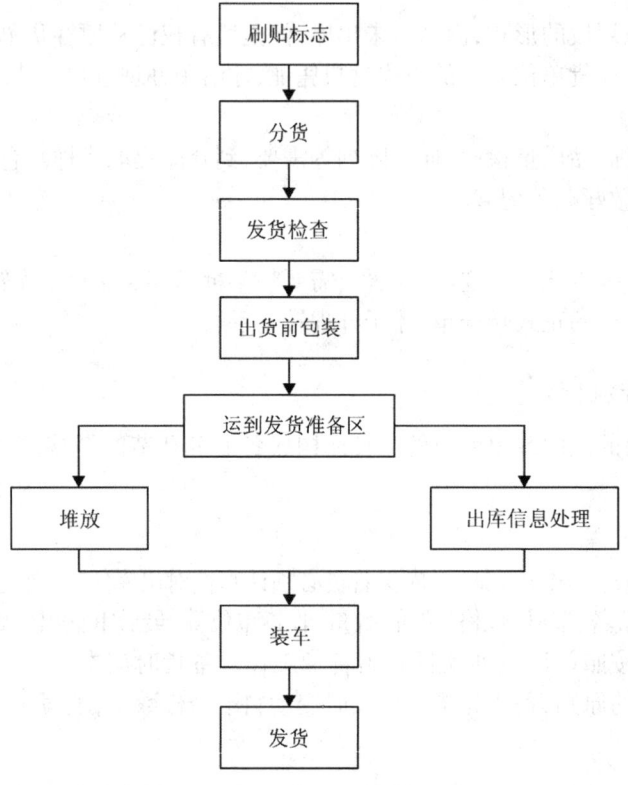

图 5-8　发货作业流程

（一）分货作业

分货即拣货作业完成后，将所拣货物根据不同的货主或运输路线进行分类，也有一些需经过流通加工的商品，拣取货物集中后，先按流通加工方式分类，分别进行加工处理，加工完毕，再按送货要求分类出货。分货作业方式包括人工分货、自动分类机分货和旋转架分货三种主要方式。

1. 人工分货

人工分货是通过人工目视进行处理，所有分货作业过程全部由人工根据单证或其他传递过来的信息拣取商品。拣货作业完成后由人工将各客户订购的商品放入已标示好的各区域或容器中，等待出货。

2. 自动分类机分货

（1）为应对多品种、小批量订货的市场趋势，自动分类机兴起，且正被广泛运用。自动分类机是利用计算机及辨识系统来达成分类的目标，因而具有迅速、正确、不费力的效果，尤其在拣取数量或分类数量众多时更有效率。

（2）自动分类机的种类非常多，且各有其特色。但依据分类滑出形式大体可分为两种：将载物部分倾斜滑落的倾倒式和水平分出处理式。

（3）以易破损物品而言，采用倾倒式会有较大的损害概率，因而适合水平式处理。此外，当系统要求较大的分类能力时，则需要采用较高速的自动分类机，并最好使用震荡较少的窄皮带传送方式，以免伤及货品。

3. 旋转架分货

为了节省成本，也有取代自动分类机而使用旋转架的方式，将旋转架的母格位当成客户的出货篮，分类时只要于计算机中输入各客户的代号，旋转架即会自动将其货篮转至作业人员面前，让其将批量拣取的物品放入进行分类。同样的，即使没有动力的小型旋转架，为节省空间也可作为人工目视处理的货篮，只不过作业人员依照每格位上的客户标签自行旋转寻找，以便将货品放入正确储位中。

●应用案例

顺丰自动分货系统

为了不断尝试缩减人力投入，世界各发达国家的物流行业都在试图提高仓储效率，努力开发新项目。在中国，顺丰、京东、亚马逊、阿里等也纷纷采取措施实现"人工智能＋快递"的战略布局。

顺丰速运设在深圳的一处货运枢纽及自动分拣中心负责人说："按照这套全自动化分拣设备的设计，1小时至少处理7.1万件。"按照人工每小时分拣500件货物的速度，分拣7.1万件大概需要150人同时工作1小时才能完成。

这套分拣设备背后有着强大的中央分拣系统做支撑。所有的快件放到自动分拣机上之后都要经过扫描实现条码识别，然后再由中央分拣系统进行分拣派送，让各自不同的快件按照不同的目的地,流向它该去的地方。

在这里,科学技术成为第一生产力。采用机械化生产最直接明显的优势就是大大提高生产过程中的效率,采用机器分拣扫描入库将大大减少人力的投入。顺丰只需要详细制订好员工的工作计划,令员工能够更好地配合机器生产,这将减少顺丰在快件入库上的人力投资,从而获得更高的经济效益。

(资料来源:http://www.sohu.com/a/205841949_635113)

(二)出货检查

1. 出货检查的意义

拣货作业后的物品检查因耗费时间及人力而影响效率,出货检查属于要确认拣货作业是否发生了错误的处理作业,所以如果能先找出让拣货作业不会发生错误的方法,就能免除事后检查的需要或只对少数易出错物品进行检查。

2. 出货检查的不同方法

出货检查最单纯的做法即以纯人工进行,也就是将货品一个个点数并逐一核对出货单,再进而查验出货的品质水准及状态情况。以状态及品质检验而言,纯人工方式逐项或抽样检查的确有其必要性,但对于货品号码及数量核对来说,以纯人工方式就可能效率较低,也较难将问题找出,即使是采取多次的检查作业,也可能是耗费了许多时间,错误却依然存在。因此,从效率及效用的角度来考虑,如今在数量及号码检查的方式上有许多突破,包括以下几方面:

(1)商品条码检查法

它是要导入条码,让条码跟着货品跑。当进行出货检查时,只需将拣出货品的条码以扫描机读出,计算机则会自动将资料与出货单对比,检查是否有数量或号码上的差异。

(2)声音输入检查法

它是一项较新的技术,是由作业人员发声读出货品的名称(或代号)及数量,之后计算机接收声音做自动判识,转成资料再与出货进行比对。此方式的优点在于作业员只需用嘴读取资料,手脚仍旧空着可做其他的工作,自由度较高。但需注意的是,采用此法人员的发音要准,且每次发音字数有限,否则计算机辨识困难,容易产生错误。

(3)重量计算检查法

它是先利用自动加总出货单上的货品重量,而后将拣出货品以计重器来称出总重量,再将两者互相对比的检查方式。如果能利用装有重量检核系统的拣货台车拣货,则在拣取过程中就能利用此法来做检查,拣货员每拣取一样货品,台车上的计重器则会自动显示其重量并查对,如此可完全省却事后的检查工作,在效率及准确性上的效果将更好。

(三)包装

包装作业是出货作业中的一环,是要将物品装入箱、袋、木桶、罐等容器,或是在无容器状态下对配送货物进行重新包装、打捆、施加记号等。在此应注意的是,包装的规格也是影响物流效率的重要因素;包装尺寸与托盘搬运设备尺寸是否搭配直接关系到进出货作业的运行效率;其荷重、耐冲、抗压能力关系到货品的完好程度。

内包装及外包装又可统称为运输包装,对于运输货物的包装通常不求装潢美观,只求坚固耐用,以免货物经长距离辗转运输而遭受损失。

1. 包装功能

包装的主要功能有四个方面:

(1) 保护货品

包装的保护功能须针对两大要点:一方面包装保护之时效应超过所预期的产品时效;一方面保护产品特有的弱点,如化学危害性及产品被窃的可能性。

(2) 便于搬运、储存及使用方便

包装须能增进使用上的方便,如易拉罐的开启法便是包装之一大革新。此外,便于搬运及储存亦为包装设计之主要考虑因素。

(3) 刺激顾客之购买欲

保护良好及使用方便的包装若不能刺激消费者的购买欲,那就是毫无价值。所以包装要能帮助厂商销售商品,最好能激起消费者重复购买的欲望。

(4) 易于辨认(identification)

就商业包装而言,外观宜富有吸引力及容易辨认;就工业包装而言,容易辨认亦为搬运的主要条件。另外,包装易于辨认也可实现更高效率的搬运及作业的正确性。

2. 产品包装的一般技法

(1) 对内装物进行合理置放、固定和加固。

(2) 对松泡产品进行压缩。

(3) 合理选择外包装的形状尺寸。

(4) 合理选择内包装(盒)的形状尺寸。

(5) 包装外的捆扎。

3. 产品包装的特殊技法

(1) 缓冲包装技法(或称防震包装技法)是解决包装物品免受外界的冲击力、振动力等作用,从而防止损伤的包装技术和方法。

(2) 防潮包装技法就是采用防潮材料对产品进行包装,以隔绝外部空气相对湿度变化对产品的影响,使得包装内的相对湿度符合产品的要求,从而保护商品质量。

(3) 防锈包装技法是运输储存金属制品与零部件时,为了防止其生锈而降低使用价值或性能所采用的包装技术和方法。

(4) 防霉包装技法是为了防止因霉菌侵袭导致内装物长霉从而影响产品质量,采取了一定防护措施的包装技法。

4. 包装操作技术

(1) 充填技术是将商品装入包装容器的操作,分为装放、填充与灌装三种形式。

(2) 封口和捆扎技术。

(3) 裹包是用一层挠性材料包覆商品或包装件的操作。

(3) 加标和检重:加标就是将标签粘贴或拴挂在商品或包装件上,标签是包装装潢和标志,因此加标也是很重要的工作;检重是检查包装内容物的重量,目前大多采用电子检重机进行检测。

配送作业

● 项目实训

退货作业实训

1. 实训人员

参照配送中心工作流程,按每6个人一个小组,完成退货作业工作。

2. 实训任务

假设你是某配送中心退货部的一名员工,今天要处理来自某分店的一批退货(如表5-8所示),从接收退货至退货处理完毕你需要做哪些工作?并总结在作业处理中的要点。

表5-8 某分店退货商品信息

商品类别	商品名称	规格	包装数量	零售价(元)	供应商	退货数量	退货金额	发票号
食品类	龙嫂米线	箱	20	45	龙嫂食品公司	2	90	10200812039077
食品类	达能饼干	箱	10	48	达能企业	3	144	10200812031000
食品类	银桥酸奶	盒	8	7.5	银桥乳业	10	75	10200812032000
灯具	光明台灯	台	1	200	光明灯具厂	5	1 000	10200812035200
日用品类	康兴保温杯	个	1	27	康兴公司	2	54	10200812034012

3. 实训步骤

(1)创设任务情境:顾客—分店—配送中心退货部—退货入库—储存—通知供货商—供货商取货—转运(或重新发货)。

(2)根据以上资料,各小组分析、相互讨论,形成各组实施方案。

(3)挑选成员实际演示退货作业流程。

项目六 配送中心配送组织管理

● 学习目标

知识目标

了解配送的组织方式、协同配送特点;了解车辆配载的技术;明确车辆调度的方法;掌握配送路线设计的方法;熟悉配送方案编写的步骤。

技能目标

能够根据需求完成车辆的配载、积载操作;能够根据门店的位置完成配送路线的设计工作;能够编制简单的配送方案;具备踏实严谨的工作态度、较强的责任感;具备进行自我检查、分析和解决相关问题的能力。

项目任务

任务一　配送组织

任务二　配送线路优化

任务三　车辆配载

任务四　配送计划与调度

任务一
配送组织

● 任务布置

一日用品制造商要对自己的销售点和大客户进行配送,配送方法为销售点和大客户有需求就立即组织装车送货,结果造成送货车辆空载率过高,同时往往出现所有车都派出去而其他用户需求满足不了的情况。所以销售经理一直要求增加送货车辆,但由于资金原因一直没有购车。

请分析该企业的配送类型,以及解决企业配送中存在问题的方案。

● 知识要点

一、配送组织的基本步骤和内容

配送作业的对象、品种、数量等较为复杂,为了有条不紊地组织配送活动,物流经理应当遵照一定的工作程序对配送业务进行安排与管理。一般情况下,配送组织工作的基本步骤和内容主要有以下几个方面:

(一)物流作业配送线路的选择

配送中心送货路线合理与否直接关系和影响到配送的速度、成本和效益。因此,采用科学的方法确定合理的配送路线是配送中的一项非常重要的工作。确定配送运输的路线可以应用相关的数学方法,以及在数学方法的基础上发展和演变起来的经验方法。但是无论采用哪种方法,都应该首先确定要达到的目标,然后再考虑实现此目标所存在的各种限制因素,在有约束条件的情况下去寻求最佳的解决方案。

(二)拟订配送计划

物流经理应组织拟订配送计划,由具体负责配送作业的员工执行。现在一般可采用计算机作为编制配送计划的主要手段。

(三)下达配送计划

配送计划确定之后,物流经理要向各配送点下达任务。依据计划调度运输车辆、装卸机械及相关作业班组与人员,并指派专人将商品送达时间、品种、规格、数量通知客户,使客户按计划做好接货准备工作。

(四)配货和进货组织工作

物流经理应按计划做好配送组织工作,要求各配送点按配送计划审定库存商品的保存程度,若有缺货情况应立即组织进货。同时要求各配送点按计划进行配货、分货、包装、配装等。

(五)配送发货管理

配送发货管理是指制订发货计划,要求理货人员按计划将各种所需的商品进行分类,标明到达地点、客户名称、配送时间、商品明细等,并按流向、流量、距离将各类商品进行配装,将发货明细表交给司机或随车送货人。发货车辆应按指定路线运达目的地。

(六)费用结算管理

费用结算是整个配送业务的最后一个环节。物流部门的车辆按计划到达客户,由客户在回执上签字,表明货物已送达客户。之后,物流经理即可通知财务部门进行费用结算,完成整个配送过程。

二、配送业务的组织模式

随着物流概念的成熟和日益被人们所接受,在大多数企业,产成品配送越来越多地由独立的配送部门完成。但是在不同的企业,配送业务的组织模式不同,主要可分为两种模式。

(一)集权式组织模式

集权式组织模式是指在整个企业中只有一个配送部门,对整个公司的配送业务实行集中管理,统一调配各个仓库、配送节点和供货厂商的供需关系。比如在一些连锁经营企业中,所有门店的商品配送是由公司统一组织货源并送货的。

(二)分权式组织模式

分权式组织模式是指配送业务由企业的各分部或产品组,或不同地区分别管理和执行。这种模式在大型的企业集团或跨国公司中更为常见。

(三)两种模式之比较

这两种配送组织模式各有利弊。集权式配送组织模式能够把公司整体的需求、生产以及原材料供应的工作联系在一起,尤其是在公司自己承担运输工作时,能够有效地利用运力,平衡输入与输出的运量,也更便于采用某种形式的货物联合运输。随着信息技术的发展和计算机的普及,信息传递的迅捷和实时性,即使是生产和销售遍布全球的企业,也可能对遍布全球的配送工作实施高效的统一管理。

分权式配送组织模式下,各地区分公司或各分部生产的产品的配送职能由各个分部去完成,这样能够对本地区或本分部产品配送的需求做出快速反应,满足客户的需求。在各分部的产品共同之处很少时,这种组织制度更能发挥作用,但是这种配送组织模式不利于公司总体的平衡,比如会造成库存的增加、运力的浪费,尤其是当各分部的产品同质性较强时,这种情况更为突出。

总体看来，集权式组织模式对市场的反应速度和柔性较差，但能够有效地控制配送成本；分权式组织对客户要求的反应迅速，但是成本较高。配送是一项时效性要求非常高的业务，顾客要求的配送时间往往是 24 h 或 48 h。因此企业在选择配送组织模式时需要综合考虑以下几个因素而确定：

(1) 公司的规模。
(2) 产品特点及产品的销售地区。
(3) 生产所需物资的采购地区。
(4) 集权式配送组织模式提供的顾客服务标准能否达到所要求的水平。

现在很多企业采用的是适当的集权与分权相结合的方式。同质性高、需求量大的产品或原材料由企业统一组织配送；而各分部之间差异较大的产品或需求量波动大的零星产品，以及配送时间短和临时发生的配送要求，则由各分部自行组织货源及配送。

三、配送的不同的组织形式

在不同的市场环境下，为了满足不同产品、不同客户、不同流通环境的要求，在配送组织活动过程中，可以采取不同的配送形式来满足用户的需要。根据配送组织过程的两大要素，即配送的时间和配送货物的数量不同，将配送活动分为定时配送、定量配送、定时定量配送、定时定线路配送和即时配送等几种不同的组织形式。

(一) 定时配送

定时配送是配送企业根据与用户签订的配送合同，按照约定的时间间隔进行的配送组织形式。在实践活动中，配送的货物品种可以是数天或数小时不等，而且每次配送之前以商定的联络方式，比如电话或通过配送信息管理系统等，通知配送中心或配送企业需要的商品品种及数量。

这种配送形式的时间比较固定，且具有一个循环周期，因此便于安排配送计划和配送调度，对于用户来讲，也便于安排接货和组织生产。但是由于配送的商品种类、数量不确定，配货、配装、运输的难度较大，在具体实施时，也会对运力的合理安排造成困难。

定时配送有两种形式：

1. 日配形式

日配是定时配送中被较为广泛采纳的一种形式，尤其是在城市内的配送活动中，日配占了绝大比例。一般地，日配的时间要求大体是上午的配送订货下午送达，下午的配送订货第二天送达，即实现在订货发出后 24 h 之内将货物送到用户手中。或者是用户下午的需要保证上午送到，上午的需要保证前一天下午送到，即实现在用户实际投入使用前 24 h 之内送到。

广泛而稳定地开展日配方式，可使用户基本上无须保持库存，做到以日配方式代替传统的库存来实现生产的准时和销售经营的连续性（无缺货）。一般日配形式较适合下述几种情况：

(1) 保鲜要求较高的商品和食品，如蔬菜、水果、肉类、点心、鲜花等。
(2) 用户是多个小型商店，如街区的零售店或便利店，它们的资金实力小，追求资金、货物周转快，随进随销。

(3)由于用户的条件有限,不可能保持较长时期的库存,比如采用零库存管理的生产企业,位于商业中心"黄金地段"的商店或那些缺少储存设施(比如冷藏设施)的用户。

(4)临时出现的配送需求。

2.准时—看板方式

准时—看板方式是实现配送供货与生产企业保持同步的一种配送方式,与日配方式和一般定时配送方式相比,这种方式更为精确和准确,配送组织过程也更加严密。其配送要与企业生产节奏同步,每天至少一次,甚至几次,以保证企业生产的不间断。这种配送方式的目的是实现供货时间恰好是用户生产之时,从而保证货物不需要在用户的仓库中停留,可直接运送至生产现场,这样与日配形式比较,连暂存这个过程也可取消,可以绝对地实现零库存。

准时—看板方式要依靠高水平的配送系统来实现。由于要求迅速反应,因而对多用户进行周密的共同配送计划是不可能的。这种形式较适合于装配型、重复生产的用户,其所需配送的货物是重复的、大量的,且变化大,因而往往是一对一的配送。

(二)定量配送

定量配送是指按照规定的数量(批量),在一个指定的时间范围内(对配送时间不严格限定)进行配送。这种配送方式配送货物的数量固定,备货较为方便、简单,可以依据托盘、集装箱及车辆的装载能力来测定配送的数量,也能够有效利用托盘、集装箱等集装方式,可做到整车配送,配送效率较高。另外,由于对配送的时间不做严格限定,因此在时间上能够将不同用户所需的货物配装成一辆整车后进行配送运输,这样能提高运力的利用率。而对于用户来讲,由于每次送达的货物数量是固定的,所以接货工作也易于组织,用户的生产和销售计划也易于与配送活动保持同步进行。不足之处在于,由于每次配送的数量保持不变,因此不够机动灵活,有时会增加用户的库存,造成库存过高或销售积压。

(三)定时定量配送

定时定量配送是按照所规定的配送时间和配送的数量来组织配送。这种形式兼具定时配送和定量配送两种形式的优点,但是对配送组织要求较高,计划难度大,不太容易做到既与用户的生产节奏保持合拍,同时又保持较高的配送效率,实际操作较为困难。一般适合于配送专业化程度高的厂商(制造商)配送中心配送。

(四)定时定线路配送

定时定线路配送是指在规定的运行线路上制定到达时间表,按照运行时间表进行配送的形式。

采用这种配送方式的用户须提前提出订货要求,并按规定的时间在规定的运行线路上接货,也可将其称作班车配送或列车时刻表配送。

这种配送方式对配送企业而言,有利于安排车辆运行及人员配备,比较适合于用户相对比较集中、用户需求较为一致的环境,并且配送的品种和数量不能太大,批量的变化也不能太大。对于用户来讲,由于配送的时间和路线固定,可以根据需要有计划地安排接货,但由于配送时间和路线不变,因而对用户的适应性较差,灵活性和机动性不强。

(五) 即时配送

即时配送是指完全按照用户提出的送货时间和送货数量,随时进行的配送组织形式。这是一种灵活性和机动性很强的应急配送方式,用户可以用即时配送来代替保险储备。但对配送的组织者来说,很难做到充分利用运力,配送成本较高。同时,由于这种配送形式完全按照用户的要求来进行,因而配送的计划性较差;对配送组织过程要求高,对配送企业的应变能力和快速反应能力要求也比较高。其优点是适合用户要求的能力强,对提高配送企业的管理水平和作业效率有利。

四、协同配送

(一) 协同配送的含义

我国国家标准《物流术语》对协同配送即共同配送的解释是"由多个企业联合组织实施的配送活动"。

协同配送是多个流通经营者在配送环节上进行合作的配送方式。这种合作方式可以互相使用对方的配送系统或者共同组建配送系统,也可以共同设立独立的配送企业。

(二) 协同配送的优势

协同配送是经过长期的发展和探索而优化出的一种配送形式,也是现代社会上影响面较大、资源配置较为合理的一种配送方式,其优势可以从两方面看:一方面,从货主(厂家、批发商和零售商)的角度来说,通过协同配送可以提高物流效率,如中小批发业者各自配送,难以满足零售商多批次、小批量的配送要求。采用协同配送,送货的一方可以实现少量物流配送,收货一方可以统一进行总验货,从而达到提高物流配送水平的目的。

日本的协同配送历史要追溯到20世纪60年代中叶,正是日本经济快速发展时期,随着物流量的扩大,"大批量运输""直达运输"这类词成为代表那个时代物流的关键词。但是,同时也出现了单程运输效率低、如何充分利用返程汽车运力以减少空驶等问题。另外,城市交通不畅有长期发展的趋势,交通法规的修订使车辆的载重能力和高度受到限制,环保的要求使汽车的尾气排放要求也越来越高,导致配送成本增加,于是出现了协同配送这种配送方式。日本当时实施的协同配送与现在实施的协同配送在思路上有些差别,只是以减少交通量、削减车辆的数量等为主要目的。进入20世纪90年代,零售业为了使供应物流实现高效率,开始向店铺开展协同配送,特别是便利店总部向连锁店共同配送等新形态的配送方式开始普及。

另一方面,从卡车运输业者的角度来说,卡车运输业内多为中小企业,不仅资金少、人力不足、组织脆弱,而且运输量少、运输效率低、使用车辆多,在独自承揽业务、物流合理化及效率上受到限制。如果实现合理化协同配送,则筹集资金、大宗货运、通过信息网络提高车辆使用效率、进行往返运货等问题均可得到解决。同时,也可以通过协同运输,扩大多批次、小批量的服务范围。

协同配送的目的在于最大限度地提高人员、物资、资金、时间等物流资源的效率(降低成本),取得最大效益(提高服务),还可以去除多余的交错运输,取得缓解交通、保护环境等社会效益。

(三)协同配送的两种类型

协同配送可以分为下述以货主为主体的协同配送和以物流业者为主体的协同配送,如表6-1所示。

表6-1 协同配送的类型与具体实例

主体		类型	
货主主体型	发货货主主体型	与客户的协同配送	
		与不同行业货主的协同配送	
		集团系统内的协同配送	
		与同行业货主的协同配送	集团协同配送
			共同出资组建公司进行协同配送
			组建合作社进行协同配送
			使用同行业增值网协同配送
	进货主主体型	以主力批发商为窗口交货的共同配送	
物流专业者主体型	公司主体型	运送业者的协同配送	
		共同出资组建新公司进行协同配送	
	合作机构主体型	运送业者组建合作机构进行协同配送	
		运送合作机构和批发合作机构组建合作开展协同配送	

1.以货主为主体的协同配送

由有配送需求的厂家、批发商、零售商以及它们组建的新公司或合作社机构作为主体进行合作,解决个别配送的效率低下等问题。这种配送又可分为发货货主主体型和进货货主主体型。

(1)发货货主主体型

与客户的协同配送,用于采购零部件或原材料的运输车辆均可参与协同配送。

不同行业货主的协同配送,不跑空车,让物流子公司与其他行业合作,装载回程货物或与其他公司合作进行往返运输。

集团系统内的协同配送,如企业集团、大资本集团、零售商集团等的协同配送。

与同行业货主的协同配送,包括集团协同配送,共同出资组建公司进行协同配送,组建合作社进行协同配送,使用同行业增值网进行协同配送。

(2)进货货主主体型

零售商以中心批发商(一级批发商)为窗口,从中间批发商(二级批发商)处统一进货再配送给物流中心或零售店。

2.以物流业者为主体的协同配送

由提供配送的物流业者,或以它们组建的新公司或合作机构为主体进行合作,克服个别配送的效率低下等问题。这一类协同配送又可分为公司主体型和合作机构主体型。

(1)公司主体型

运送业者的协同配送:向特定交货点运送货物,交货业务合作化。

共同出资组建新公司进行协同配送:本地的运送公司(特别零担货物运输业者、包租业者)共同出资组建新公司开展送货到户业务。

(2)合作机构主体型

运送业者组成合作机构开展协同配送:运送公司组成合作机构,将各成员在各自收集货物或配送货物地区所收集的货物运到收配货据点,然后统一配送。

运送合作机构和批发合作机构合作开展协同配送:共同设置收货和配货的据点,由运送公司统一承包批发商的集货和配货业务。

(四)协同配送的问题及解决办法

1. 开展协同配送的程序

(1)研究物流协同化的可能性。人们常说货主的竞争主要是销售竞争,配送应该合作,然而说起来容易做起来难,实际推行时需要投入很多精力、时间和资金。对此,必须有足够的精神准备。要协同,必须寻找物流协同化的伙伴,消除与竞争对手联合的思想抵触,特别是要得到销售部门的理解。如果公司内部的抵触情绪不能消除,则可以与不同行业的企业合作,或争取在地区组织内协同。

请求协同单位提出意见进行整理,并列出参加协同的条件(业者的地区、配送圈的密度、服务水平、配送车辆性质、配送商品特性、物流设施状况、物流系统的独立程度等),研究协同的可能性。

(2)参加的单位统一意志。如认为可以协同,各参加单位应对物流协同的有利因素予以确认,为实现协同配送统一意志。这一步非常重要,要仔细讨论,充分取得共识,统一意志,稍不慎就可能中途分手。还应确定有干劲的领导人或协调人,设立办事机构。

(3)确立物流协同化的主体。决定物流协同化的事业管理主体是由各个会社来承担,还是由合作机构来承担。如果是合作承担的话,就要决定是合作机构直接运营,还是另外成立运营公司或委托专门的物流业者。

(4)系统的设计。经过上面的几个步骤之后,则应设计物流协同化系统。应按降低成本、维持并提高服务水平、增加销售的要求设计物流协同化系统。系统应在决定内容和服务水平,决定保管、搬运、拣选、收配(集货配送)方式,决定设施、机器、车辆、人员之后再进行设计。当然也应当商物分离,遵守服务原则,将处理退货、处理传票、处理接受和发出订货、处理信息、前提条件的安排等各项原则确定下来。此外,还应当考虑到物流业中存在的问题。

(5)行政手续。如果有政府或相关机构支持,请写出计划书并上报。

(6)资金的筹措。筹措物流协同设施和设备投资资金以及办事机构的运营费用。物流效率化计划经过审查批准之后,即可借用此项共同资金。

(7)工作开始的确认。为防止初期的纠纷,物流共同设施建成后协同化开始之前,所有的参加单位要进行会商,确认已定事项。不要忘记对业务内容及各项等价报酬给予确定。

(8)运营主体开始工作。

(9)实施后的调查研究。对实施情形进行追踪,发现问题进行改进。

2. 实施过程中要注意的问题

(1)不要泄露企业机密。目前的企业仍然对与竞争对手联合存在抵触,担心交易条件或顾客名单泄露出去。应当想办法既能开展协同配送又不泄露企业机密。

(2)协同配送化主体要有好的领导人或协调人,就协同配送问题协调各方面的意见,这是一项很不简单的工作,特别是销售负责人的疑虑很难消除。因此,有魄力、有干劲的领导人或协调人是必不可缺的。最合适的人选是与销售方面没有利害关系且知识、经验丰富的物流专家。

(3)要保持服务水平。要防止交货条件、商品在途时间等服务水平的下降,防止发生纠纷,防止货物破损或污染。

(4)要有成本效益目标。实行物流协同后,如果增加成本就成问题了,整个的运行至少应在过去的成本以下实施物流的机制,或至少应能清楚地确定将来的成本效益目标。

(5)做好商品管理。因为是若干企业的库存商品都在一起,存在控制库存、订货方式、脱销等一系列不好处理的问题。因此,应预先将接收订货信息的时间、托盘、传票、代码等支持条件清楚地确定下来。

(6)搞好成本效益分配。要平等分配成本效益,无论是大企业还是中小企业均应平等对待。

(7)要阻止设施费用和管理成本的增长。在推进协同配送上应当注意以上一些问题,能否取得成功主要还是看决心和其系统化的能力。

(8)创造条件取得公司内部的理解与支持也很重要。在物流系统中存在着还需要竞争的某些方面,而在另一些方面譬如只在运输上进行合作也是可以的,这样的一些问题必须在公司内部取得共识。

总之,促成协同配送的实现存在着许多困难。这些困难只靠货主单方面努力是不可能解决的,要有厂家、运送业者和接受配送单位的强有力的支持,有时甚至还需要政府或地方公共团体的支持。

● 知 识 链 接

日本新潟产业大学的菊池康也教授对日本开展协同配送过程中出现的问题做出了分析,并对如何消除这些问题的影响,开展协同配送提出了自己的看法。

1. 日本协同配送发展的障碍

(1)有可能泄露企业的商业机密。
(2)难以进行商品管理。
(3)担心出现纠纷,担心服务水平下降。
(4)担心协同物流设施费用及其管理成本增加。
(5)担心成本收益的分配出现问题。
(6)主管人员在经营管理方面存在困难。
(7)缺乏实现协同配送的领袖人物。
(8)为建立协同配送设施和改善环境而发生的投资不易合理分配。
(9)建立协同配送系统的专家不足。

2. 如何消除障碍

从货主角度,应注意以下问题:

(1)由于大型零售业的流通变革非常激烈,在批发阶段,要求多品种一次性进货。为适应这种需求,无论如何必须开展协同配送。

(2)货主的竞争只在销售,而配送应当协同进行。实际开展时需要投入许多的人员、精力、资金和时间,这方面应有充分的精神准备。

(3)在公司内部,特别是要能够得到销售部门对协同配送的理解,应当想办法既能够开展协同配送,又不至于把顾客的名单和交易价格泄露出去。

(4)应当在同一地区寻找既有配送实力又不存在竞争的公司,即不同行业的公司联手开展协同配送。

(5)如与不同行业的公司开展协同配送,应注意选择如下对象:配送地址的分布类似,商品特征类似,保管和搬运拣选类似,系统类似,服务水平类似,处理的配送量类似。

(6)实际操作时,要切实定好接收订货信息的时间,以及托盘、货单、代码等基础条件。

(7)开展协同配送时必须注意这些问题,为取得成功,需要有信心,并使之系统化。

● **任务提示**

该企业本来空载率就过高了,为应急再买车,空载率会更高;这是送货方式不对,不是车太少了。具体做法为:制定配送时间表,确定配送时段;要求各门店和客户的销售代表在各时间段前半小时将所需商品报给配送中心;配送中心根据上报内容进行配货,并确定配送路线和车辆调度,保证较低的空载率。另外,可以考虑利用第三方物流公司进行配送,也可以考虑和其他同行业公司协同配送。

任务二
配送线路优化

● **任务布置**

一企业近期在某区新开门店6家,为更好地规划配送路线,提高车辆利用效率,配送中心经理安排小王为该6家店设计送货路线。具体各门店与配送中心距离及每家店通常要货量如图6-1所示。线路上数字为道路距离(单位:km),门店符号上数字为配送货物重量(单位:t)。配送中心有2吨位和4吨位车辆,要求单次配送里程不得超过30 km。

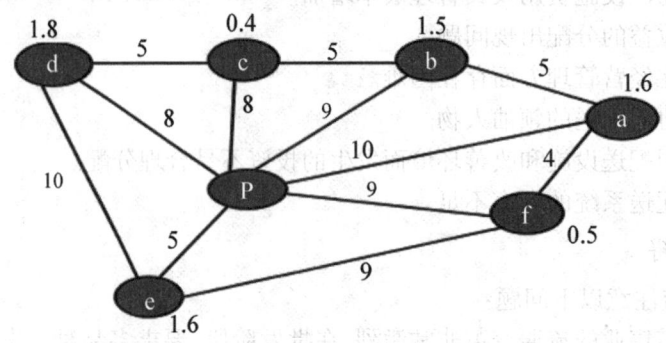

图6-1 距配送中心距离与要货量图

● 知识要点

配送路线合理与否对企业的配送速度、成本、效益有较大的影响。采用科学、合理的方法来优化配送路线,是配送方案设计的日常工作。选择配送路线的方法有许多种,要根据配送货物的数量、特征,门店的地理位置、距离、交通状况、运送成本,各门店对配送服务的时间要求等因素具体确定。

一、送货路线确定的原则

送货路线的确定是根据各门店配送的具体要求、企业配送中心的实力及客观条件来确定的。有以下多个原则可以选择:

1. 以效益最高为目标的原则

以效益最高为目标,是指以企业当前的效益为主要考虑因素,兼顾企业未来发展的长远效益。但是效益是企业整体经营活动的综合体现,建立模型时很难与配送路线之间建立函数关系,所以一般很少采用这一目标。

2. 以成本最低为目标的原则

成本和送货路线之间有直接密切的关系,尽管计算各配送路线的运送成本的模型比较复杂,但相对于效益这个综合目标而言却有所简化,相对而言更加实用。由于成本从另一个侧面体现了企业的最终效益,所以选择成本最低为目标,实际上还是选择了以效益最高为目标。

3. 以路程最短为目标的原则

一般而言,考虑运输的油耗因素,成本和路程相关性较高,所以以路程最短为目标,可以简化计算,避免引入许多不易计算的影响因素。但是,现实生活中的过路费、堵车等现象可能会影响运输的最终成本。此时单以最短路程为最优解就不合适了。

4. 以吨千米最小为目标的原则

吨千米最小在较长路线的运输时常被作为目标选择,在配送多个门店的条件下,而且能做到整车发货的情况下,选择以吨千米最小为目标可以取得令人满意的结果。由于现实配送路线的差异性和道路情况的多变性,这一目标在配送路线选择中的一般情况下是不适用的,但在采取共同配送方式时,可以吨千米最小为目标。在以下介绍的"节约里程法"的计算中所确定的配送目标就是吨千米最小。

5. 以准时性最高为目标的原则

准时性是配送中重要的服务指标,以准时性为目标确定配送路线就是要将各个门店的时间要求和路线先后到达的安排协调起来,这样有时难以顾及成本问题,甚至需要牺牲成本来满足准时性要求。当然,在这种情况下成本也不能失控,应有一定限制。而且对于企业来说,采用这个原则时必定能在某些方面给整个企业带来更大的回报。

6. 以劳动消耗最低为目标的原则

以油耗最低、司机人数最少、司机工作时间最短等劳动消耗最低为目标确定配送路线也有所应用,这主要是在特殊情况下,如供油异常紧张、油价非常高、意外事故引起人员减少、某些因素限制了配送司机人数等所要选择的目标。在此种情况下,企业可以考虑将配送活动进行外包,企业内部的配送组织工作只做任务的下发。

● 知识链接

城市配送线路优化的意义

城市配送在城市经济和居民生活中起到了重要的作用,越来越受到大家的关注(如图6-2所示)。通过优良的服务,先进的网络实现了城市配送的快速化、专业化。现今随着城市的不断发展,城市配送线路优化成为影响消费者满意度的一个重大问题。那是什么促进了配送企业对城市配送线路优化的呢?主要体现在以下两点:

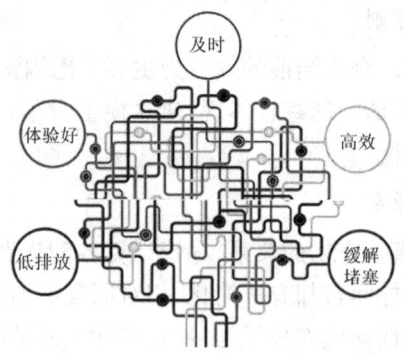

图6-2 城市配送线路优化的意义

1. 成本过高

每年,由于规划线路不佳,油耗过高,导致成本过高,利润的空间小,给很多配送公司的运作、城市配送造成了不小的压力,甚至达到了难以运作的情况。

2. 顾客满意度不高

随着城市的不断发展,车辆越来越多,城市的交通压力颇大,交通堵塞严重,道路拥挤不堪,导致不能按时让顾客收到配送公司所配送的产品,不能满足顾客对时效性的要求。

城市配送线路优化的意义体现在,一是优化城市配送线路可以减少配送时间和配送里程,提高配送效率,增加车辆的利用率,降低配送成本,加快配送速度,能及时快速地把货物送到客户手中,提高客户的满意度;二是优化城市配送线路可以提升公司的经济效益,让公司在激烈的市场竞争中立足。

二、送货路线确定的约束条件

按照配送路线确定的原则进行配送时要受到许多条件的约束,必须在满足这些约束条件的前提下取得成本最低或吨千米最小的结果。一般情况下,配送约束条件有以下几项:

1. 路线允许通行的时间限制

某些路段在一定的时间范围内不允许某种类型的车辆通行,确定配送路线时应当考虑这一因素,在允许通行的时间内进行配送。

2. 运输工具载重的限制

运输工具载重的限制是指每辆车都有额定的载重量,如果超重就会影响运输安全,所以在安排货物的配送路线时应保证同路线货物的重量不会超过所使用运输工具的载重量。

3. 配送中心的能力限制

配送中心的能力包括运输和服务两个方面。运输能力,是指提供适当的专门化车辆的能力,如温度控制、散装产品以及侧面卸货等;对于服务能力而言,它包括利用EDI编制时间表和开发票,在线装运跟踪以及储存和整合等。路线优化需在已有送货能力资源允许的范围内。

4. 自然因素的限制

自然因素主要包括气象条件、地形条件。尽管现代运输手段越来越发达,自然因素对于运输的影响已相对减少,但是自然因素仍是不可忽视的影响因素之一。

5. 其他不可抗力因素的限制

其他不可抗力因素主要指法律的颁布、灾害的发生、战争的爆发等。这些因素有时会产生很严重的后果,为了规避风险,应当对其进行充分估计并购买相应保险。

● 知识拓展

车辆超限超载运输是近几年来交通运输行业的一个"顽疾"。近年来,国家按照"政府主抓、部门联动、标本兼治、倒查责任"的要求,坚持采用联合执法、集中整治、源头治理等多种措施,充分利用信息化手段,实现全方位、无盲区监管,使货运车辆超限超载得到了有效遏制,车辆装载逐步规范、车辆泼洒明显好转。"治超"工作也进入了常态化管理。

超限超载是危害道路交通安全的"第一杀手"。近年来,国家采取一系列有效措施,坚持源头"治超",取得了积极成效,但"治超"之路仍面临诸多挑战。

超限超载的最终目的还是想多赚钱,如果企业在调度和规划的时候能够充分利用车辆的容积与载重,提高车辆的利用率,这也可以多一种方法减少超载现象。拒绝超载是一个企业对员工、对社会负责任的表现,企业应该自发去做,这样才是对企业负责的表现。

三、送货路线选择的方法

1. 经验判断法

经验判断法是指利用行车人员的经验来选择配送路线的一种主观判断方法(如图6-3所示)。一般是以司机习惯行驶路线和道路行驶规定等为基本标准,拟订出几个不同方案,通过倾听有经验的司机和送货人员的意见,或者直接由配送管理人员凭经验做出判断。这种方法的质量取决于决策者对运输车辆、客户地理位置与交通路线情况的掌握程度和决策者的分析判断能力与经验。尽管缺乏科学性,易受掌握信息的详尽程度限制,但运作方式简单、快速、方便。

2. 节约里程法

有效的配送路线实际上是在保证商品准时到达门店的前提下,尽可能地减少运输的车次和运输的总路程。在这种思想的指导下,节约里程法已成为选择配送路线的重要方法之一。

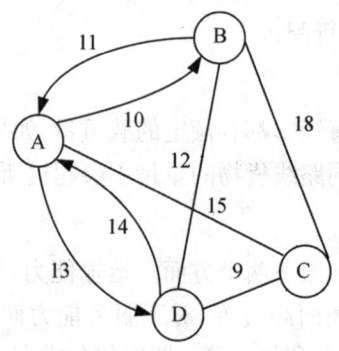

图 6-3　经验判断法

利用节约里程法确定配送路线的主要出发点是,根据配送中心的运输能力及其到各门店之间的距离和各门店之间的相对距离来制订使配送车辆总周转量达到或接近最小的配送方案。

节约里程法的基本设定包括三个条件:

(1)配送的是同一种货物。

(2)各门店的坐标及需求量均为已知。

(3)配送中心有足够的运输能力。

节约里程法的基本思路如图 6-4 所示。已知 O 点为配送中心,它分别向用户 A 和 B 送货。设 O 点到用户 A 和用户 B 的距离分别为 a 和 b,用户 A 和用户 B 之间的距离为 c。现有两种送货方案,如图 6-4(a)和图 6-4(b)所示。

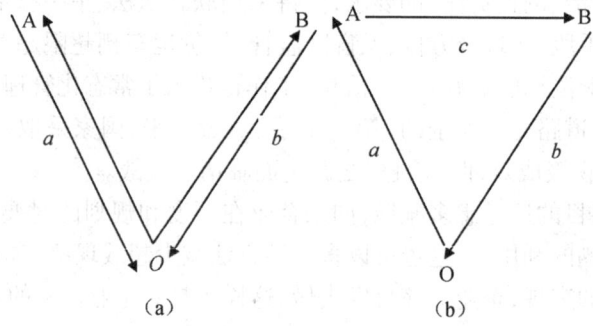

图 6-4　节约里程法的基本思路

在图 6-4(a)中,配送距离为 $2(a+b)$;图 6-4(b)中,配送距离为 $a+b+c$。对比这两个方案,哪个更合理呢?这就要看哪个配送距离最小。配送距离越小,则说明方案越合理。由图 6-4(a)中的配送距离,减去图 6-4(b)中的配送距离可得出:

$$2(a+b)-(a+b+c)=(2a+2b)-a-b-c=a+b-c \tag{6-1}$$

如果把图 6-4(b)看成一个三角形,那么 a、b、c 则是这个三角形三条边的长度。由三角形的几何性质可知,三角形中任意两条边的边长之和大于第三边的边长。因此,可以认定式(6-1)中结果是大于零的。即:

$$a+b-c>0 \tag{6-2}$$

由式(6-2)可知,图 6-4(b)方案优于图 6-4(a)方案,节约了 $(a+b-c)$ 的里程。这种分析方案的优劣式思想,就是节约里程法的基本思想。

配送中心的做法是:

首先要计算出配送中心与各分店之间的最短距离;再计算各门店相互间的"节约里程"(起始两地之间,有两条或两条以上运输路线,彼此经过比较,减少的行驶里程就是节约里程);最后按"节约里程"的大小和各门店订货量及重量,在车辆载重允许的情况下,将各可能入选的送货点连接起来,形成一条配送路线,如果一辆卡车不能满足全部送货要求,可先安排一辆,再按上述程序继续安排第二、第三或更多辆,直到全部门店连续在多条配送路线中为止。

【例】如图6-5所示,A、B、C、D、E、F、G、H为配送客户,括号内为配送货物重量,路线上的数字为道路距离(单位:km),配送中心有2吨位和4吨位两种车辆。请为配送环节设计最佳的送货路线。需要注意的是,每条路线总里程不能超过35 km。

第一步:计算配送中心与门店之间的两两距离,如表6-1所示。

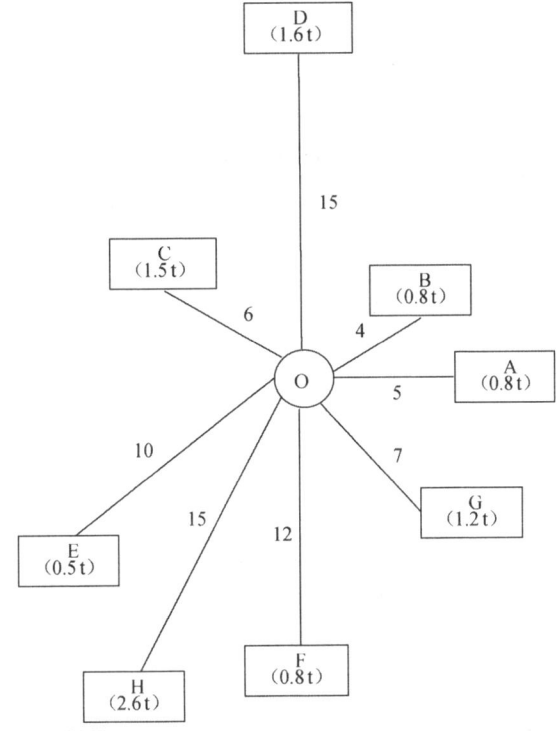

图6-5 距配送中心距离与要货量图

表6-1 配送中心与门店之间及门店两两之间的最短距离表

	O	A	B	C	D	E	F	G	H
A	5	A							
B	4	8	B						
C	6	11	9	C					
D	15	15	11	14	D				
E	10	15	14	8	22	E			
F	12	17	16	12	27	4	F		
G	7	8	11	13	22	13	9	G	
H	15	18	19	13	27	5	3	12	H

第二步:按照节约里程法,计算每个门店之间的"节约里程",如表 6-2 所示。

表 6-2 配送中心与门店之间的节约里程表

	A							
B	1	B						
C	0	1	C					
D	5	8	7	D				
E	0	0	8	3	E			
F	0	0	6	0	18	F		
G	4	0	0	0	4	10	G	
H	2	0	8	3	20	24	10	H

第三步:对节约的里程数进行排序,如表 6-3 所示。

表 6-3 节约里程排序表

序号	连接点	节约里程	序号	连接点	节约里程
1	F—H	24	10	C—F	6
2	E—H	20	11	A—D	5
3	E—F	18	12	A—G	4
4	F—G	10	13	E—G	4
5	G—H	10	14	D—E	3
6	B—D	8	15	D—H	3
7	C—E	8	16	A—H	2
8	C—H	8	17	A—B	1
9	C—D	7	18	B—C	1

第四步:形成配送路线的方案。

(1)初始方案。不进行路线规划的情况下,从配送中心分别向各个门店节点进行配送,共有 8 条送货路线,总里程 148 km,需载重 2 吨位货车 7 辆、4 吨位货车 1 辆。对于企业来说,雇佣司机以及保养车辆的负担过重。

(2)按节约里程的大小顺序连接 F—H、E—H,并将原有路线 O—H 取消,此时节约了两条配送路线,共有配送路线 6 条,总运行距离为 104 km,只需 5 辆 2 吨位货车和 1 辆 4 吨位货车。形成的路线 1 载重 3.9 吨,运行距离 30 km,未超过限制,如图 6-6 所示。

(3)按节约里程大小,继续连接新的点在路线 1 中,按照节约里程的大小顺序应该将 G 点放入路线 1 中,则单辆车载重量将超过最大载重量的限制。因此,送货路线 1 不再增加新的点。考虑构造第二条路线,连接 B—D,其装载重量为 2.4 t,运行距离为 30 km。此时,共有配送线路 5 条,总里程 96 km,需载重 2 吨位货车 3 辆、4 吨位货车 2 辆,此时又节约了 1 辆车,如图 6-7 所示。

项目六 配送中心配送组织管理

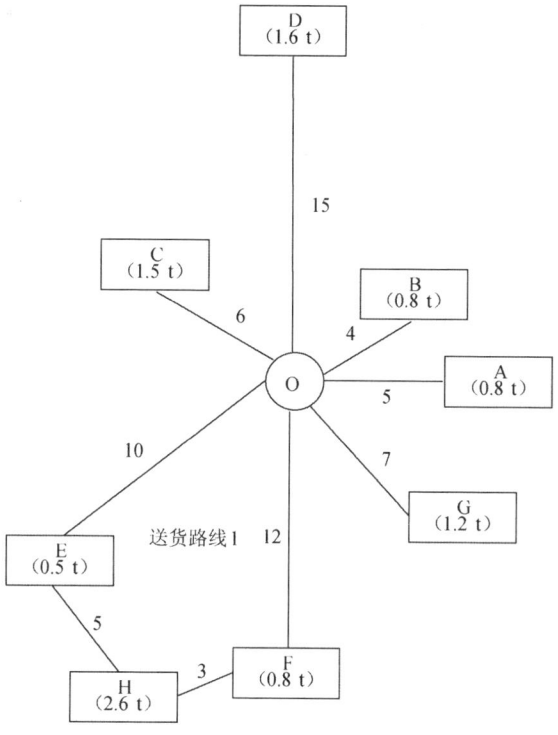

图 6-6 第一次规划图

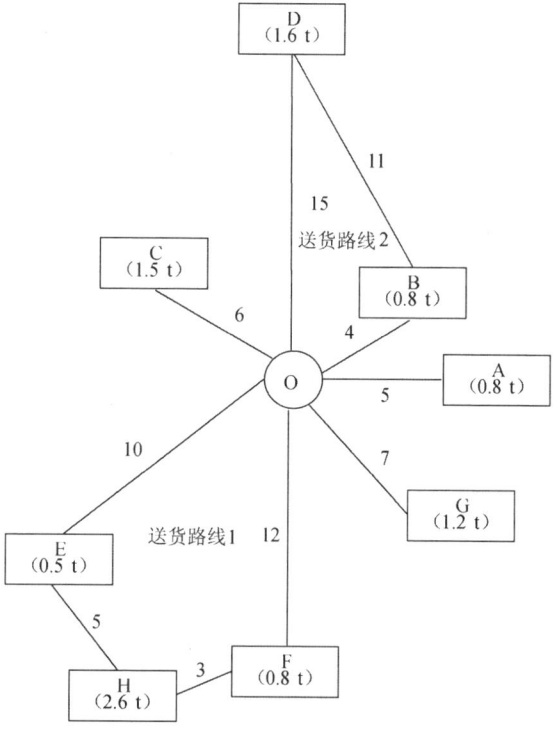

图 6-7 第二次规划图

(4)按照节约里程表的顺序,应该把门店 C 放进去路线 1,由于路线 1 中的车辆要受到载重量的限制,所以 C 不能放入路线 1。考虑连接 C—D,将 C 放入路线 2 中,同时取消路线 O—D。此时,送货路线共有 4 条,路线 2 的载重量为 3.9 t,运行距离为 35 km,总运行距离为 89 km,需载重 2 吨位货车 2 辆、4 吨位货车 2 辆,如图 6-8 所示。

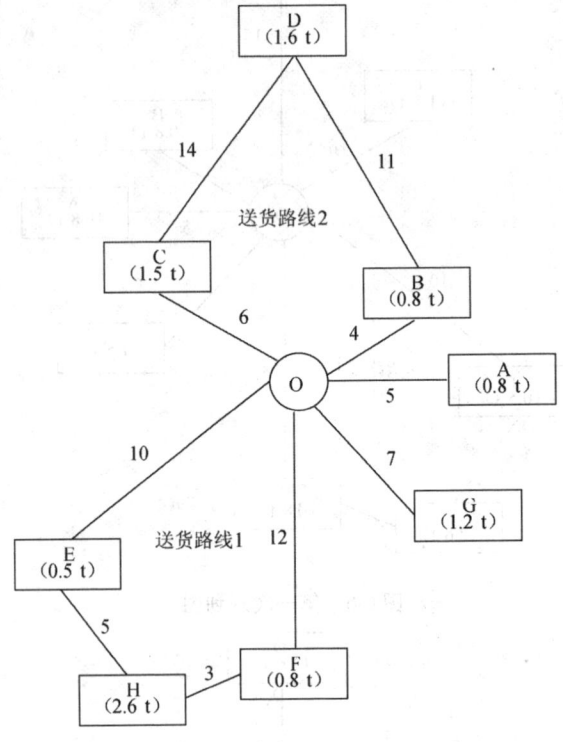

图 6-8 第三次规划图

(5)按节约里程顺序,接下来应该连接 C—F,但是这两个点已进入送货路线中。再接下来是 A—D 到路线 2,但受到最大载重量及最长距离的限制,此路线不能再扩充。考虑按顺序连接路线 3,路线 3 的载重量 2 t,运行距离为 20 km。

第五步:形成最终方案。最终方案中共有 3 条送货路线,总行程 85 km,需载重 2 吨位货车 1 辆、4 吨位货车 2 辆,如图 6-9 所示。送货路线分别为:

路线 1:O—E—H—F—O,需 1 辆 4 吨位货车。

路线 2:O—B—D—C—O,需 1 辆 4 吨位货车。

路线 3:O—A—G—O,需 1 辆 2 吨位货车。

项目六 配送中心配送组织管理

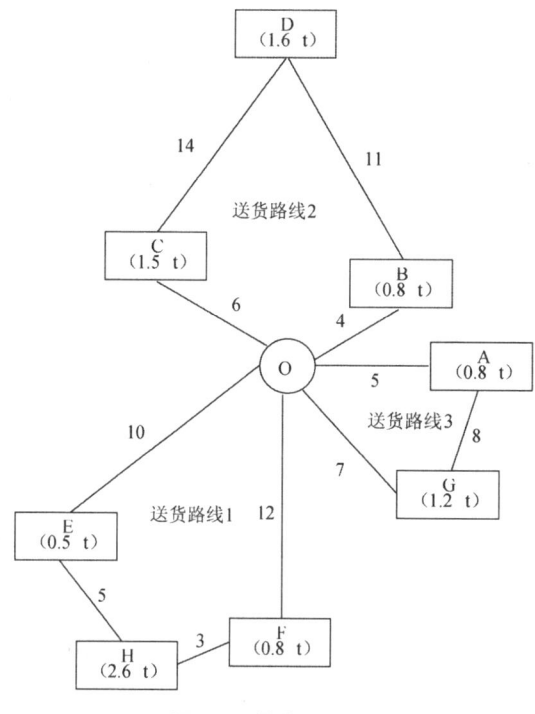

图 6-9 最终规划图

● 练习

小王所在企业配送中心 P_0 向 5 个门店 A、B、C、D、E 配送货物,配送中心与门店的距离以及门店之间的距离如表 6-4 所示,配送中心有 2 吨位卡车和 4 吨位卡车两种车辆可供使用,且汽车一次巡回行驶的里程不超过 30 km,小王应如何为此配送中心制订最优的送货路线?

表 6-4 配送中心及门店间距离

	需求量	P_0					
A	1.5	8	A				
B	3	3	8	B			
C	0.5	10	17	9	C		
D	1	8	15	11	7	D	
E	2	7	9	10	13	6	E

任务三
车辆配载

● 任务布置

配送中心应门店需求,临时增加配送商品,需要在 2018 年 2 月 16 日为两个门店补送商品,配送商品的名称、规格、数量及时间要求如表6-5所示。配送中心有2吨位和4吨位的卡车,假设两家店配送商品可以装载在一辆车上。小刘要帮助配装组一同完成车辆配载,并在配载过程中注意使用堆码方式和稳垛技术,特别是遵循一定的配装原则,既要满足客户的时间要求,又要使配送成本最低。

表6-5 配送商品情况一览表

门店	需求商品情况					需求时间
	品名	规格	数量	毛重	总重	
A	龙井茶叶	500 g/袋	5箱	11 kg/箱	55 kg	2月16日上午11点前
	光明牛奶	250 g/袋	10箱	8.5 kg/箱	85 kg	
	可口可乐	1.25 kg/瓶	50箱	8.5 kg/箱	425 kg	
	雪碧	1.25 kg/瓶	50箱	8.5 kg/箱	425 kg	
B	喜多毛巾	70×40 cm	20箱	10.5 kg/箱	210 kg	2月16日上午12点前
	可口可乐	1.25 kg/瓶	80箱	8.5 kg/瓶	680 kg	
	光明牛奶	250 g/袋	10箱	8.5 kg/袋	850 kg	
	雪碧	1.25 kg/瓶	80箱	8.5 kg/箱	680 kg	

● 知识要点

当配送的路线规划、确定好后,配送中心向各门店送货的顺序也就确定下来了。此时配送中心就要结合门店送货的先后顺序,同时考虑配送货物的种类、性质以及对配送车辆的特殊要求等条件,对车辆进行配载操作。在此操作中,需要尽量保证货物的质量和数量,同时合理规划、利用车辆的容积和载重,以充分发挥运能,节省运力,降低企业的配送费用。

一、车辆配载技术

随着社会的发展,目前配送中心在向门店送货时,不再局限于将货物简单地放入车辆中,而需要引入一些标准化的操作模块——托盘来提高整个配送中心的运转速度。

托盘是用于集装、堆放、搬运和运输,放置单元负荷的货物和制品的水平平台装置。托盘的规格与形式非常多,但连锁企业配送中心常用的托盘,按材质来分主要为木托盘和塑料托盘两类,按外表类型来分主要为平托盘和箱式托盘。为了实现托盘标准化,发挥托盘在物流配送中的作用,我国于2008年推出的GB/T 2934—2007将托盘的标准化规格统一为两种,分别为1 200 mm×1 000 mm和1 100 mm×1 100 mm。

目前,货物在托盘上的堆码方式主要为重叠式(重叠码垛)和纵横交错式(骑缝垛),见图6-10。重叠式堆码适用于板形货物和箱形货物,货垛看起来整齐牢固,而纵横交错式堆码适用于长形材料的堆码,可以增强货垛的稳定性。

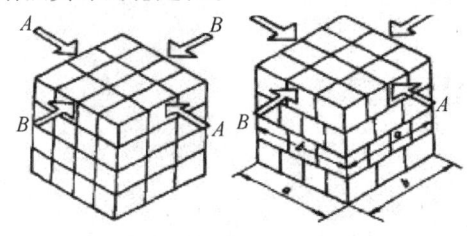

图6-10 货物堆码方式

货品放置于托盘上后,为了保证托盘最终在车辆配载中不发生散垛的情况,需要对托盘上堆码的货品进行稳垛处理。目前连锁行业中主要使用以下几种稳垛方式:

1. 捆扎

用绳索、打包带等对托盘货体进行捆扎,以保证货体的稳固。捆扎通常有水平捆扎、垂直捆扎、对角捆扎等方式。这种方式主要应用于圆柱形的物体,像超市中大型液体散装货品在运输中宜采用此种稳垛方法,如图6-11所示。

图6-11 捆扎方式

2. 中间夹摩擦材料

将摩擦系数大且具有防滑性的纸板、麻包片、泡沫塑料等夹入货物层间,防止水平移动或受冲击时托盘货物各层之间的移位。此种方式比较易操作,但是对于企业来说,作业环节增加了一步,也增加了一定的成本,如图6-12所示。

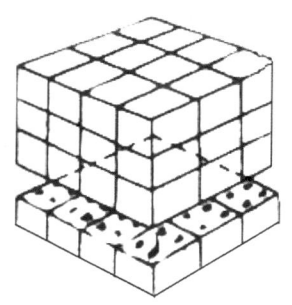

图6-12 中间夹摩擦材料方式

3. 胶带粘捆

托盘货体用单面不干胶包装带粘捆,即使胶带部分损坏,由于全部贴于货物表面,也不会出现散捆。但是在将货物送至门店进行拆垛时,可能会损坏货品的外包装,对于在门店内主要使用销售包装进行出售的产品比较适合,不太适合只有一种包装的产品,如图6-13所示。

图6-13 胶带粘捆方式

4. 收缩薄膜

将热缩塑料薄膜置于托盘货体之上,然后进行热缩处理,塑料薄膜收缩后,便将托盘货体紧箍成一体。此种稳固方式稳定性较高,但是需要采够专用的薄膜和专用的机械,对于企业来说运营成本较高,如图6-14所示。

图6-14 收缩包装方式

5. 拉伸薄膜

用拉伸塑料薄膜将货体缠绕并捆扎,拉伸薄膜外力撤除后收缩固紧托盘货体。这是目前连锁企业配送中心使用最多的一种稳垛方式。其既可利用机器,又可利用人力,对于企业来说投入的成本比较小。

二、车辆配装的原则

车辆合理配装是充分利用运输车辆容积、载重量和降低物流成本的重要手段。合理的配装能够大大提升车辆的利用率。图6-15所示为合理配装示意图。目前,各配送中心普遍推行混装或同装的送货方式,主要使用的配装原则如下。

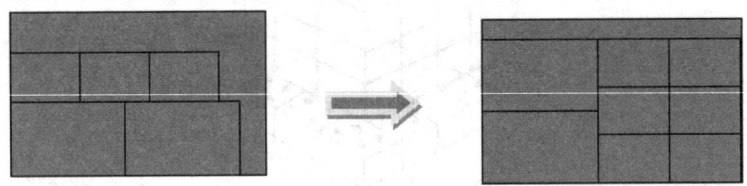

图6-15 合理配装示意图

1. 轻重搭配的原则

这是车辆配装最一般的原则。在配装过程中需要提前查看商品的性质,将重货置于底部,轻货置于上部,防止运输途中出现货物倾翻的现象。同时要注意到达同一地点的适合配装的货物应尽可能一次性积载,而且要注意先送后装。

2. 大小搭配的原则

如果配载的商品由于要货量小,不能采用托盘装载,那么在配载过程中要注意商品的包装,进行大小搭配,以减少内部空隙,确保稳固,同时有利于充分利用车厢的内容积。

3. 货物性质搭配原则

配载过程中要注意商品的化学性质、物理属性、灭火方法不能互相抵触。

4. 堆码摆放合理原则

根据车厢的尺寸、容积和货物外包装的尺寸来确定合理的堆码层次及方法。装载易滚动的卷状、桶状货物，要垂直摆放。货与货之间、货与车辆之间应留有空隙并适当衬垫，装载时不超载，如图6-16所示。

图6-16　货物衬垫图

5. 装载安全稳固原则

装货完毕，应在门端处采取适当的稳固措施，以防开门卸货时货物倾倒砸伤人员或造成货损，如图6-17所示。

图6-17　封门示意图

● 知识链接

"装箱大师"的应用

"装箱大师"，英文名称为Load Master，其编制过程中能够利用丰富而符合实际需求的装载规则来确保货物能够以合适的方式装入车厢或集装箱等容器中。

1. 货物方向设置

"装箱大师"可模拟六种摆放方式将货物放入车厢中，支持"立放优先"。

2. 最大堆码层数

"装箱大师"可根据货物的性质，设置在垂直方向上车辆能够堆放的最大层数。

3. 承重能力设置

不同的货物的承重能力各不相同,在软件中设置合理的承重能力可以避免因摆放在上层的货物过重而造成下层的货物损坏。

4. 悬空处理

实际装箱工作中,通常并不严格要求上层货物完全被下层货物支撑,未被支撑部分即为悬空。"装箱大师"可设置悬空比例符合实际装箱工作的需求,也可更充分利用容器空间。

5. 模拟缝隙

若货物为易碎品,需要填充缓冲器材,或在承重条件下易变形,或需要添加木板等加固件,则要在设计装箱方案时预留空隙。

6. 设置优先级

设置优先级即设置货物的装载优先级和顺序。为多个门店送货时,该功能可实现某些货物先装后卸,并确保某种货物不会被落下。

三、车辆积载的操作

车辆积载是在具体装车时,为充分利用车厢载重量、容积而采用的方法。一般是根据所配送货物的性质和包装来确定堆积的行、列、层数及码放的规律。为了提高车辆积载的效率,需要研究各类车厢的装载标准,根据不同货物和不同包装体积的要求,合理安排装载顺序,努力提高装载技术和操作水平,力求装足车辆核定吨位。同时要根据订单中各门店所需要的货物品种和数量,调派适合的车型承运,这就要求配送中心根据经营商品的特性,配备合适的车型结构。在积载过程中,凡是可以拼装运输的,尽可能拼装运输,但要注意防止差错。

【例】配送中心某次需运输水泥和玻璃两种货物,水泥的质量体积为 $0.9 \ \text{m}^3/\text{t}$,玻璃的质量体积是 $1.6 \ \text{m}^3/\text{t}$,计划使用的车辆的载重量($W$)为 11 t,车箱容积($V$)为 15 m^3。试问如何装载才能使车辆的载重能力和车箱容积都被充分利用?

车辆的载重能力和车箱容积都被充分利用,即提高吨位利用率的具体方法如下:

$$W_A + W_B = W$$
$$W_A \times R_A + W_B \times R_B = V$$

其中,两种货物的积载重量为 W_A、W_B,单箱体积分别为 R_A、R_B。

则 $$W_A = \frac{V - W \times R_B}{R_A - R_B} \qquad W_B = \frac{V - W \times R_A}{R_B - R_A}$$

设水泥的载重量为 W_A,玻璃的载重量为 W_B。

其中:$V = 15 \ \text{m}^3, W = 11 \ \text{t}, R_A = 0.9 \ \text{m}^3/\text{t}, R_B = 1.6 \ \text{m}^3/\text{t}$

$$W_A = \frac{V - W \times R_B}{R_A - R_B} = \frac{15 - 11 \times 1.6}{0.9 - 1.6} \approx 3.71 \ \text{t}$$

$$W_B = \frac{V - W \times R_A}{R_B - R_A} = \frac{15 - 11 \times 0.9}{1.6 - 0.9} \approx 7.29 \ \text{t}$$

所以,此次配载应装载 3.71 t 水泥、7.29 t 玻璃。

【练习】计算最佳配装方案

需配送两种货物,A 类货物容重为 10 kg/m³,A 类货物单件体积为 2 m³/件;B 类货物容重 7 kg/m³,B 类货物单件体积为 3 m³/件;车辆载重量为 103 kg,车最大容积为 13 m³,计算最佳配装方案。

● 任务提示

为了完成此任务,需要从以下几个方面入手:

1. 整理产品信息

从最终客户的订单中总结客户需求商品的名称、规格、数量、储存要求等信息。

2. 配送路线规划

总结各需求客户的所在位置,形成本配送中心与客户之间的地理关系图,根据商品需求量进行基本路线规划,确定配送的顺序;同时根据配送商品的性质,确定配送的批次;结合客户所在的位置和需求的情况,共同协商确定配送的时间。

3. 形成车辆配载图

根据产品的信息、确定的配送路线,结合企业营运车辆的情况确定每条路线上的营运车辆,并设计车上产品的摆放顺序,绘制车辆配载图。

4. 形成最终配送方案

按"四最"的标准形成最终方案,"四最"是指配送路线最短、所用车辆最少、作业总成本最低、服务水平最高。

任务四
配送计划与调度

● 任务布置

小刘工作一段时间之后,企业所在城市的各连锁企业竞争激烈,加之电子商务的冲击,企业,迫于竞争压力为了能够争取到更多的市场份额,开始开发新的业务。各门店也要求配送中心改变传统业务流程,提供重新包装、小批量、多批次、粘贴条码、快速送货、降低库存等更多可能的增值服务。小刘经过这一阶段的锻炼之后,希望在合理安排配送路线与均衡车辆配载的基础上,为企业重新制订一份合格的配送作业方案,既能满足各门店对配送的时间要求,又能使配送中心的配送成本最低。为了能制订出合格的配送方案,他需要掌握哪些内容呢?

● 知识要点

送货作业的进行需要与自身拥有的资源、运作能力相匹配,由于企业自身的能力和资源有一定限制,门店的需求存在多变性、多样性和复杂性。因此,制订合理的配送计划,并调度、安排、实施配送计划,是送货管理人员主要的工作内容。

送货作业部门需要预先对送货任务进行估计并实时调度,对运送的货物种类、数量、去向、配送线路、车辆种类及载重、车辆班次、送货人员做出合理的计划和安排。

一、配送计划制订的主要依据

1. 客户订单

一般客户订单对配送商品的品种、规格、数量、送货时间、送达地点、收获方式等都有要求。因此,客户订单是拟订配送计划的最基本依据。

2. 客户分布、运输路线、距离

客户分布是指客户的地理位置分布。客户位置离配送据点的距离远近、客户收货地点的路径选择等都直接影响到配送成本。

3. 配送货物的特性

配送货物的体积、形状、重量、性能、运输要求等特性是决定运输方式、车辆种类、载重、容积、装卸设备的重要因素。

4. 运输、装卸条件

运输道路交通状况、运送地点及其作业地理环境、装卸货时间、天气等对配送作业的效率也起相当大的约束作用。

二、配送计划的主要内容

配送作业计划是按日期排定用户所需商品的品种、规格、数量、送达时间、送达地点、送货车辆和人员等的安排规划。

配送作业计划首先对客户所在地的具体位置做系统统计,并做区域上的整体规划,再将每一客户包括在不同的基本送货区域中,以作为配送决策的基本参考。在区域划分的基础上再做弹性调整,根据客户订单的送货时间要求确定送货的先后次序。

最终形成的配送作业计划包括两部分:一份一定时期内综合配送作业计划表(见表6-6);另一份是依综合配送作业计划制定的每一车次的单车作业计划表(单)(见表6-7),该表(单)交给送货驾驶员执行,执行完毕后交回。

表6-6 综合配送作业计划表

日期	配送作业任务					车公里	吨公里	效率指标	标记吨位	日行程	实载率	运量	计划完成率
	起点	讫点	送货距离	送货次数	货物名称								

表 6-7　单车配送作业计划表(单)

年　月　日

发货单位						
车号及车型						
送货点						
运行周期		发车时间		预计返回时间		
车辆运行动态		到达时间	到达地点	离开时间	货物情况	收货人签字
	第一站					
	第二站					
	第三站					
备注						
驾驶员签名				调度员签名		

三、配送计划的调整

由于配送作业过程情况复杂,在配送计划执行过程中,难免发生偏离计划要求的情况,而且涉及面较广。因此,必须进行详尽分析与系统检查,才能分清缘由,采取有效措施消除干扰计划执行的不利因素,保证计划的实施。一般干扰配送计划执行的影响因素主要包括下列各项:

(1)临时变更送货路线或交货地点。

(2)装卸工作出现的意外。如装卸机械故障、装卸停歇时间超过定额、办理业务手续意外拖延等。

(3)车辆运行或装卸效率提高,提前完成作业计划。

(4)车辆运输途中出现技术故障导致的送货作业计划变更。

(5)行车人员工作意外情况的影响,例如无故缺勤、私自变更计划、不按规定时间收发车以及违章驾驶造成技术故障和行车肇事等。

(6)道路情况变故所带来的影响,如临时性桥断路阻、路桥施工、渡口停渡或待渡时间过长等。

(7)气候情况影响,如突然降雪、起大雾、河流涨水、冰冻等意外发生。

为防止上述因素对配送作业计划的影响,除需积极进行预报、预测之外,必须采取一定措施及时补救与调整。在配送作业过程中,驾驶员如遇到各种障碍,应及时上报,以便管理人员及时调整变更计划。一旦作业计划被打乱,不能按原计划完成,计划人员应迅速做出变更和调整,并协调相关人员采取适当措施,保证计划的顺利进行。

四、配送方案的主要内容

一份完整的配送方案主要包括以下内容:配送地点及数量,所需配送车辆的数量,运输路线,各环节的操作要求,时间范围的确定,与客户作业层面的衔接,达到最佳化目标。

1. 配送地点、数量与配送任务

在配送作业中，地点、数量与配送服务水平有密切关系。地点是指配送的起点和终点。由于每一个地点配送量不同，周边环境和自有资源也有差异，应有针对性地综合考虑车辆数量、配送地点的特征、距离、线路，将配送任务合理分配，并且逐步摸索规律，使配送业务达到配送路线最短、所用车辆最少、总成本最低、服务水平最高。

如何选择配送距离短、配送成本低的线路，需要根据客户的具体位置、沿途的交通情况等做出选择和判断。除此之外，还必须考虑有些客户或其所在地点环境对送货时间、车型等方面的特殊要求。例如，大多数门店希望在非营业时间收货，而最终消费者为了不影响工作，则希望在晚上或周六、周日收货，同时现在城市里交通限制较多，有些道路在某些高峰时段实行特别的交通管制等。

2. 决定配送批次和配送先后顺序

当配送中心的货品性质差异很大，有必要分开配送时，就要根据每份订单的货品特性做优先级的划分。例如生鲜食品与一般食品的运送工具不同，需要分开配送，化学品与日常用品的配送条件有差异，也要分开配送。这时，可能对于门店来说，不同的产品就会在不同的配送时间内送达。因此，确定配送批次、顺序应与实际配送路线优化综合起来考虑。

● **知识拓展**

7-11 的配送

在7-11，为了保证食品的新鲜度，不同食品对配送时间和频率会有不同要求。对于有特殊要求的食品，如冰淇淋，7-11会绕过配送中心，由配送车早、中、晚三次直接从生产商门口拉到各个店铺。对于一般的商品，7-11实行的是一日三次的配送制度，早上3点到7点配送前一天晚上生产的一般食品，早上8点到11点配送前一天晚上生产的特殊食品，如牛奶、新鲜蔬菜等，下午3点到6点配送当天上午生产的食品，这样一日三次的配送频率在保证了商店不缺货的同时也保证了食品的新鲜度。为了确保各店铺供货的万无一失，配送中心还有一个特别配送制度与一日三次的配送相搭配。每个店铺都会随时碰到一些特殊情况造成缺货，这时只能向配送中心打电话告急，配送中心则会用安全库存对店铺紧急配送，如果安全库存也已告急，中心就转而向供应商紧急要货，并且在第一时间送到缺货的店铺手中。

（资料来源：根据相关资料整理）

3. 确定配送车辆数量

配送中心如果拥有大量的车辆，可以将自己的配送路线进行细化，同时进行多条线路的配送，提高配送的效率，提高服务顾客水平。但是如果配送车辆过多，在业务淡季就有可能出现车辆闲置，同时车辆的养护费用也会非常大，增加了企业的负担。所以企业需要在提高客户服务水平与减轻企业负担之间进行权衡，确定合适的车辆数量。

4. 合理搭配车辆

制订配送方案时，需要根据配送产品的类型、数量选择合适的配送车辆。同时，如果企业经营业务需要区分淡、旺季,可能企业还要安排一定量的外雇车来进行配送。在车辆安排上,调度人员要熟悉不同类型车辆的积载量和载重量限制,根据成本计算来考虑是选用外雇车辆进行配送,还是利用自有车辆多次巡回配送。

5. 确定车辆装载方式

除确定客户的配送顺序外,还要考虑以何种方式及顺序来装车,即使是同一客户同一辆车进行配送,也需要考虑货品装载的顺序,防止卸车时出现问题。装车时,需要考虑货物的性质(如怕漏、怕撞、怕湿等)、形状、容积及重量来做最合适的安排,在安排中最好绘制出详细的车辆配载图。

6. 确定配货作业指标

很多配送中心利用分拣配货率来衡量配货作业的效率。分拣配货率是指从库存的货物种类中分拣出的货物种类占全部库存货物种类的比重。计算公式为:

$$PHD = PI / ZI$$

式中:ZI——库存种类数;

PI——分拣种类数;

PHD——分拣配货率。

分拣配货率越高,说明分拣配货效率越好。在配送中心,影响配货人员配货效率的因素很多,主要包括配送中心单位时间内处理订单的件数和处理货物品种数;每天门店对配送中心要求的发货品种数;配送中心接到的每个订单的品种数;每个订单的作业量与配货人员的数量;配送中心内作业场地的宽度及允许作业的时间等。

7. 控制车辆最长行驶里程

一般而言,考虑配送完毕之后的返程路途、车辆的油耗、司机的精力等方面情况,需要对每辆车的最长行驶里程做出控制,一方面避免出现成本过高,另一方面避免出现交通意外。

8. 时间范围的确定

应在配送前与客户协商好送货时间。如果配送客户是连锁企业,应与门店商议,尽量选择夜间配送、凌晨配送或假日配送等方式。

9. 与客户作业层面的衔接

配送方案的制订应该与门店的收货方面进行沟通,做好衔接安排,比如现在很多情况下配送中心喜欢使用托盘承载货物,再利用叉车进行装车配送,这样可以大大提高装车效率,但是如果采用这种方式,配送中心相关人员就需要确认门店是否有接货的月台以及相关的操作设备等。

10. 达到最佳化目标

配送的最佳化目标是指按"四最"的标准,在客户指定的时间内按客户需求准确无误地将货物送达指定地点。

五、车辆调度

(一)车辆调度的作用及特点

车辆在运输网络中是分散流动的,只有建立车辆调度部门,进行统一领导、统一指挥,才能灵活、及时地处理问题。

1. 车辆调度的作用

(1)保证配送任务按期完成。车辆调度能够根据企业所属的情况,统筹全局考虑接到的订单情况,提前做好订单实施的准备,对配送任务所需的人、财、物做好安排,从而有力地保证配送任务按期完成。

(2)及时了解配送任务的执行情况。调度工作覆盖了接收订单、订单实施、运输过程、运输反馈这几个部分,可以说覆盖了配送任务的整个过程。对于企业的相关人员,可以通过调度时刻了解配送任务的执行情况。

(3)促进配送及相关作业的有序进行。为了合理地完成车辆的调度工作,调度人员必须提前准备好各种资源,做好工作计划,并不断监督。在这种情况下,配送等有关作业可以按照调度的计划按部就班地实施下去。

(4)实现最小的运力投入。调度工作实施时,需要合理配置车辆、货物、驾驶员等资源,从企业的角度努力降低消耗(人力、物力消耗及资金占用等),这种情况下最有可能实现最小的运力投入。

2. 车辆调度的特点

一般车辆调度具有以下四个方面的特点:

(1)计划性。计划性是调度工作的基础和依据。事先划分好配送区域,配送车辆按照已经划分好的区域、路线执行每日的配送工作。

(2)机动性。必须加强运输信息的反馈,及时了解运输状况,机动灵活地处理各种问题,准确、及时地发布调度命令,保证运输计划的完成。当遇到门店要货量不均或要货属性(体积、重量等)差异大等情况时,对原来划分好的相邻区域可以进行微调。

(3)预防性。运输过程中的影响因素多,情况变化快,因此,调度人员应对生产中可能产生的问题早有预见。这包括两个方面:一是采取预防措施,消除影响配送的不良因素,如车辆的定期检查与保养等;二是事先准备,制定有效的应急措施。当发生个别车辆故障或其他突发事件时,应有备用车辆替补完成当日的配送任务或工作。

(4)及时性。调度工作的时间尤其重要,无论是工时的利用、配送环节的衔接,还是装卸效率的提高、运输时间的缩短,无不体现了时间的观念。因此,调度部门发现问题要迅速,反馈信息要及时,解决问题要果断。

(二)车辆调度的工作内容

1. 编制配送车辆运行作业计划

这些计划包括配送方案、配送计划、车辆运行计划总表、分日配送计划表、单车运行作业计划等。根据掌握的用车时间、等车地点、乘车人单位和姓名、乘车人数、行车路线等情况,做出计划安排,并将执行任务的司机姓名、车号、出车地点等在调度办公室公布或口头通知司机本人。车辆调度工作还要做好用车预约,调度对每日用车要心中有数,做好预约登记工作。

2. 现场调度

根据货物分日配送计划、车辆运行作业计划和车辆动态分派配送任务,即按计划调派车辆,签发行车路单;勘查配载作业现场,做好装卸车准备;督促驾驶员按时出车;督促车辆按计划送修进保。对未能安排上车辆或变更出车时间的人员,要及时说明情况,以减少误会或造成延误。

3. 随时掌握车辆运行信息,进行有效监督

如发现问题,应积极采取措施,及时解决和消除,尽量减少配送生产中断时间,使车辆按计划正常运行。

4. 检查计划执行情况

检查配送计划和车辆运行作业计划的执行情况。

(三)车辆调度的基本原则

在完成配送任务的过程中常常会遇到一些难以预料的问题,因此,调度管理人员需要随时掌握车况、路况、气候变化、驾驶员状况、行车安全等情况,以确保送货作业过程的顺利进行。车辆调度实施过程中需要遵循以下原则:

1. "先重点、后一般"原则

从全局出发,保证重点,统筹兼顾,作业应贯彻"先重点、后一般"原则。

2. "安全第一、质量第一"原则

送货作业运行调度工作要始终把运行安全和质量控制放在首要位置。

3. 计划性原则

调度工作要根据客户订单要求并以运行计划为依据,监督和检查计划的执行情况,按计划进行送货作业。

4. 合理性原则。

要根据货物性能、体积、重量、车辆技术状况、道路通行条件、气候变化等因素合理调度车辆,合理安排车辆的运行线路,有效降低运输成本。

(四)车辆调度的方法

车辆调度的方法有多种,可根据各门店所需货物、配送中心站点及交通线路的布局而选用不同的方法。简单的运输可采用定向专车运行调度法、循环调度法、交叉调度法等。如果配送运输任务量大,交通网络复杂,为合理调度车辆的运行,可运用运筹学中线性规划的方法,如最短路线法、表上作业法、图上作业法等。

目前有很多成型的物流车辆调度系统,运用合理的车辆调度方法,可以实现最短的运行路线、最低运费或最高行程利用率等优化目标。在缺乏软件的情况下,实际运作中常常采用两种车辆调度的方法,即经验调度法和运输定额比法。

配送作业

【例1】某配送中心某日需运输虾 580 t、螃蟹 400 t 和不定量的鱼。该中心有大型车 20 辆、中型车 20 辆、小型车 30 辆,各种车每日只运输一种货物。三种车型的运输定额如表 6-8 所示。该中心应当如何调度车辆?

表 6-8　三种车型的运输定额表

车辆种类	运虾	运螃蟹	运鱼
大型车辆	20	17	14
中型车辆	18	15	12
小型车辆	16	13	10

1. 经验调度法

根据经验调度法,车辆安排的顺序为大型车辆、中型车辆、小型车辆,货载安排的顺序为虾、螃蟹、鱼。派车方案如表 6-9 所示,共完成货运量 1 080 t。

表 6-9　经验调度法派车

车辆种类	运虾车辆数	运螃蟹车辆数	运鱼车辆数	合计
大型车辆	20	—	—	20
中型车辆	10	10	—	20
小型车辆	—	20	10	30
货运量(t)	580	400	100	1 080

2. 运输定额比法

对于以上车辆的运输能力,可以按表 6-10 计算每种车辆运输不同货物的定额比,小于 1 的定额比忽略不计。

表 6-10　定额比表

车辆种类	运虾/运螃蟹	运螃蟹/运鱼	运虾/运鱼
大型车辆	1.18	1.21	1.44
中型车辆	1.2	1.25	1.5
小型车辆	1.23	1.3	1.6

在表中 6-10 中,小型车辆运虾/运鱼时计算所得的定额比最高,因而应优先安排小型车辆运输虾,其次中型车辆运输螃蟹,剩余的货物由大型车辆完成,共完成货运量 1 106 t,如表 6-11 所示。

表 6-11　最终车辆调度表

车辆种类	运虾车辆数	运螃蟹车辆数	运鱼车辆数	合计
大型车辆	5	6	9	20
中型车辆	—	20	—	20
小型车辆	30	—	—	30
货运量(t)	580	402	126	1 106

● 任务提示

为了完成本任务,我们应该从以下几个方面学习:

1. 在实际配装中,要根据商品特点合理使用重叠式和纵横交错式堆码方式,掌握其适用商品特征。

2. 掌握稳垛技术,为配送商品选择稳垛方法。拉伸薄膜法经济实惠,适用范围广,特别适合饮料的捆扎。

3. 用同一辆车配送商品要进行合理配装,遵循配装原则。本任务遵循轻重搭配,商品的化学性质、物理属性、灭火方法不能互相抵触,以及先送后装等原则。

● 练习

企业配送中心及新开3家门店位置关系如图6-18所示,企业有2吨位及4吨位卡车若干辆,需要完成以下两个任务。

1. 3家门店每次配送的商品数量基本固定,A店每次配送商品在2.5 t左右,B、C店配送商品在1.5 t左右,请根据路线图制订送货路线。

2. 表6-12所示为卡车及配送商品的重量及体积。请进行卡车积载操作,确定2吨位卡车配载的矿泉水和茶叶的最佳数量组合。

表6-12　卡车及配送商品的重量、体积表

名称	长	宽	高	载重/重量
货车箱	3.75 m(有效装箱长度)	2.4 m	2.4 m	$W = 2$ t
货车箱	7.5 m(有效装箱长度)	2.4 m	2.4 m	$W = 4$ t
矿泉水	0.4 m	0.3 m	0.5 m	18 kg/箱
茶叶	0.8 m	0.5 m	0.6 m	16 kg/箱

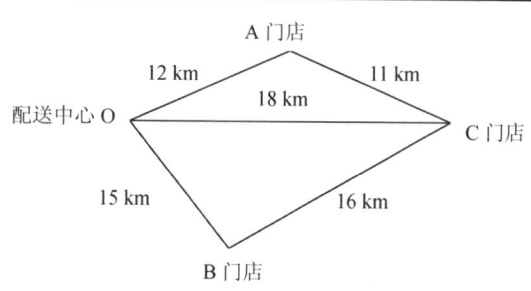

图6-18　门店位置关系图

● 项目实训

车辆配载

1. 实训目标

能够根据客户的要求,综合考虑货物的长宽高尺寸、特殊的装载要求(如立放、叠置)限制等及货车车厢长宽高尺寸、额定载重量等具体情况规划配载方案。

配送作业

2. 实训背景

连锁超市的配送中心接到3个门店的送货请求后,已将货物分拣,现在货物都在出货月台上等待装车送货。目前配送中心其他车辆都已外出送货或正在装车准备送货,未分配送货任务的只剩两种普通厢式货车,载重量分别为5.1 t和4 t。

分拣人员已经把货物的重量、体积测算出来(见表6-13)并上报给了调度人员,门店位置关系如图6-18所示,调度人员需要根据门店送货要求安排一个配载方案。

表6-13 货物的重量、体积测算表

客户名称	需求商品情况						合计(cm^3)
	品名	数量	重量(kg)	体积(cm^3)	总重量(kg)	总体积(cm^3)	
甲	蒙牛	100	8.8	122 500	880	12 250 000	159 804 375
	可口可乐	75	8.5	105 000	637.5	7 875 000	
	雪碧	65	8.5	105 000	552.5	6 825 000	
	娃哈哈纯净水	85	8.5	229 500	722.5	19 507 500	
	康师傅方便面	25	8.8	414 375	220	10 359 375	
乙	达能饼干	85	6.5	504 000	552.5	42 840 000	63 174 375
	汰渍洗衣粉	55	12	185 625	660	10 209 375	
	力士香皂	50	4.25	45 000	212.5	2 250 000	
	雪碧	75	8.5	105 000	637.5	7 875 000	
丙	王老吉	80	9.8	105 000	784	8 400 000	57 628 125
	可口可乐	100	8.5	105 000	850	10 500 000	
	康师傅方便面	60	8.8	414 375	528	24 862 500	
	安井速冻水饺	45	10	268 125	450	12 065 625	
	太湖明珠大米	20	50	90 000	1 000	1 800 000	
合计					8 687	177 619 375	

3. 实训人员

以小组为单位,将学生按3~5人分成一个小组,由1名小组长负责小组人员分工,对每个环节所使用的设备、器具进行详细记录。学生依托校内实训室。

4. 实训内容

为每个小组分配一台计算机或配备一定的实训资料,包括货物模型及货车车厢模型若干套(货物模型用不同颜色表示)。学生根据实训要求,以小组为单位进行配载方案设计并进行展示,教师对学生的设计方案进行点评和指导。

5. 实训步骤

(1)任务一:各小组根据现有车辆情况及货物情况进行模拟配载。首先不考虑其他配载要求,只是尽可能多地装入货物,但不能超过车辆载重及容积限制。

（2）任务二：各小组根据门店位置关系图及配送商品重量，用节约里程法设计配送路线。

（3）任务三：各小组根据"任务二"的结论完成车辆配载。假设门店无送货要求，只要送到即可。

（4）任务四：各小组根据"任务二"确定的配送路线，考虑商品性质，同时假设同一车商品按门店编码顺序送货，即同一车先送编码较小的门店，制订配载方案。

项目七 配送中心商务管理

● 学习目标

知识目标

了解连锁企业配送成本的意义;理解连锁企业配送成本的特征;掌握连锁企业配送成本构成及控制方法;了解并学会辨别配送中心运营模式,理解配送中心运营策略,理解大型物流配送中心运营管理的难点和特点,理解并掌握配送服务合同的性质和主要条款的订立、履行。

技能目标

树立成本控制意识,能够根据连锁企业配送中心成本数据进行基本分析,针对连锁企业配送成本现状提出控制的建议;能够与各部门人员较好地交流、合作;能够分析配送中心的运营策略并提出改进建议;能够理解并掌握配送服务合同中各方的权利和义务,增强合同意识,树立证据观念。

项目任务

任务一　配送中心成本管理

任务二　配送中心的运营策略

任务三　仓储商务合同管理

任务四　配送服务合同管理

项目七　配送中心商务管理

任务一
配送中心成本管理

● **任务布置**

该超市公司物流配送中心基本情况如下：

1. 配送中心的规划设计秉承现代物流理念，采用了具有效率和成本优势的流程化运作模式，并广泛应用先进、成熟的技术及设备。

（1）物流信息系统为具有国际领先水平的专业仓库管理软件（SSA Exceed 4000），具有导向性任务管理、实时库存状态管理、支持多配送中心与多货主管理、开放式功能扩展等诸多先进功能。

（2）采用无线网络技术和手持 RFID 终端等技术设备，支持物流无纸化作业。

（3）运用了国内领先的组合式货架系统，并根据立体仓库多层货位高度超过 10 m、库内搬运距离长等实际需要，运用了从德国、瑞典引进的 72 台性能优良的物流技术设备，提高了空间利用率和物流作业效率。

（4）适应发展需要，在立体仓库规划中预留了自动分拣机、电子标签系统等设备接口，时机成熟即可上线运行，以增强物流配送能力。

（5）拥有各式常温、保温厢式货车 60 多辆，引进了地理信息系统（GIS）和车辆管理系统，运用了车载 GPS 技术，不仅大大拓宽了运输管理的有效空间范围，也为进一步深化物流管理内涵、提升物流服务水平创造了良好的技术条件。

2. 配送中心为 1 000 多家门店提供常温商品配送服务，每天通过企业内部局域网接收门店订单，根据门店的需求实行每天配送，一般订单 24 h 内履行，物流服务半径超过 250 km。配送中心的统一配送比例为 60%，其中加盟店中约有 30% 由物流中心统一配送，50% 由企业推荐的供应商进行配送。此外，还面向社会客户提供批发、第三方物流等服务，不过规模较小。

3. 从厂房和基础设施建设、软硬件设备购入、人员培训、信息系统建设，到配送中心的经营管理，公司花费了巨大的资金和精力，带来了较大的投资风险。为此，企业花费了大量精力进行运营管理，争取全面慎重地经营物流配送中心，以防出现漏洞，从而导致投入大、成本难以短期回收的局面。

加强配送中心成本控制的主要任务：

（1）设计成本核算项目，强化成本核算，倒逼物流潜能的发挥，提高配送负荷，降低或摊薄各项费用，形成自我约束机制；

（2）根据企业配送中心实际，提出控制配送成本的策略。

● 知识要点

一、配送成本特点

(一)配送成本的含义

配送成本是指在配送活动的备货、储存、分拣、配货、送货、送达服务及配送加工等环节所发生的各项费用的总和,是配送过程中所消耗的各种活劳动和物化劳动的货币表现。

配送成本包含配送运输费用、分拣费用、配装及流通加工费用等。配送成本直接关系到配送中心的利润,进而影响连锁企业的利润。因此,配送成本的正确核算与控制尤为重要。

一般来说,在计算配送成本的过程中存在计算要素确定、计算范围归集等问题。主要体现在以下几个方面:

(1)成本计算对象的确定

配送过程中涉及不同的配送对象,如不同的门店、不同类别的产品等。归集对象不同,配送成本的计算结果会有很大的差别。

(2)成本计算内容的确定

把何种费用列入配送成本的计算范围,对配送成本计算影响很大,如运费、保管费、人工费用、折旧费用等,都有可能被列入计算范围。

(3)成本计算范围的确定

在诸多的配送活动中,以哪几种活动作为计算的范围,其结果会有很大的不同。如备货、储存、配货、送货等都是配送的基础活动,选择不同的活动进行成本归集,其计算结果将会存在一定的差异。

企业配送成本计算结果的大小取决于上述三个方面的因素。不同的前提条件自然会产生不同的结果。企业应根据自身的情况及管理需要来决定本企业的计算项目。

(二)配送成本的特点

1. 配送成本与服务水平相关

在一定范围内,配送成本与服务水平正相关,即高水平的配送服务是由高配送成本来保证的。配送成本管理的目的就是以尽可能低的配送成本来实现较高的配送服务水平。通常配送成本与配送服务水平之间存在以下关系(见图7-1):

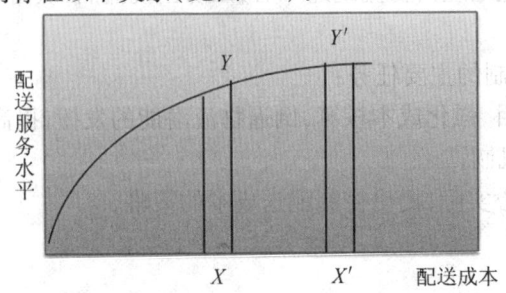

图7-1 配送成本与配送服务水平的关系

（1）服务水平不变，降低配送成本。如通过合理的车辆配载、合理的配送路线来降低配送的成本等。

（2）配送成本不变，提高服务水平。如人工费不变，提高服务水平。

（3）配送服务水平和成本均提高。如通过提高配送设备先进程度来提高服务水平。

（4）配送成本降低，服务水平提高。如配送模式重建（实现共同配送）等。

2．配送成本的二律背反

二律背反，是指规律中的矛盾，即在相互联系的两种力量的运动规律之间存在的相互排斥的现象。这两种运动力量之间呈现此消彼长、此长彼消、相背相反的作用。在配送活动中，这种排斥也是存在的。比如，企业有可能采取减少库存据点的方法来降低库存成本，但这样势必导致配送距离变长，从而使运输费用增加。此时，一个环节的成本降低，另一个环节的成本上升，形成二律背反。如果增加的运输费用超过库存费用的节约部分，总成本就非但不会减少，反而会增加，这样就会使库存费用的减少失去意义。在配送过程中，包装强度与运输、装卸、堆放效率之间也同样存在二律背反现象。

3．配送成本削减具有乘数效应

配送成本削减具有乘数效应，配送成本的减少可以显著增加企业的效益与利润。在配送管理中，假定销售额为1 000元，配送成本为100元。如果配送成本降低10%，就可以得到10元的利润。假如企业的销售利润率为2%，创造10元的利润需要增加500元的销售额。即降低10%的配送成本所起到的作用相当于增加销售额50%，配送成本的下降所产生的效益是显而易见的。

二、配送成本构成

按不同的分类标准，配送成本有不同的构成类别（见图7-2）。

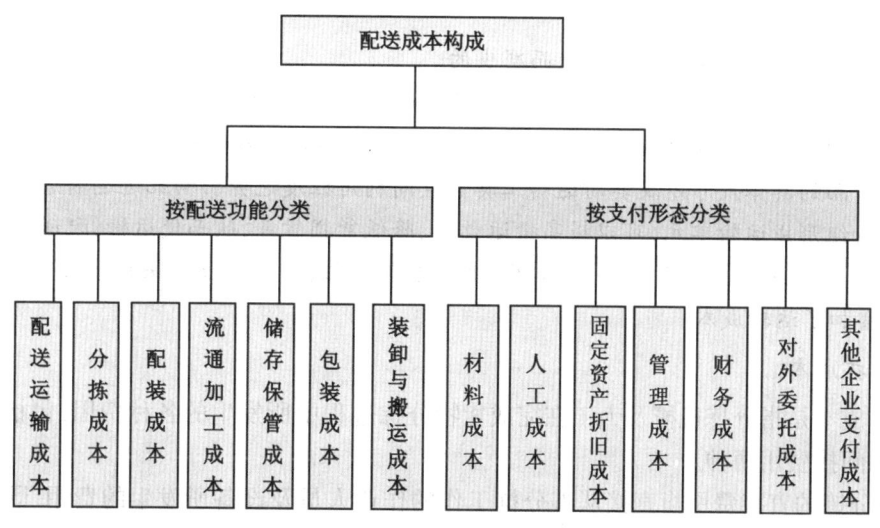

图7-2　配送成本构成图

(一)按配送功能分类

按配送功能分类指按配送环节、功能的不同所进行的分类。在这种分类状况下,配送成本有广义与狭义之分。广义的配送成本是指配送中心为开展配送业务所发生的各种直接和间接费用,包括各配送运输成本、分拣成本、配装成本、存储保管成本、包装成本、流通加工成本、装卸与搬运成本等。在核算分析时,要根据企业的实际情况以及所选择的成本核算方法具体分析,避免配送成本费用重复交叉,夸大或减小费用支出。而狭义的配送成本仅指配送环节所特有的主要成本费用,包括配送运输成本、分拣成本、配装成本和流通加工成本等,即:

$$配送成本 = 配送运输成本 + 分拣成本 + 配装成本 + 流通加工成本$$

1. 配送运输成本

(1)车辆费用

车辆费用指配送车辆从事配送运输活动所发生的各项费用,具体包括驾驶员及其助手等的工资及福利费、燃料费、轮胎费、修理费、折旧费、养路费、车船使用税等项目。

(2)营运间接费用

营运间接费用是指配送运输管理部门为管理和组织配送运输生产过程所发生的不能直接计入各成本计算对象的各项管理费用、业务费用,包括:运输管理部门管理人员的工资、福利费;配送运输部门为组织运输活动所发生的业务费用,如办公费、水电费、差旅费等;配送运输部门使用固定资产的折旧费、修理费等;直接用于配送运输活动,构成营运成本但不能直接计入成本项目的其他费用。

● **知识拓展**

容易忽略的配送运输成本的影响因素

(1)单位运输成本是随距离增长而减少的。

(2)产品密度是把货物的重量与体积结合起来考虑的因素。产品密度越高,相对地可以把固定运输成本分摊到增加的重量上去,每单位重量的运输成本随产品密度的增加而下降。

(3)产品的具体尺寸以及其对运输工具的空间利用程度也会影响配送运输成本。

(4)成组形成运输单元,可以提高搬运效率、降低货损货差,从而使运输、配送成本下降。

(5)有些物品具有易损、易腐、易自燃、易自爆等特征,必须通过投保来预防可能发生的索赔,从而增加了运输成本。

2. 分拣成本

分拣成本是指分拣机械及人工在完成货物分拣过程中所发生的各种费用,包括分拣的直接费用和间接费用两种。

(1)分拣的直接费用指直接从事分拣工作的作业人员及设备所发生的费用,既包括分拣人员工资、奖金、补贴等费用,又包括分拣机械设备的折旧费、修理费等。

(2)分拣的间接费用指配送分拣管理部门为管理和组织分拣生产,需要由分拣成本负担的各项管理费用及业务费用等。

3. 配装成本

配装成本是指在完成配装商品过程中所发生的各种费用,具体如下:

(1)配装材料费用。常见的配装材料有木材、纸、自然纤维和合成纤维、塑料等。这些材料功能不同,成本相差很大。

(2)配装人工费用。它是指从事配装工作的工人及有关人员的工资、奖金、补贴等费用的总和。

(3)其他间接费用。这些费用指配装管理部门为管理和组织配装工作所发生的各项间接费用,以及需要由配装部门负担的各项管理费用和业务费用等。

4. 流通加工成本

(1)流通加工设备费用。因购置流通加工设备所支出的各项费用,以流通加工费用的形式转移到被加工产品中去,即流通加工设备费用。因流通加工形式不同,流通加工设备费用也有很大的区别。

(2)流通加工材料费用。在流通加工过程中投入到加工过程中的材料消耗所需要的费用,即流通加工材料费用。

(3)流通加工人工费用。它是指在流通加工过程中从事加工活动的管理人员、工人及有关人员工资、奖金等费用的总和。

(4)流通加工中的其他费用。它是指除上述费用外,在流通加工中耗用的费用,如电力、燃料、油料、管理等费用。

广义的配送成本除了以上四个部分外,还包括储存保管成本、包装成本、装卸与搬运成本。

5. 储存保管成本

储存保管成本是指配送商品在配送中心储存、保管过程中所发生的费用。

(1)储运业务费用。储运业务费用是指商品在储存活动过程中所消耗的物化劳动和活劳动的货币表现,主要由仓储费、进出库费、代运费、机修费、验收费、代办费、管理费等组成。

①仓储费。仓储费专指商品储存、保管业务所发生的费用,主要包括仓库管理人员的工资,商品在保管保养过程中的苫垫、防腐、倒垛等维护保养费,固定资产折旧费,以及低值易耗品费用的摊销、修理费、劳动保护费、动力照明费等。

②进出库费。进出库费是指商品进出库过程中所发生的费用。进出库费主要包括进出库过程中装卸、搬运和验收等所开支的工人工资、劳动保护费等,固定资产折旧费,以及大修费、照明费、材料费、燃料费、管理费等。

(2)服务费用。配送中心在对外保管服务过程中所消耗的物化劳动和活劳动的货币表现。

6. 包装成本

包装起着保护产品、方便储运、促进销售的作用。它是配送流通过程中的一个重要组成部分,绝大多数商品只有经过包装才能进入流通领域。据统计,包装费用占全部流通费用的10%左右,有些商品(特别是生活消费品)包装费用高达50%。而配送成本中的包装费用,一般是指为了销售或配送的方便所进行的再包装的费用。

(1)包装材料费用。常见的包装材料有木材、纸、金属、自然纤维和合成纤维、玻璃、塑料等。商品在包装材料上支出的费用称为包装材料费用。

（2）包装机械费用。现代包装发展的重要标志之一是包装机械的广泛应用。包装机械不仅可以极大地提高包装的劳动生产率，还可以大幅度地提高包装的水平。然而，包装机械的广泛使用，也使得包装费用明显提高。

（3）包装技术费用。由于商品在物流过程中可能受到外界不良因素的影响，因此，商品包装时要采取一定的措施，如缓冲包装技术、防震包装技术、防潮包装技术、防锈包装技术等。这些技术的设计、实施所支出的费用，合称为包装技术费用。

（4）包装人工费用。从事包装工作的工人及相关人员的工资、奖金、补贴等费用的总和，即包装人工费用。

（5）包装辅助费用。除上述包装费用外，还有一些辅助性费用，如包装标记、标志的印刷，拴挂物费用等的支出等。

7. 装卸与搬运成本

装卸与搬运是指在配送中心指定的地点以人力或机械设备装入或卸下物品。一般发生在同一地域范围内，如车站、工厂、仓库等，以改变物品的存放、支承状态的活动称为装卸，以改变物品的空间位置的活动称为搬运。装卸与搬运成本主要包括：

（1）人工费用。人工费用是指装卸与搬运工人的工资、福利费、奖金、津贴、补贴等。

（2）营运费用。营运费用是指装卸与搬运设备等固定资产折旧费、维修费、能源消耗费、材料费等。

（3）装卸与搬运合理损耗费用。装卸与搬运过程中发生的允许范围内的合理损耗，如装卸与搬运中发生的货物破损、散失、损耗、混合等费用。

（4）其他费用。如办公费、差旅费、保险费、相关税金等。

（二）按支付形态分类

1. 材料成本

材料成本是指在整个配送活动过程中所发生的费用，它主要包括物资材料费、燃料费、消耗性工具、低值易耗品摊销及其他物料消耗费。

2. 人工成本

人工成本是指对配送作业中消耗劳务所支付的费用，它主要包括工资、奖金、补贴、福利以及职工教育培训费等。

3. 固定资产折旧成本

固定资产折旧成本是指土地、建筑物、机械设备、车辆、搬运工具等固定资产在使用、运转和维修保养过程中所发生的费用，它主要包括维修保养费、折旧费、房产税、土地租赁费用和保险费等。

4. 管理成本

管理成本是指配送活动中所发生的差旅费、会议费、交际费、邮电费、城建税、能源建设税及其他税款，还包括商品损耗费、事故处理费及其他杂费等。

5. 财务成本

财务成本是指因配送中心经营所发生的流动资金贷款利息和固定资产竣工交付使用后所

发生的贷款利息等。

6. 对外委托成本

对外委托成本是指企业因有些业务委托第三方物流公司完成,为此而支付的费用,也称外包物流配送费。

7. 其他企业支付成本

在配送成本中,还应该包括向其他企业支付的费用。比如商品购进采用送货制时包含在购买价格中的运费和商品销售采用提货制时因顾客自己取货而从销售价格中扣除的运费。在这种情况下,虽然本企业内并未发生配送活动,但却发生了相关费用,因此也应该将其作为配送成本计算在内。

三、配送成本的分析

配送中心承担了连锁企业绝大部分乃至全部的物流任务,因此其成本分析管理显得尤为重要。

(一)配送成本基本分析

根据配送成本汇总表,对配送环节在一定时期(年、季、月)的成本构成、成本水平和成本计划执行情况进行分析即为配送成本基本分析。其中配送成本汇总表是反映企业配送成本构成、成本水平和成本计划执行情况的综合性指标报表。利用配送成本汇总表,可以分析、考核各项计划的执行情况和各种消耗定额完成情况,研究降低成本的途径,从而不断改善经营管理,提高配送盈利水平。以下从配送运输与配送分拣两方面分析。

1. 配送运输成本汇总表编制及分析

(1)配送运输成本汇总表的编制

配送运输成本汇总表是总括反映配送部门在月份、季度、年度内配送车辆成本的构成、水平和成本计划执行结果的报表,如表7-1所示。该表是月报表,表内列有配送车辆的车辆费用和配送间接费用及各成本项目的计划数、本月实际数和本年累计实际数。其中"计划数"只在12月份填列,"实际数"根据"配送支出"账户明细账月终余额填列。"周转量"根据统计部门提供的资料填列。"成本降低额"和"成本降低率"的计算公式为:

配送运输成本降低额 = 配送车辆上年实际单位成本 × 本年配送实际周转量 − 本年配送实际总成本

配送运输成本降低率 = 配送运输成本降低额/(配送车辆上年实际单位成本 × 本年配送实际周转量)

表7-1 配送运输成本汇总表

编制单位:		年 月 日		单位:元
项目	行次	计划数	本期实际数	本年累计实际数
一、车辆费用	1	5 217 100		5 139 188
1. 工资	2	258 700		258 265

续表

编制单位:		年　月　日		单位:元
项目	行次	计划数	本期实际数	本年累计实际数
2. 职工福利基金	3	28 700		28 696
3. 燃料	4	1 683 400		1 670 141
4. 轮胎	5	462 000		455 372
5. 保修	6	851 200		835 996
6. 大修	7	487 000		477 960
7. 折旧	8	394 500		380 938
8. 养路费	9	904 600		883 645
9. 公路运输管理费	10	85 000		88 985
10. 行车事故损失	11	32 000		34 240
11. 其他	12	30 000		29 950
二、配送运输间接费用	13	967 000		933 254
三、配送运输总成本	14	6 184 100		6 072 442
四、周转量(千吨·千米)	15	43 452		43 395.13
五、单位成本(元/千吨·千米)	16	142.32		139.93
六、成本降低额	17	65 601		167 777.7
七、成本降低率(%)	18	1.05		2.69
补充资料(年表填列)	19			
上年周转量(千吨·千米)	20			42 689
上年单位成本(元/千吨·千米)	21			143.8
总行程(千车千米)	22	115		109.99
燃料消耗(升/百吨)	23	7.3		7.36
历史最好水平:单位成本	24			

(2)配送运输成本汇总表的分析

这主要是根据表中所列数值,采用比较分析法,计算并比较本年计划、本年实际与上年实际成本的升降情况,结合有关统计、业务、会计核算资料和其他调查研究资料,查明成本水平变动原因,提出进一步降低物流配送成本的意见。

现以表7-1所示数值(12月末年终报表)为例进行分析:①本年度计划配送成本要求比上年实际降低1.05%,成本降低额65 601元。实际成本降低167 777.7元(实际成本降低额 = 143.8 × 43 395.13 − 6 072 442),成本降低率2.69%[配送成本降低率 = 167 777.7 ÷ (143.8 ×

43 395.13)]。成本降低额大幅度超过计划要求,配送单位成本的降低是主要原因。②车辆费用和配送间接费用的实际数均低于计划数,表明企业在节约开支方面是有成绩的。③养路费计划为 904 600 元,实际为 883 645 元。实际数低于计划数,应进一步分析原因。④行车事故损失,计划数是 32 000 件,实际数为 34 240 件。虽然实际数与计划数相差不大,但应引起重视,仔细分析原因。

以上配送运输成本的分析,只能了解成本水平升降的概略情况,是一般性分析。为进一步揭示成本变动的具体原因,需要从以下几个方面做比较深入的分析:①各种燃料、材料价格和一些费用比率(如折旧率、养路费率等)变动对成本水平的影响。②各项消耗定额和费用开支标准变动对成本水平的影响。③配送车辆数及其载重量变动和车辆运用效率高低对成本水平的影响等。

2. 分拣成本汇总表的编制及分析

分拣成本的分析方法与上述配送运输成本的分析相同,也是先编制配送分拣成本汇总表,然后进行差异分析,在此不再赘述。在编制配送分拣成本汇总表时,根据分拣成本构成项目进行填列,如表 7-2 所示。

表 7-2 配送分拣成本汇总表

编制单位:		年 月 日		单位:元
项目	行次	计划数	本期实际数	本年累计实际数
一、配送分拣直接费用	1			
1. 工资	2			
2. 职工福利基金	3			
3. 修理费	4			
4. 折旧费	5			
5. 其他	6			
二、配送分拣间接费用	7			
三、配送分拣总成本	8			
四、分拣量	9			
五、单位成本	10			
六、成本降低额	11			
七、成本降低率(%)	12			

其他成本如配装成本、流通加工成本等的分析方法与上述两种成本的分析相同,也是先编制成本汇总表,然后进行差异分析,在此也不再赘述。在编制成本汇总表时,具体项目根据各成本构成项目进行填列。

(二)配送成本的全面分析

用配送成本数据可以计算出以下各种比率,用这些比率与以前年度数据比较来考察配送中心配送成本的实际完成状况,还可以与同行业其他企业比较,或者与其他行业比较,确定配送中心成本的横向水平。

1. 单位销售额配送成本率

$$单位销售额配送成本率 = 配送成本/销售额 \times 100\%$$

这个比例越高,则其对价格的弹性越低,从企业历年的数据中,大体可以了解其动向;另外,通过与同行业和行业外企业进行比较,可以进一步了解配送中心的物流成本水平。但该比率受价格变动和交易条件变化的影响较大,因此作为考核指标还存在一定的缺陷。

2. 单位成本配送成本率

$$单位成本配送成本率 = 配送成本/总成本 \times 100\%$$

这是考察配送成本占总成本比例的一个指标,一般作为连锁企业内部的物流配送合理化目标或检查企业是否达到合理化目标的指标来使用。

3. 单位营业费用配送成本率

$$单位营业费用配送成本率 = 配送成本/(销售费 + 一般管理费) \times 100\%$$

通过配送成本占营业费用(销售费 + 一般管理费)的比例,可以判断连锁企业物流配送成本的比重,而且这个比例不受进货成本变动的影响,得出的数值比较稳定,因此适合于作连锁企业配送中心物流合理化的指标。

4. 配送职能成本率

$$配送职能成本率 = 配送职能成本/物流配送总成本 \times 100\%$$

这里的配送职能成本率指的是配送的各项职能,如包装、运输、保管、装卸、流通加工、信息流通、配送管理等发生的各职能成本占物流配送总成本的比例。

四、配送成本的控制

配送成本的控制就是在实现一定配送水平的基础上将配送成本尽量降低到最低,或是在一定的配送成本基础上,实现配送服务水平的最优。

(一)配送成本的控制方法

1. 加强配送的计划性

在配送活动中,临时配送、紧急配送或无计划的随时配送都会大幅度增加配送成本。因为这些配送会使配送不满载,浪费里程。为了加强配送的计划性,需要建立门店配送计划的申报制度。在实践中,应针对商品的特性,制订不同的配送计划和配送制度。

(1)对鲜活商品,应定时定量申请、定时定量配送。门店一般一天申请一次,商品的采购量以控制在当天全部售完为宜。

(2)对普通商品,应定期向配送中心订货,订货量为两次订货间的预计需求量。实行定期申请,门店应预测订货周期内的需求量,以降低经营风险。

2. 确定合理的配送路线

采用科学的方法确定合理的配送路线,可以有效提高配送效率、降低配送费用。确定配送路线的方法很多,既可以采用方案评价法进行定性分析,也可以采用数学模型进行定量分析。

3. 进行合理的车辆配载

各门店的需求情况不同,订货也就不可能一致。一次配送的货物可能有多个品种,这些商品不仅包装形态、储运性质不一,而且密度差别较大。密度大的商品往往达到了车辆的载重量,但体积空余很大,密度小的商品虽然达到了车辆的最大容积,但达不到载重量。实行轻重配装,既能使车辆满载,又能充分利用车辆的有效容积,从而大大降低运输费用。

4. 量力而行建立计算机管理系统

配送中心成本控制的各种方法中,借助顺畅的信息流、导入自动化仪器、构成信息系统等手段是其主要方法,目的是使配送中心内作业机械化,以节省人力资源、简化订发货作业,最终降低配送成本、提高配送作业效率。例如在配送活动中,分拣、配货要占全部劳动的60%,而且容易发生错误。如果在拣货、配货中运用计算机管理系统,应用条形码技术,就可以使拣货快速、准确,配货简单、高效,从而提高劳动效率、节省劳动力、降低配送成本。

(二)配送成本的控制策略

1. 混合策略

混合策略是指配送业务一部分由企业自身完成,其余外包给第三方物流企业完成。这种策略的基本思想是:尽管采用纯策略(即配送活动要么全部由企业自身完成,要么完全外包给第三方物流完成)易形成一定的规模经济,并使管理简化,但由于产品存在品种多变、销量不等、规格不一等方面的情况,采用纯策略的配送方式在超出一定程度时不能取得规模效益。然而采用混合策略后,将企业自身所完成的配送和外包给第三方物流所完成的配送业务有机结合,可实现配送成本的降低。

2. 差异化策略

差异化策略的指导思想是:商品特征不同,顾客服务水平不同。当企业经营多种商品时,不能对所有商品都按同一标准的服务水平来配送,而应按商品的特点和销售水平来设计不同的库存、不同的运输方式以及不同的储存地点,忽视商品的差异性会增加不必要的配送成本。

3. 合并策略

合并策略包含两个层次:一是配送方法的合并;二是共同配送。

(1)配送方法的合并

形成配送成本的一个原因在于配货时由于货物的体积、重量、包装、储运性能及目的地等各不相同而导致一定的车辆空载率。正如前面论述的"实行合理的轻重配装、容积大小不同的货物搭配装车,就可以不但在载重方面达到满载,而且能充分利用车辆的有效容积,取得最优效果",这就是配送方法的合并。

(2)共同配送

共同配送是一种产权层次上的共享,也称集中协作配送。它是几个企业联合集小量为大量,共同利用同一配送设施的配送方式,其标准运作形式是:在中心机构的统一指挥和调度下,各配送主体以经营活动(或以资产为纽带)联合行动,在较大的地域内协调运作,共同为某一个或某几个客户提供系列化的配送服务。

这种配送有两种情况:一是中小零售企业之间分工合作,实行共同配送,即同一行业或同一地区中小型零售企业单独进行配送运输量少、效率低，进行联合配送，不仅可以减少企业的配送费用，配送能力得到互补，而且有利于缓解城市交通拥挤，提高配送车辆的利用率；二是几个中小型配送中心之间的联合，共同协作制订配送计划，共同组织车辆设备，对某一地区用户进行配送。具体执行时由于共同使用配送车辆，提高了车辆实载率，提高了配送效率，有利于降低配送成本。

4. 延迟策略

延迟策略的基本思想是：对商品的外观、形状及其采购、配装、配送应尽可能推迟到接到顾客订单后再确定，一旦接到订单就要快速响应。因此，采用延迟策略的一个基本前提是信息传递迅速。

实施延迟策略常采用两种方式：生产延迟（或称形成延迟）和物流延迟（或称时间延迟），而配送中往往存在加工活动，所以实施配送延迟策略既可采用形成延迟方式，也可采用时间延迟方式。具体操作时，延迟策略常常发生在如贴标签、包装、装配和发送等方面。

5. 标准化策略

标准化策略就是尽量减少因品种多变而导致的附加配送成本，尽可能多地采用标准零部件和模块化产品。采用标准化策略，要求厂家从产品设计研发阶段就站在消费者的立场去考虑怎样节省配送成本，而不要等到产品定型生产出来了才考虑采用什么技巧去降低配送成本。

● 应用案例

某超市在研究其商品的物流配送流程时，对经营的商品进行了排队分析，最后将其分解成三大类。第一类商品是使用频率高的畅销商品。在流通作业过程中，整批进货和储存，然后按门店的订货单进行配货，送到零售门店。由于这类商品进货批量大，可以以较低的价格购入，再以市场价出售给消费者，既减少了流通环节，又令企业加倍获利。因此，这类商品的储存本身就是"创利"的。第二类商品，是配送中心按照门店的订货单汇总后统一向供货商以整箱为单位订货，收货后不用储存，直接进行分拣作业，再配送到零售店。第三类商品，需要一定的保鲜要求，如牛奶、面包、豆腐等，通常是不经过配送中心直接从生产厂送往零售门店，但商品进销全过程的信息及付款等财务处理均由配送中心负责。

请分析上述企业的配送成本控制策略。

● 任务提示

在进行配送成本控制时，通常经过如下步骤：

步骤1：设计成本核算项目，根据门店、顾客和商品进行成本项目分解，制订成本核算项目表，加强成本控制。

步骤2：根据企业配送中心实际，设计成本控制策略。

（1）提升社会化配送服务能力。

（2）根据配送商品特点，执行差异化策略。

（3）参与社会化配送，合并策略。将一部分商品配送业务委托给由多家生产厂家和批发企业共同设立的"配送中心"进行，以提高商品物流配送效率。

项目七 配送中心商务管理

任务二
配送中心的运营策略

● 任务布置

2018年1月10日,在中国物流与采购联合会的指导下,UU跑腿、美团外卖、闪送、邻趣、快服务共同发起成立"共享配送工作委员会",建立"共享配送联盟",旨在规范行业服务标准、信息共享以及促进行业发展。共享配送联盟还制定了共享配送员公约,各联盟成员平台内配送员依照公约统一管理,制定行为规范,一旦触犯红线将被记入行业非诚信名单。成员单位每月向中物联上报平台内触犯公约的配送员名单,中物联统一汇总后下发至各个成员企业,该名单所列人员后续不会再被联盟内任一成员单位录用。这一举措促进了行业标准体系的建立,在给用户提供更优质服务的同时,保障了行业规范化发展。

请分析:该委员会的配送模式有哪些优势?

● 知识要点

一、配送中心运营模式分析

1. 自营配送运营模式

某些大型生产企业或连锁经营企业创建自营配送中心是为了满足本企业生产经营的配送需求,根据自身的基本情况、特点、经济、所处的地理位置合理判断是否能够有足够的条件选择自营配送模式,同时城市也必须根据自我的发展状况引导各城市的企业,形成适应本城市发展的城市配送模式。

2. 互用配送运营模式

这是指几个企业为了共同利益,以契约的方式达成某种万方数据协议,互用对方的配送系统来建立和完善自己企业的配送模式。其特点就是企业无须投入大量的人力、物力和财力,通过先进的管理水平以及与相关企业的协调能力,就可以实现扩大经营规模和配送范围的目标。

3. 共同化配送运营模式

这是指连锁零售企业之间为了提高配送效率以及实现配送合理化所建立的一种功能互补的配送联合体。共同化配送可使多家连锁零售企业联合起来,实现整体的物流配送合理化,在互利共赢的原则指导下,共同出资建设配送中心,共同制订配送计划,共同对某一地区的用户进行配送,从而提供低成本、高效率、使企业和客户满意的物流服务。

4. 第三方配送运营模式

交易双方把自己需要完成的部分或者全部配送业务委托给独立的第三方来完成的一种配

送运作模式。

5. 共享配送

近年来信息技术发展迅猛,给我们的生活方式、生产方式、流通方式都带来了巨大的变化。在共享经济备受关注的当下,各类新的商业模式已经进入了日常生活中的各个领域,共享配送就是其中之一。其实很多消费者对共享配送行业的认知并不清晰,共享配送平台是一个连接共享配送员和服务需求方的信息平台。共享配送员,则是指原来将交付给公司员工或机构执行的配送工作,转变成为由个人以自由自愿的形式承接配送服务需求的群体。共享配送员与平台之间不存在雇佣关系,简单来说,就是配送员利用闲暇时间按照自己的愿望承接任一或者多个平台订单配送工作的一个群体。

6. 滴滴模式

"货车司机找货难,货主找司机难"已是常见现象,虽有物流调度公司来支配物流运转信息,但不菲的信息中介费也间接抬高了物流成本。可以参考"滴滴打车"的方式,在货运风险可控的前提下为货主和车主搭建直接交易的平台。

● 应用案例

沃尔玛与家乐福的配送模式

(一)沃尔玛运营模式

随着世界500强之首——沃尔玛在中国大陆市场的迅速扩张,越来越多的人把目光聚焦于沃尔玛成功的秘诀。人们通常把快速转运、VMI(供应商管理库存)、EDLP(天天平价)当作沃尔玛成功的三大法宝,其中商品的快速转运往往被认为是沃尔玛的核心竞争力。于是不少企业纷纷仿效,大力加快建设配送中心的步伐,认为只要加强商品的配送与分拨管理,就能像沃尔玛一样找到在激烈的商战中制胜的精髓。但经过一段时间的运营之后,效果却不尽如人意,究其原因,主要是曲解了沃尔玛的运营管理模式。沃尔玛之所以能成功,主要有以下原因:

第一,独特的历史背景。1962年,当沃尔玛第一家店在阿肯色州的一个小镇开业时,由于其位置偏僻、路途遥远,供应商很少愿意为其送货,因此,山姆·沃顿不得不在总部所在地本顿威尔建立了第一家配送中心。显然,一家店不可能单独支撑一个配送中心的运营成本,于是以该配送中心为核心,在周围一天车程即500 km左右的范围内迅速开店。获得成功后,又迅速复制该运营模式。

第二,强大的后台信息系统。其耗资7亿多美元建成的通信系统,是全美最大的民用电子信息系统,数据处理能力仅次于美国国防部,EDI(电子数据交换系统)及条码等现代物流技术的使用更为全球每个门店的销售分析、商品的分拨及进销存管理等提供了最强有力的武器。

第三,门店数量众多。目前美国本土有4 000多家店,配送中心有60多家,可见约100家门店才能支撑一个现代配送中心的巨额费用。

(二)家乐福运营模式

沃尔玛的商品配送模式是绝大部分国内企业都无法模仿的。与沃尔玛不同,另一艘世界零售航母——家乐福,选择的却是相反的商品配送模式。由于家乐福的选址绝大部分都集中于上海、北京、天津及内陆各省会城市,且强调的是"充分授权,以店长为核心"的运营模式,因

此,商品的配送基本都以供应商直送为主,这样做的好处主要有以下几方面:

第一,送货快速、方便。由于供应商资源多集中于同一个城市,上午下订单下午商品就有可能到达,将商品缺货造成的失销成本大幅降低。为了减少资金的占用及提高商品陈列空间的利用效率,超大卖场基本都采取"小批量,多频次"的订货原则,同城供应商能更有效地帮助此原则的实现。

第二,便于逆向物流。商品的退换货是零售企业处理过时、过期等滞销商品的最重要手段。如果零售商采用的是供应商直送的商品配送模式,零售商与供应商的联系与接触非常频繁,因此,商品退换货处理也非常迅速;但如果采用中央配送模式,逆向物流所经过的环节大为增加,因此,速度也相对变缓。

(资料来源:《市场周刊:新物流》)

二、配送中心运营管理的主要环节及其策略

1. 收货环节

此环节的基本要素包括收货的准确性、货位分配的合理性、上架的及时性等。收货后要及时准确形成库存,以便可以及时发货,这是收货的重点。此外,货位数据的准确性直接影响拣选的效率和准确性,因此,收货在整个操作过程中非常重要。在大多数情况下,收货甚至是最重要的环节之一。

2. 储存环节

库存的准确性由很多方面决定,平时的维护及整理是非常重要的一环。凌乱的货架无法达到库存准确性的要求。及时盘点则可以将库存的准确性始终维持在一个很高的水平。

3. 拣选环节

拣选通常是物流管理者最关注的环节之一。其实,拣选只是众多环节中非常普通的一环。之所以这么说,是因为拣选环节的诸多要素如拣选效率、拣选准确性等,并不完全决定于拣选本身。库存 ABC 分类储存的有效性、波次分配原则、拣选路径的优化、复核方法,甚至拣选标签的打印方法等,均在不同方面制约了拣选效率。

对于大型物流配送中心,拣选效率是管理者十分关注的重要指标。这不仅取决于流程设计及管理本身,也取决于拣选的手段。图 7-3 是对于不同拣选手段下拣选效率的分析。

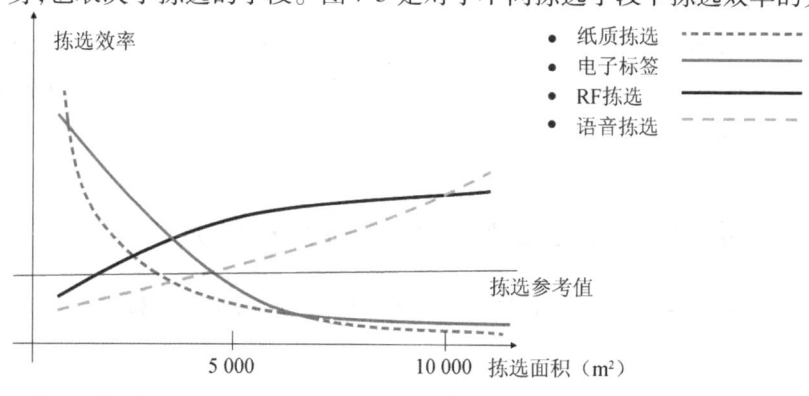

图 7-3 不同拣选技术下拣选效率分析图

从图 7-3 可以看到,纸质拣选和电子标签在拣选面积比较小时,效率很高,而 RF 拣选和语音拣选在拣选区面积比较大的时候有优势。

4. 发货环节

发货环节的关键要素是发货的及时性和准确性。通常的指标是考察从拣选到装车发货的时间(当然这决定于运输的管理)。事实上,在发货环节中,高效的集货管理和复核策略是决定发货环节效率的要素。这在大型物流配送中心中尤为重要。

5. 退货环节

有些退货比较简单,如医药、食品等;有些退货却非常复杂,如服装、图书等。对于复杂的退货业务,应有专门的系统来支持,不能简单地采用收货的策略来完成。由于退货将形成新的库存,因此,退货处理的重要性自不待言。而从管理者角度看,退货的及时性是至关重要的指标之一。

6. 运输环节

运输环节在物流过程中已经成为必不可少的重要内容。其基本要素主要是运输时间、运输质量(如对货物的保护、安全性)等。当然,运输费用也是要素之一,但与运输管理本身并无关系。

7. 信息处理环节

事实上,所有环节的实现均离不开信息系统的支持。单独看信息处理环节,其基本要素包括信息系统维护的效果(体现在稳定性、故障处理时间等方面),信息系统对各主要操作环节的支持力度,信息系统的安全性等方面。信息系统在现代物流配送中心中无处不在,离开信息系统的支持,现代物流系统将无法正常运转。

8. 客服环节

客服的内容主要包括与客户的沟通,如订单受理、订单的修改确认、退货确认、订单跟踪服务、投诉处理等。按照 ISO9000 认证的原理,任何商业活动的目的都是使客户满意,从这一点看,客服的重要性也就凸显出来了。

9. 设备及系统维护环节

从生产活动本身来讲,设备维护是关乎正常生产的大事,但管理者往往忽视。有什么能比正常稳定生产对效率和成本的影响更大呢?在物流配送中心,设备的范围很广,每个设备的重要性各有不同,准备足够的备件、严格执行保养计划是设备及系统维护环节的基本要素,其表现结果则是设备的完好率和可用度指标。

三、大型物流配送中心运营管理的难点和特点

每个大型物流配送中心的难点各异,但有一些是其共同的难点和特点:

1. 如何保证配送中心的总体效率

对物流管理人员来说,把货按时发出是其基本需求。在电子商务领域,如京东商城,每天

的订单量达到几十万个,要及时发出货物是件非常困难的事情。因此,作业效率就显得尤为重要。这也成为大型物流配送中心运营管理的难点之一。

大型物流配送中心由于作业面积很大,流程衔接紧凑,更增加了对总体效率保障的难度。决定系统总体效率的环节很多,如果把这些环节都处理好,系统的发货效率的达成就成为顺理成章的事情。因此,配送中心对系统设计和管理人员都有很高的要求。

2. 如何保证配送中心运作的准确性

关于准确性问题,有很多指标。但关键指标只有几个,如收货的准确性、拣选的准确性、补货的准确性、发货的准确性等。虽然准确性指标在很大程度上取决于系统的基本性能和技术手段,如是否采用 RF 作业、复核是否采用扫描技术等,但与管理水平也有很大关系。

需要重点指出的是,保证拣选准确性的一个重要前提是保证收货(包括退货上架)的准确性。联想到一个托盘如果注册错误或上架错误,则可能导致多达几十次的拣选错误,可想而知收货作业的重要性了。

在实际应用中有一个现象:一个成熟员工的作业效率和准确性均大大高于新员工。基于这一现象,保持员工的稳定性变得至关重要。当然,员工的培训也很重要。

3. 如何保证配送中心的正常运行

很难想象一个错误百出的系统会带来高效率和高准确性。因此,保障系统的稳定性和可用度是非常关键的。非常不幸的是,所有的系统或设备均有发生故障的潜在可能性。越是复杂的系统,这种可能性就越大,而在复杂系统下,物流作业对系统的依赖性却更高。除了选择更好的设备和更稳定的系统,保持系统稳定运行的关键是按计划保养和准备必要的备件。培养一支技术过硬的维护队伍也很重要。另外,备份可以使一个系统的可用度指标达到一个很高的水平。

4. 如何实施绩效考核

绩效考核的主要手段是量化。量化其实是大多数物流中心采取的考核方式,只是实施的方式各有侧重。有些岗位的量化很容易,如打包复核;但有些岗位的量化却比较难,如维护保养。但如果从另一个角度去看的话,事情的解决也许比较容易。如采用库存准确性指标、拣选准确性指标、系统可用度指标等去考核业务经理和维修部门,则相对有效。

5. 如何降低成本

降低成本是每一个企业的核心关注点。对于大型物流中心来说,尤其如此。一个年配送 100 亿的配送中心,如果物流费率下降 1%,成本将降低 1 亿元。联想到目前大多数 B2C 业务的物流费率均为 15%~20%,这不能不让人心动。

现代物流的核心内容是降低成本和提高效率,这是矛盾的统一。要降低物流成本,就要抓住主要矛盾。表 7-3 是一个配送中心运作的成本分解(人员成本不包含业务人员和信息管理人员的成本)。

表7-3　一个配送中心运作的成本分解

序号	项目	费用/万元	费用占比	备注
1	设备维护	90.55	0.81%	不含维护人员费用
2	设备用电	251.16	2.24%	按照工业用电计算
3	照明用电	146.01	1.30%	按照工业用电计算
4	耗材	552.07	4.93%	包装、标签等
5	设备折旧	754.6	6.73%	指物流设备,按照10年期限
6	银行利息	603.68	5.39%	实际贷款利息
7	市内配送	4 589.46	40.96%	配送到门店,外包
8	人员费用	1 629.59	14.54%	工资及福利
9	行政费用	199.54	1.78%	办公支出
10	房屋租赁	2387.5	21.31%	全部租赁费
	合计	11 204.16	100.00%	

● 任务提示

共享配送联盟这个平台是一个连接共享配送员和服务需求方的信息平台,是配送的"滴滴"模式。这种配送模式的优势劣势与滴滴打车有很多相似之处。只不过,滴滴打车的对象是人,而共享配送联盟的对象是货物。

任务三
仓储商务合同管理

● 任务布置

2011年6月1日,家住合肥的刘先生与一家商贸公司签订了一份冷库租赁协议,约定:刘先生租用其冷库6 m^2,时间自2011年6月1日至2012年4月28日,冷藏标准及月总费用900元;货物必须是冷冻后的产品,否则未经公司同意,一经查出,每吨按200元收取冷冻费。由此产生的冷冻储存质量问题与公司无关,并且无条件服从冷库统一管理制度。合同签订后,刘先生陆续将生鲜牛杂等食品放在该公司冷库处储存。2011年底,刘先生认为储存在商贸公司冷库处的生鲜牛杂等已变质,无法食用。由于双方商讨无果,遂诉至法院。审理中,刘先生申请对存放在商贸公司冷库的牛肉及牛杂能否达到食用的标准及市场零售价进行鉴定,但在规定的时间内未交纳鉴定费。

法院经审理认为,刘先生与该商贸公司签订的冷库租赁协议,是当事人真实意思的表示,且不违反有关法律、行政法规,属有效合同,当事人应当按照合同约定履行各自的义务。刘先生认为储存在商贸公司冷库的生鲜牛杂等已变质,不能食用,要求商贸公司支付牛肉款、牛杂款78 286元,证据不足,不予支持。据此,法院依法判决驳回刘先生的诉讼请求。

我国《合同法》第三百八十六条规定:保管人应当在仓单上签字或者盖章。仓单包括下列事项:(一)存货人的名称或者姓名和住所;(二)仓储物的品种、数量、质量、包装、件数和标记;(三)仓储物的损耗标准;(四)储存场所;(五)储存期间;(六)仓储费;(七)仓储物已经办理保险的,其保险金额、期间以及保险人的名称;(八)填发人、填发地和填发日期。另外,根据我国《中华人民共和国民事诉讼法》第六十四条和最高人民法院《关于民事诉讼证据的若干规定》第二条的规定,当事人对自己提出的主张有责任进行举证,没有证据或者证据不足以证明当事人的事实主张的,负有举证责任的当事人需要承担不利后果。在本案中,刘先生并未向法院举证持有存单;其次,在刘先生认为自己的货物存在质量问题时,没有及时交纳鉴定费进行鉴定、取证,以至于自己的诉请被驳回。

随着商贸活动的日渐频繁,仓储合同纠纷逐渐增多,那么如何去把握合同细节、规范合同行为以保障自己的合法权益呢?

(资料来源:合肥在线)

● 知识要点

一、仓储合同的特点

仓储合同是保管人储存存货人交付的仓储物,存货人支付仓储费的合同。提供储存保管服务的一方称为保管人,接受储存保管服务并支付报酬的一方称为存货人。交付保管的货物为仓储物,仓储合同属于保管合同的一种特殊类型。

仓储合同是一种特殊的保管合同,它具有保管合同的基本特征,同时又具有自己的特殊特征。

1. 合同的生效

合同的生效指已经成立的合同在当事人之间产生了一定的法律约束力。依《合同法》第三百八十二条规定,仓储合同自成立时生效。但这并不意味着仓储合同的成立与生效是一回事。若当事人约定合同的生效须满足一定条件的,则仓储合同的生效时间应在合同成立后并且其条件成就时。

仓储合同与保管合同的区别,如前所述,仓储合同有其法定的特点,所以在签订履行时要注意自己权利和义务的内容、起始时间,这决定着承担责任的内容和开始时间,例如合同生效时间二者不同,前者为成立时生效,后者为交付时生效;前者均为有偿,而后者有偿与否则由当事人自行约定。

2. 仓储合同的特殊特征

(1)仓储的货物所有权不发生转移,只是货物的占有权暂时转移,而货物的所有权或其他权利仍属于存货人。

(2)仓储保管的对象必须是动产,不动产不能作为仓储合同的保管对象。这也是仓储合同区别于保管合同的显著特征。

(3)仓储合同的保管人必须具有依法取得从事仓储保管业务的经营资格。

(4)仓储合同是诺成合同。仓储合同自成立时生效。这是仓储合同区别于保管合同的又一显著特征。

3. 仓储合同的格式

(1) 合同书是仓储合同的最常用格式之一,由合同名称、合同编号、合同条款、当事人签署四部分构成。

(2) 确认书是合同的格式的主要部分,一般有两种形式:一种是仅列明合同的主要事项,合同的其他条款在其他文件中表达;另一种是将完整合同事项列在确认书上,相当于合同书的形式。

(3) 计划表是长期仓储合同的补充合同或执行合同。

(4) 格式合同是由一方事先拟订,并在工商管理部门备案的单方确定合同格式合同,格式条款是当事人为了重复使用而预先拟订,并在订立合同时未与对方协商的条款。采用格式条款的合同称为格式合同或制式合同。现实生活中的车票、船票、机票、保险单、提单、仓单、出版合同等都是制式合同。

二、仓储合同双方的权利、义务

(一) 保管方的义务与存货方的权利

(1) 保证货物完好无损。

(2) 对库场因货物保管而配备的设备,保管方有义务加以维修,保证货物不受损害。

(3) 在由保管方负责对货物搬运、看护、技术检验时,保管方应及时委派有关人员。

(4) 保管方对自己的保管义务不得转让。

(5) 保管方不得使用保管的货物,不对此货物享有所有权和使用权。

(6) 保管方应做好入库的验收和接受工作,并办妥各种入库凭证手续,配合存货方做好货物的入库和交接工作。

(7) 对危险品和易腐货物,如不按规定操作和妥善保管,一旦造成毁损,则由保管方承担赔偿责任。

(8) 一旦接受存货方的储存要求,保管方应按时接收货物入库场。

(二) 存货方的义务与保管方的权利

(1) 存货方对入库场的货物数量、质量、规格、包装应与合同规定内容相符,并配合保管方做好货物入库场的交接工作。

(2) 按合同规定的时间提取委托保管的货物。

(3) 按合同规定的条件支付仓储保管费。

(4) 存货方应向保管方提供必要的货物验收资料。

(5) 对危险品货物,必须提供此类货物的性质、注意事项、预防措施、采取的方法等。

(6) 由于存货方原因造成退仓、不能入库场,存货方应按合同规定赔偿保管方。

(7) 由于存货方原因造成不能按期发货,由存货方赔偿逾期损失。

三、订立仓储合同的原则

1. 平等的原则

当事人双方法律地位平等是合同订立的基础,是任何合同行为都需要遵循的原则。任何一方采取恃强凌弱、以大欺小或者行政命令的方式订立的合同都是无效合同。任何一方不能采取歧视的方式选择订立合同的对象。

2. 等价有偿的原则

仓储合同是双务合同,合同双方都要承担相应的合同义务,享受相应的合同利益。保管人的利益体现在收取仓储费和劳务费两方面。在仓储过程中保管人的劳动、资源投入的多少,决定了保管人能获得多少报酬。等价有偿的原则也体现在当事人双方合同权利和义务对等上。

3. 自愿与协商一致的原则

生效合同是指当事人完全根据自身的需要和条件,通过广泛的协商,在整体上接受合同的约定时所订的合同。任何采取胁迫、欺诈等手段订立的合同都将是无效的合同。若合同未经协商一致,将来在合同履行中就会发生严重的争议,甚至会导致合同无法履行。

4. 合法和不损害社会公共利益

当事人在订立合同时要严格遵守法律法规的规定,不得进行违反任何法规强制规定的经济主体、公民不能从事的行为,包括不能发生超越经营权、侵害所有权、侵犯国家主权、危害环境等违法行为。不损害社会公共利益的原则要求合同主体在合同行为中不进行有损社会安定、扰乱社会经济秩序、妨碍人民生活、进行不道德的行为等不良行为;要尊重社会公德,维护国家形象,有利于精神文明的发展。不损害社会公共利益从内容上说属于道德规范,但在合同法的规范中形成了法律规范,损害社会公共利益已成为违法的行为。

四、仓储合同中的违约责任

(一) 保管人的违约责任

当事人在订立合同时要严格遵守相关法律法规,不得发生侵犯国家主权、危害环境、超越经营权、侵害所有权等违法行为。合同主体在合同行为中不得有扰乱社会经济秩序、妨碍人民生活、违背道德的行为。

(1) 保管人验收仓储物后,在仓储期间发生仓储物的品种、数量、质量、规格、型号不符合合同约定的,承担违约赔偿责任。

(2) 仓储期间,因保管人保管不善造成仓储物毁损、灭失,保管人承担违约赔偿责任。

(3) 仓储期间,因约定的保管条件发生变化而未及时通知存货人,造成仓储物的毁损、灭失,由保管人承担违约损害责任。

(二) 存货人的违约责任

(1) 存货人没有按合同的约定对仓储物进行必要的包装或该包装不符合约定要求,造成仓储物的毁损、灭失,自行承担责任,并由此承担给仓储保管人造成的损失。

(2)存货人没有按合同约定的仓储物的性质交付仓储物,或者超过储存期,造成仓储物的毁损、灭失,自行承担责任。

(3)危险有害物品必须在合同中注明,并提供必要的资料,存货人未按合同约定而造成损失,自行承担民事和刑事责任,并承担由此给仓储人造成的损失。

(4)逾期储存,承担加收费用的责任。

(5)储存期满不提取仓储物,经催告后仍不提取,存货人承担由此提存仓储物的违约赔偿责任。

五、仓储合同的违约责任的承担方式

仓储合同违约责任的承担方式有支付违约金、损害赔偿、继续履行、采取补救措施。仓储合同当事人签订合同的时候协商确定的违约金,约定违约金不能过高,也不能过低。

1. 支付违约金

违约金是指一方违约应当向另一方支付的一定数量的货币。从性质而言,违约金是"损失赔偿额的预定",具有赔偿性;同时,又是对违约行为的惩罚,具有惩罚性。

2. 损害赔偿

损害赔偿是指合同的一方当事人在不履行合同义务或履行合同义务不符合约定的情形下,在违约方履行义务或者采取其他补救措施后,在对方还有其他损失时,违约方承担赔偿损失的责任。

3. 继续履行

继续履行是指一方当事人在不履行合同时,对方有权要求违约方按照合同规定的标的履行义务,或者向法院请求强制违约方按照合同规定的标的履行义务,而不得以支付违约金和赔偿金的办法代替履行。

4. 采取补救措施

补救措施是指在违约方给对方造成损失后,为了防止损失的进一步扩大,由违约方依照法律规定承担的违约责任形式。如仓储物的更换、补足数量等。

六、仓储合同的主要内容

根据《仓储保管合同实施细则》的要求,签订仓储保管合同一般应具备以下主要条款。

1. 货物的品名和品种

仓储保管合同中储存保管的货物是特定物或特定化的种类物,是保管方接受存货方委托代为保管的,其所有权属于存货方,在合同有效期届满时,保管方必须将原货物完好无损地归还给存货方,因此合同中对货物的品名和品种应做出明确的规定。同时仓储保管合同的标的物以动产为限。

2. 货物的数量、质量、包装

货物的包装由存货方负责。其标准是,有国家或专业标准的,按国家或专业标准执行;没有国家或专业标准的,在保证运输和储存安全的前提下,由合同当事人议定。

3. 货物验收的内容、标准、方法、时间

保管方的正当验收项目为货物的品名、规格、数量、外包装状况以及无须开箱拆捆直观可见可辨的质量情况。包装内的货物品名、规格、数量,以外包装或货物上的标记为准,外包装或货物上无标记的,以供货方提供的验收资料为准。散装货物按国家有关规定或合同规定验收。验收期限,国内货物不超过1天,国外到货不超过30天,法律或合同另有规定的除外。货物验收期限是指货物和验收资料全部送达保管方之日起,至验收报告送出之日止。

4. 货物保管条件和要求

仓储保管合同中的货物种类繁多,不少货物由于本身的性质需要特殊的保管条件或保管方法,所以在合同中必须明确规定保管条件和要求。

5. 货物进出库手续、时间、地点、运输方式

由存货人或运输部门、供货单位送货到库的或由保管人负责到供货单位、车站、港口等处提运的仓储物,必须按照正常验收项目进行验收或按国家规定当面交接清楚、分清责任。交接中发现问题,供货人在同一城镇的,保管人可以拒收;外埠或本埠港、站、机场、邮局到货,保管人应予接货,妥善暂存,并在有效验收期内通知存货人和供货人处理;对于仓储物的出库,也应明确存货人自提或保管人送货上门或保管人代办运输的责任。

6. 货物损耗标准和损耗的处理

损耗标准是指货物在储存、运输过程中,由于自然因素(如干燥、风化、散失、挥发、黏结等)和货物本身的性质和度量衡的误差等原因,不可避免地要发生一定数量的减少、破损或计量误差。有关主管部门对此做出规定或由合同当事人商定货物自然减量标准和合理磅差(一般以百分比或千分比表示),统称为损耗标准。

损耗的处理是指实际发生的损耗,超过标准或没有超过标准规定时,如何划分经济责任以及对实物如何进行处理。如在货物验收过程中,在途损耗不超过仓储物自然减量标准和损耗在规定磅差范围内的,仓库可按实际验收数验收入库;如果超过规定,应核实做出验收记录,按照规定处理。

7. 计费项目、标准和结算方式,银行、账号、时间

货物储存和运输过程中的计费项目,应按仓储保管部门制定的标准执行,可由当事人双方协商确定。存货方一般应按月支付保管费用。

8. 违约责任

《仓储保管合同实施细则》规定:保管人不能全部或部分按合同议定的品名、时间、数量接货的,存货方不能全部或部分按合同议定的品名、时间、数量入库(含超议定储存量储存)的,保管方没有按合同规定时间、数量交货的,存货方已通知货物出库或合同期已到,由于存货方(含用户)的原因不能如期出库的,均应承担违约责任。当事人必须向对方支付违约金,合同另有规定的除外。违约金的数额为违约所涉及的那一部分货物的3个月保管费(或租金)或3倍的劳务费,合同另有规定的除外。因违约使对方遭受经济损失的,如违约金不足以抵偿实际损失,还应以赔偿金的形式补偿其差额部分。

其他违约行为给对方造成经济损失的,一律赔偿实际损失。

赔偿货物的损失,一律按进货价或国家批准调整后的价格计算;有残值的,应扣除残值部分或残值归赔偿方;不负责赔偿实物。

9. 合同的有效期限

合同的有效期限即货物的保管期限,存货方过期不取走货物,应承担违约责任。但有的存储保管合同也可以不规定期限,双方约定只要存货方按日或按月支付保管费用,即可继续存放。

10. 变更或解除合同期限

保管方或存货方如需要对合同进行变更或解除,必须事先通知对方,以便做好相应的准备工作。因此,仓储保管合同中应当明确规定提出变更或解除合同的期限。

● **应用案例**

某玩具生产厂于2013年9月5日向一仓库公司发出要约,希望和对方签订仓储合同。该仓储公司于2013年9月10日向玩具生产厂发出承诺。承诺中又提出要与玩具生产厂于2013年9月20日签订正式仓储合同。而该玩具生产厂于2013年9月16日与另一仓储公司签仓订储合同,原因是其仓储费更便宜。

请分析:该玩具厂是否违约,为什么?

七、仓单

(一)仓单与仓储合同的关系

仓单是仓储合同履行中的一个重要文件。签发仓单是保管人的一项义务。根据我国《合同法》第三百八十五条的规定,在仓储合同履行中,存货人交付仓储物的,保管人应当给付仓单。仓储保管人签发仓单,既是其接收存货人交付仓储物的必要手续,也是其向存货人履行的一项合同义务。

仓单只是仓储合同的一种证明文件,并不能代替仓储合同。填发和给付仓单是仓储保管人的一项义务,保管人必须依法制作仓单。由于法律并未要求仓储合同当事人一定要订立书面合同,因此在当事人只有口头协议时,仓单可以作为当事人订有合同的证明。如果当事人事先并无仓储合同,也可以直接以仓单作为双方的书面合同。

(二)仓单的含义及对仓单法律概念的理解

仓单是保管人收到仓储物后给存货人开付的提取仓储物的凭证。

依据我国《合同法》第三百八十五条规则,存货人交付仓储物,保管人应当给付仓单。仓单,是指仓储保管人在收到仓储物时向存货人签发的表明现已收到一定数量的仓储物,并以此来表示代表相应的财产所有权利的法律文书。

(三)仓单的性质

1. 仓单是储存物所有权的法律文书

保管人收到存货人的物品时,经过检验后向存货人开具的仓单说明此时仓储物的所有权是属于存货人的,存货人只是将仓储物的储存保管责任转交给仓储保管人。

2. 仓单是提货的凭证

在提取仓储物时,必须出示仓单,并要求将货物提出后将仓单交还仓储保管人注销。没有仓单的,不能直接提取仓储物。

3. 仓单为有价证券

我国《合同法》第三百八十七条规定:"仓单是提取仓储物的凭证。存货人或者仓单持有人在仓单上背书并经保管人签字或者盖章的,可以转让提取仓储物的权利。"可见,仓单表明存货人或者仓单持有人对仓储物的交付请求权,故为有价证券。

仓单除作为已收取仓储物的凭证和提取仓储物的凭证外,还可以通过背书,转让仓单项下货物的所有权,或者用于出质。存货人在仓单上背书并经保管人签字或者盖章,转让仓单始生效力。存货人以仓单出质应当与质权人签订质押合同,在仓单上背书并经保管人签字或者盖章,将仓单交付质权人后,质押合同始生效力。

(四)仓单的主要事项

根据《合同法》第三百八十六条规定,仓单包括下列事项:存货人的名称或者姓名和住所;仓储物的品种、数量、质量、包装、件数和标记;仓储物的损耗标准;储存场所;储存期间;仓储费;保险事项记载;填发人、填发地点和填发时间。

(五)仓单生效的条件

仓单生效必须具备两个要件。

1. 保管人须在仓单上签字或者盖章

保管人在仓单上签字或者盖章表明保管人对收到存货人交付仓储物的事实进行确认。保管人未签字或者盖章的仓单说明保管人还没有收到存货人交付的仓储物,故该仓单不具有法律效力。当保管人为法人时,由其法定代表人或其授权的代理人及雇员签字;当保管人为其他经济组织时,由其主要负责人签字;当保管人为个体工商户时,由其经营者签字。盖章指加盖保管人单位公章。签字或者盖章由保管人选择其一即可。

2. 仓单须包括一定的法定必要记载事项

仓单的法定必要记载事项共有八项,其中,存货人的名称或者姓名和住所,仓储物的品种、数量、质量、包装、件数和标记,储存场所,填发人、填发地和填发日期四项为绝对必要记载事项,若不记载,则不具有相应的证券效力。其余四项属于相对必要记载事项,如当事人不记载则按法律的规定来处理。

(六)仓单业务

1. 仓单的签收

当存货人将仓储物交给仓储保管人时,仓储保管人应对仓储物进行验收,确认仓储物的状态,在全部仓储物入库后,填制、签发仓单。仓储保管人在填制仓单时,必须将所有接收的仓储物的实际情况如实记录在仓单上,特别是对仓储物的不良状态更要准确描述,以便到期时能按仓单的记载交还仓储物。仓单经仓储保管人签署后才能生效。《合同法》规定,仓储保管人只签发一式两份仓单,一份为正式仓单,交给存货人;另一份为存根,由仓储保管人保管。仓单副本则根据业务需要复制相应份数,但须注明为"副本"。

2. 仓单的分割

存货人将一批仓储物交给仓储保管人时,因为转让的需要,要求仓储保管人签发一式几份的仓单,或者仓单持有人要求保管人将原先的一份分拆成多份仓单,以便向不同人转让,这种类型的业务被称为仓单的分割。分割后的各份仓单所载的仓储物总和数目应与仓储物实际总数相同。如果仓储保管人对已经签发的仓单进行了分割,必须将原仓单收回。

3. 仓单的转让

仓单持有人需要转让仓储物时,可以采用背书转让的方式进行。仓单转让生效的条件为背书完整,且经过保管人签字或盖章。背书转让的出让人为背书人,受让人为被背书人。背书的格式为:

兹将本仓单转让给×××(被背书人的完整名称)

×××(背书人的完整名称)

(背书经办人签名、日期)

仓单可以进行多次背书转让,第一次背书的存货人为第一背书人。在第二次转让时,第一次背书人就成为第二背书人,因而背书过程是衔接的完整过程,任何参与该仓单转让的人都在仓单的背书过程中记载。值得任意的是,如果仓单中明确记载了不得背书的,则仓单即使做了背书,也不能发生转让提取仓储物权利的效力。

4. 凭单提货

在仓储期满或经仓储保管人同意的提货时间,仓单持有人向仓储保管人提交仓单并出示身份证明,经保管人核对无误后,仓储保管人给予办理提货手续。

5. 仓单灭失的提货

原则上提货人不能提交仓单,仓储保管人不能交付货物,无论对方是合同订立人还是其他人。因为仓储保管人签发出仓单就意味着承认只能对仓单承担交货的责任,不能向仓单持有人交付储存物后出问题就需要给予赔偿。在实际业务操作过程中会出现仓单因故损毁和灭失而无单提货的情况。仓单灭失的提货方法一般有两种:

(1)通过人民法院的公示催告使仓单失效。当60天公示期满无人争议,法院可以判决仓单无效,申请人可以向仓储保管人要求提取仓储物。

(2)提供担保提货。提货人向仓储保管人提供仓储物的担保后提货,由仓储保管人掌握担保财产,将来另有人出示仓单而不能交货时,仓储保管人使用担保财产进行赔偿。

● 应用案例

仓单质押

中国建设银行上海分行开展标准仓单质押融资业务。某企业拥有上海期货交易所指定的仓库现货,急需短期运营资金,可以其自有且允许在交易所交易的标准仓单为质押,向这家银行申请短期融资,融资期限为10~180天,质押率高达80%。

仓单质押业务是解决仓库存货客户资金紧缺、保证银行放贷安全和增加储运仓库货源的有效途径,可以取得一举三得的效果。目前,这项从仓库引申出来的新业务受到了行业内营业仓库的认可。但同时,此业务也存在着一定的风险。

质权与所有权冲突

南鹏贸易公司为取得某银行的授信,称其有一批钢材可以作为质押担保提供给银行。该批钢材储存于中穗钢铁公司,银行经考察后同意接受该钢材的质押,与南鹏公司签署了综合授信协议A,同时该批钢材仍然存放于中穗公司仓库内,由银行委托的某监管公司入驻中穗仓库,实施质押监管。银行、南鹏公司、监管公司签署了三方监管协议。监管公司、中穗公司签署了仓库租赁协议,监管公司可以协议租金租赁该仓库,上述手续履行完毕后,银行向南鹏公司发放了贷款,上述交易进行了五个月之后,为保证综合授信协议A的履行,中穗公司、南鹏公司又与银行签署了一份最高额质押担保合同,两公司共同作为出资人与他们单独或共同所有的钢材处置,同时两公司与银行监管公司签订了另外一份质押监管协议。

其后另一家公司五广贸易公司声称,存放于中穗公司仓库的该批钢材是其所有,五广公司在中汇公司存放的货物,双方签订有仓储保管合同,且一直在履行。中穗公司之前一直根据五广贸易公司的指令放货,南鹏公司与中汇公司不是有关钢材的所有权人,无权对货物进行处置。鉴于有关情况危急,银行根据综合授信协议A中约定的仲裁条款,向某仲裁委员会提起仲裁,要求借款人立即偿还贷款,要求仲裁庭确认银行对合同项下的质物享有优先受偿权。银行提起仲裁申请后,五广公司也立即向当地法院提起诉讼,起诉银行、南鹏公司、中穗公司及监管公司,要求法院认定其享有有关货物的所有权,同时认定银行对该货物不享有质权。

法院认定五广公司的所有权成立,对银行的质权优于司法程序问题未做出认定,仲裁庭认定银行质权有效,但该仲裁裁决被有关法院以证据不足为由,裁定不予执行,本案仍在处理中。

根据本案例,请分析:本质押监管业务案例中的风险原因是什么?风险点有哪些?试着给出改进建议。

●任务提示

首先在签订仓储合同时,保管人应当对入库的货物进行验收,若发现入库货物与存货人所述不一致,比如在质量和数量上有差距,要及时通知存货人,不然将可能承担责任。另外,保管人应向存货人出具仓单,仓单要详细记录货品的品种、数量、质量、包装、标记、自然损耗的标准、储存场所、储存时间以及仓储费用。

存货人在认为有必要的时候,可以对储存的贵重物品进行投保。在储存期间,保管人若发现储存物品有损坏,应及时通知存货人进行处理,情况紧急下可以先做必要处理事后再行通知。

储存期间,因保管人保管不善造成仓储物毁损、灭失的,保管人应当承担损害赔偿责任。但若是因仓储物的性质、包装不符合约定或者超过有效储存期造成仓储物变质、损坏的,保管人不承担损害赔偿责任。

最后,需要特别说明的是仓单,它是提取仓储物的唯一凭证,一定要妥善进行保管。存货人或者仓单持有人在仓单上背书,并经保管人签字或者盖章的,才可以转让提取仓储物的权利。

任务四
配送服务合同管理

● 任务布置

小刘代表晨达配送中心与流花食品厂签订配送合同,该厂将货物储存在配送中心。3月20日,20箱薯片由晨达配送到新世纪超市。到货后,超市收货人在未做验货情况下签收配送单。3月21日,超市人员发现该批薯片大部分由于长期保存不当受潮,且在送货途中因颠簸碎裂。超市向流花食品厂进行索赔,但该厂要求晨达配送中心进行赔偿,并扣压支付给其的各项费用。晨达不服,将配送剩余物强行占有,以超市已签单为由,拒不归还。

请分析在此事件中,配送方、委托方、收货方三方具有的权利与义务分别是什么?

● 知识要点

一、配送服务合同的性质

配送服务合同是指配送经营人与配送委托人签订的有关确定配送服务权利和义务的协议。或者说,是配送服务经营人收取费用,将委托人委托的配送物品在约定的时间和地点交付给收货人而订立的合同。委托人可以是收货、发货、贸易经营、商品出售、商品购买、物流经营、生产企业等配送物的所有人或占有人,也可以是企业、组织或者个人。

1. 无名合同

配送服务合同不是《合同法》分则中的有名合同,不能直接引用《合同法》分则有名合同的规范,因而配送服务合同需要依据《合同法》总则的规范,并参照运输合同、仓储合同、保管合同的有关规范,通过当事人签署完整的合同调整双方的权利和义务关系。

2. 有偿合同

配送服务是一种产品,配送服务经营人需要投入相应的物化成本和劳动才能实现产品的生产。独立的配送经营是为了营利的经营,需要在配送经营中获得利益回报。配送经营的营利性决定了配送服务合同为有偿合同。委托人需要对接受配送服务产品支付报酬,配送服务经营人收取报酬是其合同的权利。

3. 诺成合同

诺成合同表示合同成立即可生效。当事人对配送服务关系达成一致意见时配送服务合同就成立,合同也即生效。配送服务合同生效后,配送服务方需为履行合同组织力量,安排人力、物力,甚至要投入较多资源,如购置设备、聘请人员。如果说合同还不能生效,显然对配送服务经营人极不公平,因而配送服务合同必须是诺成合同。当事人在合同订立后没有依据合同履行义务,就构成违约。当然,当事人可在合同中确定合同开始履行的时间或条件,时间未到或条件未达到时虽然合同未开始履行,但并不构成合同未生效。

4. 长期性

配送服务活动具有相对长期性的特性,配送过程都需要持续一段时期,以便开展有计划、小批量、不间断的配送,实现配送的经济目的。如果只是一次性的送货,则成为运输关系而非配送关系。因而配送合同一般是期限合同,确定一段时期的配送关系;或者是一定数量产品的配送,需要持续较长的时间。

二、配送服务合同的主要条款

无论是独立的配送服务合同还是附属配送服务合同,都需要对配送服务活动当事人的权利和义务协商达成一致意见,并通过合同条款准确地表述。配送服务合同的主要条款包括以下几个方面:

1. 合同当事人

合同当事人是合同的责任主体,是所有合同都必须明确表达的项目。

2. 配送服务合同的标的

配送服务合同的标的就是将配送物品有计划地在确定时间和确定地点交付收货人。配送服务合同的标的是一种行为,因而配送服务合同是行为合同。

3. 配送方法

配送方法即配送要求,是合同双方协商同意配送所要达到的标准,是合同标的完整细致的表述,根据委托方的需要和配送方的能力协商确定。配送方法有定量配送、定时配送、定时定量配送、即时配送、多点配送等多种方法。需要在合同中明确时间及其间隔、发货地点或送达地点、数量等配送条件。配送方法还包括配送人对配送物处理的行为约定,如配装、分类、装箱等。配送方法变更的方法,如订单调整等。

4. 标的物

被配送的对象,可以为生产资料或生活资料,但必须是动产、有形的财产。配送物的种类品名、包装、单重、尺寸、体积、性质等决定了配送的操作方法和难易程度等,需要在合同中明确。

5. 当事人权利与义务

在合同中明确双方当事人需要履行的行为或者不作为的约定。

6. 违约责任

约定任何一方违反合同约定时需向对方承担的责任。违约责任约定有违约行为需支付的违约金的数量、违约造成对方损失的赔偿责任及赔偿方法、违约方继续履行合同的条件等。

7. 补救措施

补救措施本身是违约责任的一种,但由于配送合同的未履行可能产生极其严重的后果,为避免损失的扩大,合同约定发生一些可能产生严重后果的违约的补救方法,如紧急送货、就地采购等措施的采用条件和责任承担等。

8. 配送费和价格调整

配送费是配送经营人订立配送合同的目的。配送人的配送费应该弥补其开展配送业务的成本支出和获取可能得到的收益。合同中需要明确配送费的计费标准、计费方法、总费用以及费用支付的方法。

由于配送合同持续时间长,在合同期间因为构成价格的成本要素价格发生变化,如劳动力价格、保险价格、燃料和电力价格、路桥费等变化,为了使配送方不至于亏损,或者委托方也能分享成本降低的利益,允许对配送价格进行适当调整,在合同中订立价格调整条件和调整幅度的约定。

9. 合同期限和合同延续条款

对于按时间履行的配送合同,必须在合同中明确合同的起止时间,起止时间用明确的日期方式表达。大多数情况下,配送关系建立后都会保持很长的时间,这就会出现合同不断延续的情况。为了使延续合同不会发生较大的变化,简化延续合同的合同订立程序,往往在合同中确定延续合同的订立方法和基本条件要求,如提出续约的时间、没有异议时自然续约等约定。

三、配送服务合同的订立

配送服务合同是双方对委托配送经协商达成一致意见的结果。经过要约和承诺的过程,承诺生效,合同成立。在现阶段我国配送合同的订立往往需要配送经营人首先要约,向客户提出配送服务的整体方案,指明配送业务对客户产生的利益和配送实施的方法,以便客户选择接受配送服务并订立合同。

配送服务合同的要约和承诺可用口头形式、书面形式或其他形式。同样的,配送服务合同也可采用口头形式、书面形式或其他形式,为非要式合同。但由于配送时间延续较长,配送服务所涉及的计划管理性强;非及时性配送所产生的后果可大可小,甚至会产生如生产线停工、客户流失等重大损失;配送服务过程受环境因素的影响较大,如交通事故等。为了便于双方履行合同、利用合同解决争议,采用完整的书面合同最为合适。

四、配送服务合同的履行

配送服务合同双方应按照合同约定严格履行合同,任意一方不得擅自改变合同的约定,是双方的基本合同义务。此外,依据合同的目的可以推断出双方当事人还需要分别承担一些责任,应予以重视,尽管合同没有约定。

1. 配送委托人保证配送物适宜配送

配送委托人需要保证由其本人或者其他人提交的配送物适宜于配送和配送作业。对配送物进行必要的包装或定型;标注明显的标识并保证能与其他商品相区别;保证配送物可按配送要求进行分拆、组合;配送物能用约定的或者常规的作业方法进行装卸、搬运等作业;配送物不是法规禁止运输和仓储的禁品;对于限制运输的物品,需提供准予运输的证明文件等。

2. 配送经营人采取合适的方法履行配送的义务

配送经营人所使用的配送中心具有合适的库场,适宜于配送物的仓储、保管、分拣等作业;采用合适的运输工具、搬运工具、作业工具,如干杂货使用厢式车运输,使用避免损害货物的装卸方法,大件重货使用吊机、拖车作业;对运输工具进行妥善积载,使用必要的装载衬垫、捆扎、遮盖;采取合理的配送运输线路;使用公认的或者习惯的理货计量方法,保证理货计量准确。

3. 配送人提供配送单证

配送经营人在送货时须向收货人提供配送单证、配送货物清单。配送清单为一式两联,详细列明配送物的品名、等级、数量等信息,经收货人签署后收货人和配送人各持一联,以备核查和汇总。配送人需在一定时间间隔向收货人提供配送汇总表。

4. 收货人收受货物

委托人保证所要求配送的收货人正常地接受货物,不会出现无故拒收;收货人提供合适的收货场所和作业条件。收货人对接收的配送物有义务进行理算查验,并签收配送单和注明收货时间。

5. 配送人向委托人提供存货信息和配送报表

配送人需在约定的期间(如每天)向委托人提供存货信息,并随时接受委托人的存货查询,定期向委托人提交配送报表、分收货人报表、残损报表等汇总材料。

6. 配送人接受配送物并承担仓储和保管义务

配送经营人需按配送合同的约定接受委托人送达的配送物,承担查验、清点、交接、入库登记、编制报表的义务,安排合适的地点存放货物,妥善堆积或上架;对库存货物进行妥善的保管、照料,防止存货受损。

7. 配送人返还配送剩余物,委托人处理残料

配送期满或者配送合同履行完毕,配送经营人需要将剩余的物品返还给委托人,或者按委托人的要求交付给其指定的其他人。配送人不得无偿占有配送剩余物,同样,委托人有义务处理配送残余物或残损废品、回收物品、加工废料等。

● **任务提示**

配送经营人采取合适方法履行配送义务;配送人接受配送物并承担仓储和保管义务;配送人返还配送剩余物,委托人处理残料;收货人接收货物,有义务进行理算查验。

● **项目实训**

配送商务合同及运营管理

1. 实训目标

通过本项目的实训操作,学生能够充分了解配送成本内容、配送商务合同管理的内容以及大型配送中心的运营策略,并提出改进建议。

2. 实训背景

利用所在地区优秀的连锁经营环境,选择有代表性的企业,将实践内容安排在连锁配送中心。通过实地考察与访谈,获得第一手实践资料。

3. 实训组织

学生分组，每组5人左右。实行组长负责制，要求有明确的分工和调研进度表，通过多次实地考察，理论联系实际，深入了解配送成本的构成及控制方法、配送中心的运营策略、配送服务合同中各方的权利和义务及注意事项。

4. 实训任务

（1）详细了解拟调研企业配送中心的基本概况，包括占地面积、主要配送商品、配送规模、员工人数、组织结构、主要客户类型等。

（2）明确企业配送成本的构成、主要控制方法和目前面对的主要问题。

（3）明确企业配送中心运营策略及发展趋势。

（4）针对调研资料，提出改进建议，形成调研报告。

项目八 物流配送的服务管理

项目八 物流配送的服务管理

● 学习目标

知识目标

理解配送中心的物流服务能力,掌握配送服务质量要素;了解配送服务中常见的问题及对策,理解"6S"的含义,掌握物流仓储企业提高"6S"管理效果的方法;掌握配送中心绩效评价的概念;了解配送中心绩效评价的策略,熟悉配送中心绩效评价的方法;知道配送中心绩效评价的各种指标体系,明晰配送中心绩效指标分析。

技能目标

描述、理解配送中心的物流服务能力;会在物流仓储企业使用"6S"管理方法,能够针对特定的企业,发现配送中心"6S"管理存在的具体问题,提出物流企业中"6S"管理具体的改进措施;描述配送中心绩效评价的定义,会用配送中心绩效评价的方法,认知配送中心绩效评价的分类指标,进行配送中心绩效评价的指标分析。

项目任务

任务一 配送中心服务管理
任务二 配送"6S"管理
任务三 配送绩效管理

配送作业

任务一
配送中心服务管理

● 任务布置

现在,随着人们生活水平的提高,很多人越来越重视生活品质,山鸡蛋、黑猪肉、跑山鸡和绿色蔬菜等特别受人们的青睐和关注。上海源甲餐饮有限公司为了满足人们高品质的生活需求,开始为城市高消费人群提供蔬菜配送、食材配送这种有品位的生活用品的服务。

上海源甲餐饮有限公司的蔬菜配送工作首先是方便,不用这些职场人士下班后再去超市排队或者去脏乱的菜市场选购,其次就是源甲餐饮配送的蔬菜都是绿色无公害的放心菜,买得放心,吃得舒心,他们配送的产品都是让消费者很信得过的产品。

很多人到超市或者菜市场买菜是不是存在那种选择少甚至有时空手而归的感觉?即便他们在超市或者菜市场买了菜,也只是买了几种对他们来说比较熟悉的品种,菜色单一不说,还容易造成营养的不均衡。源甲餐饮有限公司在给客户们进行蔬菜配送工作时,配送的蔬菜每周二三次,而且蔬菜花样繁多,百搭配送,营养也更加多样而均衡,让消费者非常享受。

源甲餐饮管理有限公司提供的蔬菜配送服务可以完全服务到位,更是腿脚不方便的中老年人的福音。城市里很多家庭离菜市场远,购买蔬菜很是不便,而源甲餐饮有限公司就成功帮助这些客户解决了这些问题。

小吴毕业后进入配送中心工作。近期,配送中心以提升客户服务水平为目标,严格落实相关管理制度,强化意识,做实配送服务。小吴的一个工作任务是分析应如何强化配送中心员工的意识,来提升配送中心的客户服务水平。

(资料来源:石家庄新闻网)

● 知识要点

一、配送中心服务管理

(一)配送服务的构成要素

配送服务的构成要素有三个:

1. 备货保证

备货保证就是指配送中心要拥有客户所需的商品,否则会让客户产生失望的情绪。好比超市,物品种类要齐全,并且数量充足。备货保证的考核指标是在库服务率,即商品符合和满足顾客要求的比例。

2.品质保证

品质保证就是指配送中心的商品要达到客户所希望的质量要求,不能将过期的、有质量问题和瑕疵的货物送给客户,否则会引起客户的不满和投诉。

在配送中心,货物的物理损伤、仓储中损伤、运输中损伤、错误输送等几乎每天都在发生,配送中心要把客户需要的东西或服务最大化,不需要的东西或服务最小化。

3.运输保证

运输保证就是指配送中心要在客户希望的时间内把货物配送到客户手中。订货截止日期、进货周期、订货单位、订货频率等都是衡量配送中心运输保证的指标。

（二）配送中心的物流服务能力

配送的基本服务是指配送主体根据客户要求和基本业务关系制定客户服务方案。客户的要求基本上大同小异,无外乎质量、时间、品种、价格等。

配送中心的物流服务能力是诸多要素共同作用的结果,需要从系统的角度做整体分析。同时物流服务能力是对具体表象的抽象表述,要对其进行量化是一件十分困难的事情,特别是配送中心物流服务无形能力。

1.配送中心物流服务有形能力

配送中心物流服务有形能力是指仓储能力、分拣能力、装卸能力、运输能力、配送中心物流服务有形能力的适配性等。

配送中心物流服务有形能力各要素之间的适配性是衡量其物流服务能力的重要指标。配送中心物流服务有形能力的各构成要素不是孤立存在的个体,只有各个要素环节协调一致,才能充分发挥配送中心物流服务能力,否则必将造成配送中心物流作业瓶颈的存在,导致部分资源闲置,物流服务能力不能得到充分发挥。同时,找出服务能力较差的薄弱作业环节,消除作业瓶颈,是提升物流服务能力的重点。

2.配送中心物流服务无形能力

配送中心物流服务无形能力与有形能力相对应,是指配送中心采用物流计划、组织、控制、协调等管理手段以达到物流资源合理配置、物流系统高效运转、物流成本有效控制、客户要求充分满足等目标的能力。

如果说物流服务有形能力是一种静态能力,那么物流服务无形能力就是在这种静态能力的基础上的一种动态提升,是一种对物流活动进行管理的能力。配送中心物流服务有形能力是其物流服务水平的一种静态表现,无形能力则是在这种静态能力的基础上所进行的一种动态提升,正是通过对计划、组织、协调配送中心物流服务能力才能从整体上得到体现。

3.配送中心物流服务有形能力和无形能力的关系

配送中心物流服务有形能力和无形能力是配送中心物流服务能力的两个重要组成部分,不可偏废其一。只有从系统的角度出发,同时提高有形能力和无形能力,才能达到配送中心物流服务能力的整体提升。配送中心物流服务有形能力是无形能力的前提和基础。只有在具备了一定数量的运输工具、储存场地、物流设施设备的前提下才能开展物流服务,形成物流服务能力,所以配送中心物流服务有形能力是无形服务能力的着力点和保障,离开了有形能力,配送中心物流服务无形能力就失去了发挥的基础。

二、配送服务质量要素

1. 产品的可得性

产品的可得性是配送服务最常见的度量,衡量的标准是可得百分比。

2. 备货时间

备货时间是指客户下单之后,配送中心完成备货需要的时间。

3. 配送系统信息

配送中心要关注配送信息系统对客户需求信息反应的及时性与准确性。

4. 配送系统的纠错能力

当数据出现错误时,配送中心要有应急方案,争取把损失降到最低。该项指标的衡量标准是应答与恢复的时间,这个时间越短,说明系统的纠错能力越强。

5. 配送人员与客户的沟通

配送人员会直接接触到客户,所以配送人员的沟通能力和客户服务意识会影响到配送服务的质量。

6. 配送服务后的支持

配送服务后的支持就是指售后服务,衡量指标是应答时间与应答质量。

三、配送服务质量常见的问题及对策

1. 送货速度慢

对于配送中心的送货速度不能达到客户要求的问题,改进方法有:第一,重新拟定送货路线,选择时间较短的路线;第二,调整配送作业流程,着急的客户可以先配送,不着急的客户后配送;第三,选择小型送货车,车型越小,受道路影响也越小,配送更加灵活;第四,考虑共同配送,把几个客户的货物集中在一起配送。

2. 送货不准时

配送中心要想提高送货的准时性,有以下方法:第一,制定一个合理的配送管理规章制度和作业规范,并且严格执行配送管理制度;第二,重新测算送货所需要的时间;第三,严格对配送车辆进行检修和保养,避免车辆在运输途中出现故障;第四,加强配送人员业务培训,提高员工素质,这也是提高客户满意度的一种方法;第五,调整商品品种,适当增加经常所缺的商品的库存量。库存是浪费之源,配送中心要减少库存,但也要把握好度,要保证经常缺货的商品有充足的库存。

3. 缺乏与客户有效沟通的途径

配送中心有时缺乏与客户沟通的途径,为了解决这个问题,提高客户满意程度,配送中心应做到以下几点:在公司主页上添加查询系统,并向客户公布查询的标准信息;在主页上公布客服电话和人员名单及投诉处理程序,加强人员管理。这样就能把客户的意见和建议及时反馈到配送中心,也能把配送中心掌握的情况及时告知客户,减少误会的发生率,提升客户满意度。

4.配送中出现质量问题

在配送物品的过程中,有时会出现质量问题,对于这种情况,解决途径主要有以下几点:第一,严格配送系统的岗位责任制,保证每个模块的工作质量都能达标;第二,对工作人员进行业务培训,提高其工作能力;第三,对配送物品进行严格检查,以保证其适宜及准确配送,这是最原始、最可靠的方法。

● 应用案例

"星级配送服务"标准包含10条服务规范

4月20日消息,在"428京东配送员日"到来之际,京东对外发布了业内首个"五星级配送服务"标准。

据了解,这一套服务标准包含"您好+"(微笑及文明用语)服务、清洁包裹、纸箱回收、帮带垃圾、拍照通知、闪亮登场、呵护孩子、带穿鞋套、郊县代购、安心达服务等十条服务规范。

"428京东配送员日"由京东于2016年首次设立,旨在向所有奋战在一线的仓储、配送、客服、售后等员工表示致敬,并呼吁全社会给予这些基层劳动者更多的尊重、关注和关爱。

此次京东公布的"五星配送服务标准"中,"闪亮登场""安心达服务""郊县代购""呵护孩子"等大众较为陌生的服务标准引起了消费者的关注。

据京东相关负责人介绍,"闪亮登场"是指京东要求每位配送员每周对工服进行一次清洗、经常洗澡、每月至少理发一次,保证以最清新的面貌、最良好的形象出现在用户的面前;"安心达服务"是指购买了高值商品的用户,会为之提供新能源车配送、定制工服等一系列定制服务;"郊县代购"是针对偏远山区购物不便的客户,配送员可以为他们代购一些蔬菜等生活用品;"呵护孩子"则是针对家中有小孩的客户,配送员了解后提前电话联系,轻声敲门,避免惊扰孩子。据了解,这十项服务标准是京东物流部门通过不断收集、总结实际服务中消费者的需求和反馈制定的。

后续京东还将持续根据用户的实际需要对服务标准进行充实和完善,真正做到360°无死角贴心服务。

据悉,京东全新改版的配送小哥主页将在近期上线,小哥的服务星级、服务特色评价标签、配送服务数据得到更充分显示。小哥打赏系统更有效推动用户与小哥的良性互动,京东此举意在为配送小哥创造受人尊敬的工作环境,以成绩展示和优质服务回馈的形式对配送小哥产生有效激励。

(信息来源:TechWeb)

● 任务提示

如何才能强化配送中心员工的意识,提升配送中心的客户服务水平?

强化服务意识。规范送货作业行为,要求送货员送货上门、轻拿轻放、文明用语、准时送货、粘贴发票、及时收集和反馈送货服务过程的问题,满足客户合理诉求;加强送货服务质量督查,以考核检查、领导下基层、跟车送货等方式,对送货人员的服务态度、送货服务质量、行为规范等情况进行现场调查,以考核促服务水平持续提升。同时,配送能消除客户对虚拟企业及在线购物的怀疑心理,树立企业在客户心中的良好形象,物流配送是企业面对客户的一种营销手段。

强化纪律意识。严格落实规范经营要求,杜绝不按照路线送货到户、擅自调剂、私自处理、截留客户所订货物,不按订单送货到户、擅自改变送货路线、拆单分销、送货单未经签字确认、到货假确认等行为。

强化安全意识。开展多种安全教育,通过集中学习、工作早会、月底安全培训等活动,加强对送货人员安全送货、应急处置知识的教育,提高安全驾驶意识;开展多种车辆安全检查,通过驾驶员自查、部门抽查、车组互查、修理厂专业检查、领导下基层路查等形式,不断加强车辆安全管理力度,督促驾驶员做好车辆保养维修,做到不留隐患;开展多种交心谈心,通过个别交谈、微信沟通、电话交流等方式,疏导一线送货人员情绪,促使驾驶员与送货员在送货时相互配合、相互提醒,确保人员、资金、车辆、商品的安全。

强化信息意识。物流配送提供了商家与客户面对面交流的机会,有助于双方增进了解与沟通,是搜集客户信息、市场信息、竞争对手信息的好机会。

任务二
配送"6S"管理

● **任务布置**

小吴进入某物流公司工作一段时间后,表现不错,深受领导赏识,被安排在中心仓库全面实施"6S"管理活动,要求在传统"5S"(整理、整顿、清扫、清洁、素养)的基础上增加"安全"要素,将精益管理理念全面融入仓储日常管理和一线班组建设,规范仓储全业务管理标准,增强现场零事故安全管控,构建持续改进型的精益仓储管理模式。小吴应从哪些方面着手扎实推进"6S"管理方法在仓库管理工作中生根发芽呢?

案例:湖南长沙市公司物流配送中心四大举措推进"6S"管理

今年以来,长沙市烟草专卖局(公司)从领导重视、全员参与、持续改进、强化考核四个方面着手,扎实推进"6S"管理方法在物流管理工作中生根发芽。

一是领导高度重视。成立以中心主任为组长、各业务部门骨干为副组长的"6S"管理推进小组。小组通过周密调研、详细论证,制定了"6S"管理细则,并召开全员动员大会,确保严格遵循"6S"管理细则,切实提高物流配送中心"6S"管理水平。

二是注重全员参与。邀请"6S"管理专家针对全体员工开展"6S"管理方法培训,提高员工的"6S"管理水平,引导员工积极参与"6S"管理细则的制定与修订,提高员工的参与意识。

三是强调持续改进。开展"一周一评,一月一核"的总结工作,明确工作中的薄弱之处,采取针对性措施,以 PDCA 循环的方式实现持续改进。

四是强化监督考核。建立横向考核、纵向考核机制,通过工序互检、质量部门抽检的方式对现场6S进行考核评分,责任到人,将考核成绩与工资挂钩,切实做到有奖有惩、有压力也有动力。

● 知识要点

一、"6S"的含义

"6S"管理由日本企业的"5S"管理扩展而来,是现代企业行之有效的现场管理理念和方法。"5S"活动源于日本,它指的是在生产现场中,对材料、设备、人员、方法等生产要素进行相应的"整理、整顿、清扫、清洁、素养"等有效管理的活动,为其他管理活动的开展打下良好的基础。"5S"管理是日本企业一种独特的管理方法。根据企业发展的需要,我国企业在"5S"管理的基础上,结合安全生产活动,相应地增加了"安全"的内容,就有了"6S"的管理活动。

1. 整理

通过归类将一些"不要"的东西清理掉,给新来的东西腾出空间,防止空间的乱用和误用,打造一个干净、整洁的工作场所。目的:腾出空间,防止误用,塑造一个清爽的工作场所。

2. 整顿

把留下来的必用的物品依规定位置摆放,并放置整齐加以标示。"寻找时间为零,放回时间为零。"目的:让工作场所变得井井有条,必需品展示一目了然,消除寻找物品的时间,工作环境整整齐齐,消除过多的积压物品。

3. 清扫

将工作场所所有的地方都打扫干净,清除区域内的脏东西,对有异常的设备进行维修,消除安全隐患,确保干净整洁,重点在于使所有设备都处于最佳状态。目的:稳定品质,减少伤害。

4. 清洁

将整理、整顿、清扫进行到底,并且制度化,经常保持环境处在美观的状态。目的:创造明朗现场,维持上面"3S"成果。

5. 素养

每位成员遵守规则,养成良好的习惯,培养积极主动的精神,发挥主观能动性。目的:培养拥有良好习惯、遵守规则的员工,营造团队精神。

6. 安全

重视员工的安全教育,要有安全第一的观念,防患于未然。目的:建立一个安全的生产环境。

7. 总结

实施"6S"管理活动本着效率化、持久化和美观的基本原则通过改善工作环境、人文环境提高工作效率,加强人性化管理。它的精髓在于全员参与、全过程管理、全效率工作。全员参与,即从董事长到一线员工,从生产到后勤,各个工作部门都要积极参与进来;全过程管理,即改善—保持—管理这个不停循环的周期活动永不停息;全效率工作,即在"6S"管理环境下员工保持最高工作效率。执行"6S"管理不仅可以提高物流企业形象、减少浪费、提高工作效率,还有助于提高服务质量保证、提高安全保障、延长设备寿命,为企业带来显而易见的综合效益。

二、配送中心"6S"管理存在的具体问题

1. 整理方面

设备设施乱放、杂物多、区域划分不明确;货架大小不一样,物品摆放很不整齐;对于大件的物品,员工懒得动,懒惰成为习惯,难以改正,等等。

2. 整顿方面

高层货架上堆积的物品过多且没有标识;没有按"重的低轻的高""大的低小的高"的原则摆放。

3. 清扫方面

整个作业场所打扫得不彻底,工作环境不顺畅,比如清扫时只扫货物不扫货架。他们认为清扫只是清洁工的事,与仓库管理员无关。

4. 清洁方面

有些员工只顾及小团体的荣誉,为了应付检查经常搞突击性的卫生打扫,当时干净了,事后不保持好清洁。

5. 素养方面

缺乏主动性,就事论事,没有创新。比如部分员工未规范着装,工作过程中操作动作不规范;还有的员工只是按照规章制度的要求去做,不动脑筋想办法如何做得更好,认为只要做好本职就可以了,没有必要再花时间学习业务知识。

6. 安全方面

安全意识淡薄,防范措施疏忽。比如作业通道较窄,交叉作业易发生碰撞事故,物流周转箱堆叠过高存在安全隐患等。

三、物流企业中"6S"管理具体的改进措施

1. 整理方面

月初时,在所有物品上贴上红色标签,月中使用某个东西时就将标签撕掉,月末时再检查,如果某个物品上面依然贴着红色的标签,说明在一个月内一次都没有使用它,就将这些不常用的工具清理掉,把那些常用的工具放在明显的地方,集中管理。

2. 整顿方面

实施定置管理。定置管理的前提是物在场所的科学定置,媒介是完整的信息系统,目的是实现人和物的有效结合。比如安排出库时按照"先进先出"的原则。

3. 清扫方面

划分责任区域,并将清扫的责任分配给现场工作人员。在共同责任区内,可以采取轮班制

度。最好将个人责任归属与清扫项目制表公布于现场每一个人都看得见的地方,让每位员工都养成每天清扫 5 分钟的习惯,5 分钟听起来很短,但如果持之以恒,效果很惊人。

4. 清洁方面

采用目视管理的方法进行清洁活动,对作业现场的进度状况、设备故障、停机原因、品质不良状况等使用视觉化的工具进行预防管理,使任何人都可以了解好与不好的状态。

5. 素养方面

"6S"活动的核心是素养,定期考察评比各部门的实施效果,让员工阅读"6S"简讯,在上班前或下班后安排 5 min 的简短会议,还可以通过检讨"6S"成效的方式营造"6S"的氛围。

6. 安全方面

建立、健全各项安全管理制度;保持清洁,对作业环境进行标识、通道划分,保障安全;定期对操作人员的操作技能进行培训,为人和物都购买商业保险,把安全事故造成的经济损失降到最低;建立起安全生产的环境,所有的工作应建立在安全的前提下。

四、物流仓储企业提高"6S"管理效果的方法

1. 使"6S"管理理念深入人心

要想在仓储企业中开展"6S"管理工作,首先,必须调动每个员工的参与积极性,对员工进行"6S"管理理念的培训,或者组织员工学习"6S"管理相关知识,让"6S"管理理念深入人心。其次,仓储企业建立其"6S"管理部门或者专门办公室,并在企业中进行专门的"6S"推广,分层次地建立起管理组织,在管理中做到分工明确。再次,在企业"6S"管理中,推行责任制,确保工作人员权责分明,将具体的责任落实到细节和小事中。

2. 做好各项工作的检验和反馈

做好整理、整顿、清扫、清洁、素养、安全这些工作以后,为了确保工作的顺利实施,就必须做好工作检验,明确各项工作都能取得良好效果。在工作过程中进行摄影,针对解决前后进行比照,组织工作人员和负责人员,对所有工作经验和成果,进行展示性学习。在这个过程中,充分调动起每个员工的工作积极性,树立起员工的工作责任心,在工作过程中进行摄影,对针对解决前后进行比照,组织工作人员和负责人员,对所有的工作经验和成果进行成果展示、经验交流。

3. 加强"6S"管理的标识方法使用

仓储管理中标识方法应用比较广泛,仓储现场标识的字体、大小和颜色都会影响工作人员在现场的观感。比如对同一个东西或者物品,标识方法不一样、字体不一样都会影响现场的工作效率。因此,仓储企业应制定统一的识记标准,运用有效的识记方法,提升仓储管理的整体工作效率。另外,要重视标识颜色的运用,利用不同颜色的特性和视觉效果区分现场的注意事项和重点区域,降低仓储物品摆放出现失误的概率。同时,注重"定置管理"的基本要求,按照标准和要求将货物或者文件归类分置并进行标识。

4. 做好对"6S"管理的宣传和推广

任何一项工作活动起到最大效果的莫过于宣传,对生产管理和工作质量的宣传有利于提

升工作人员的工作积极性。

做好仓储企业的"6S"管理,对仓储配送企业管理具有重要意义,能提高物流运作效率、降低企业运行成本,使物流仓储管理工作井然有序地进行,从而全面提升客户对物流服务的满意度。

● 应用案例

昌飞公司推行基于配送的"6S"管理

现代企业管理中基础管理工具显得尤为重要,是企业健康发展的必要条件,如"6S"管理是制造企业管理的基础和关键,是各项管理工具有效运用和落地的保障。昌飞推行"6S"管理十多年来,现场环境、面貌、员工素养等方面取得了一定的效果,为现场各项管理的实施和推进夯实了基础。

为了使"6S"管理能够更深入地融入科研生产中心,助推科研生产提质增效,2016年7月,昌飞公司以生产现场为着力点,深化和丰富"6S"管理内涵,提出"基于配送的'6S'管理"——在"6S"和定置管理的基础上,以配送为中心,围绕物流规划生产现场布局,设计功能区,应用可视化,实现"物流、人流、信息流相统一",通过现场"看得见"的管理,拉动背后"看不见"的管理。当前,昌飞公司基于配送的"6S"管理已在公司23个车间全面推行,并已步入常态化运行,生产现场发生了明显的改善。

试点前行,形成标准体系

昌飞公司推行基于配送的"6S"管理,以"建标杆""促跟进"为推进思路,在推行之初,选取了基础较好的5个专业版块车间为试点实施单位,从面向生产现场,以配送为中心,对车间的现场物流进行重新规划,绘制定置图,固化定置要求;从统一现场管理,以快速发现问题和解决问题,编制现场管控标准作业指导书,将现场各项管理要求纳入标准作业指导书中管控;从实现配送管理,以配送工作落到实处,编制现场配送标准作业指导书,规范和指导配送工作的开展;从提升员工素养,让人形成习惯,设计现场管控自检表和专检表,促进员工行为习惯的养成。

通过试点实施,最终形成了一套管理规范和实施标准——《基于配送的"6S"管理规范》《基于配送的"6S"管理实施总体要求(试行)》和验证现场实施效果的标准《基于配送的"6S"管理内部审核评价标准》等,为后续各车间项目全面推进奠定了坚实基础。

对标执行,强化过程管控

为全面推进各车间现场基于配送的"6S"管理,昌飞成立了基于配送的"6S"管理推进小组,全程参与和指导各车间的现场实施推进,与车间一道探讨交流,策划方案,绘制图样,编写指导书,组织车间培训和理念方法的宣贯和解答等。

通过对标执行实施,现场有了明显的改观。员工的管理习惯逐步养成,思想理念明显改观,配送模式已逐步建立和完善,现场物流周转、多余物管理、现场设备环境等得到了明显提升。如总装车间现场运用可视化和定置管理,规范和暴露现场信息,实现了现场透明,杜绝了现场多余物,提升了产品防护,现场规范整洁,员工行为习惯已逐步养成;木模车间优化现场布局,合理设置功能区,腾出1 000多平方米的空间,较好地化解了厂房面积不够的问题。

为保证基于配送的"6S"管理项目现场实施不打折扣,对标执行,基于配送的"6S"管理推进小组要求团队成员每天跟踪指导现场,每周项目团队召开例会汇报跟进情况,每月推进小组成员交叉评价打分,并通过局域网、微信、《昌飞报》等平台晒问题、晒结果,强有力地保证了项目的持续有效运行。

固化成果,持续改进优化

基于配送的"6S"管理是需要全员参与并常态化坚持实施才能做好、做实的工作。为进一步巩固成果,提炼典型做法,引导和鼓励各车间优化实施,基于配送的"6S"管理小组总结提炼了部分车间的典型案例,从各车间的实际情况帮助分析改进优化。车间通过实施基于配送的"6S"管理,从思想和理念上有了进一步的认识和创新改进,从方法和操作上有了进一步的举措。

截至目前,昌飞公司全部23个车间均能按基于配送的"6S"管理定置图和标准作业指导书实行常态化执行与管控,物料周转、多余物控制、设备环境等明显改善。与此同时,昌飞公司应用基于配送的"6S"管理理念,规范厂区管理,发布《厂区定置图》《管理标准作业指导书》《现场管控实施总体要求(试行)》,明确了使用单位、管护单位和监督单位的职责,促使及时发现问题和快速解决问题。

昌飞公司基于配送的"6S"管理项目实施,不仅巩固了原来的"6S"管理基础,更重要的是为一线问题的及时暴露和解决、现场管理的显现化、物流与信息流的统一发挥了重要作用。

(资料来源:《中国航空报》)

● **任务提示**

物流公司应将精益管理理念与仓储配送业务相融合,发动员工从细节处着手,向内挖掘减少浪费的方式和方法。在推行"6S"活动的过程中,该公司将仓储区划分为数个责任区,建立属地化责任人和责任机制,设置专门稽查人员日常督导,确保精益理念落实到位。制定"6S"现场管理手册、清扫/清洁一览表、"6S"现场管理建议书等标准化表单,便于日常考核与改进。可以在6S管理的基础上引入节约要素,努力降低成本费用,提高经济效益。

运用"定点摄影""红牌作战""看板管理""目视化管理""定置管理"等"6S"精益管理典型工具,帮助库区工作人员及时发现并动态解决问题,营造严谨扎实的工作氛围,根植精益文化。通过引入"6S"精益管理工具,有效减少对空间、时间的浪费,促进仓储管理更加精益规范,有效提升物力卓越管理水平。

任务三
配送绩效管理

● **任务布置**

某公司配送中心目前主要评价体系现状如下:

1. 作业指标没有形成评价体系

目前企业配送中心各运作部门的考核指标由运营督察部进行统计分析。统计分析的结果用来作为参考依据和反馈运营效果,但并没有形成一种标准的作业评价指标体系。例如,虽然知道拣货组的能力指标,但这种能力是优秀还是良好,无法判定其标准。

2. 作业指标没有形成促进效果

企业配送中心实行目标管理(MBO)考核指标,各运作部门重点关注自己的业务指标、效率指标。这使得配送中心的作业部门达到部门最优,但没有使整个配送中心达到整体最优,在整个作业链中经常出现瓶颈性时间段。

3. 作业指标缺少监督控制措施

作业指标对作业部门未来的改进缺少实时控制和监督机制,且各项作业指标的权重较为固定,无法对不同时间段的改善点和关注点进行重点关注和改善。MBO考核指标从整体上考核各运作部门的业务细节指标的改善控制措施。

为更好地进行配送中心业绩评价,完善配送中心绩效管理,需要完成如下任务:

(1) 设计配送中心业绩评价指标。

(2) 完善配送中心评价制度。

● 知识要点

一、配送中心绩效评价的概念

配送中心管理实务绩效评价是企业管理和提高生产力的重要手段和工具,是一种监督手段,也是一种激励手段,它本身是对计划、任务执行情况的检查监督,同时一般也会与各种利益挂钩,因此具有激励作用。

配送中心绩效一般是指在一定的经营区间内配送中心的经营效益和经营者的业绩。具体来说,配送中心绩效评价是运用数量统计和运筹学方法,采用特定的指标体系,对照统一的评价标准,按照一定的程序,通过定量、定性分析,对配送中心在一定经营区间内的经营效益和经营者的业绩,做出客观、公正和准确的综合判断。

为了能准确评价一个配送中心的运营给其客户提高服务的质量和给自身带来的效益,首先需要对配送中心的运行状况进行客观的度量,然后根据度量结果对配送中心的运行绩效进行评价。

配送中心绩效评价的作用主要表现在以下四个方面:第一,对整个配送中心的运行效果做出评价。其目的是通过绩效分析评价而获得对整个配送中心运营状况的了解,找出配送中心运作方面的不足,及时采取措施予以纠正,为配送中心在市场中的生存、运行、重组和撤并提供客观依据。第二,对配送中心各个部门的工作做出评价。配送中心各职能部门支撑着配送中心的正常运转,其工作状态直接关系着配送中心的经营效益。因此,通过评价,进一步完善对各职能部门的激励措施,以充分调度各职能部门的积极性。第三,对配送中心内部部门间的合作关系做出评价。各部门之间的配合状况如何,会表现在配送中心对客户提供的产品和服务的质量上。用户满意度的评价,将有助于发现团队战斗力的强弱,提高团结协作精神。第四,对配送中心员工素质做出评价。在瞬息万变的市场大潮中,员工素质在很大程度上决定着企业的成败。通过绩效评价,能够发现员工存在的问题,以便配送中心决策层及时调整奖惩、激励政策,正确引领企业文化的发展方向。

二、配送中心绩效评价的基本原则

建立和开展配送中心的绩效评价工作,应遵循以下原则:

1. 目的性原则

绩效指标的设立必须要有很强的目的性,以提高配送中心业务运营的效率和整体经济效益为最终目的。

2. 科学性原则

绩效评价指标体系要能够全面、客观、公正地反映配送中心运营的实际情况,通过科学的测评方法,获得真实的评价结果。

3. 系统性原则

绩效评价指标体系设计应将配送中心的各个业务环节联系在一起去考虑,各项指标之间要相互协调,不能相互矛盾。

4. 可行性原则

绩效评价指标体系要简单易行,便于操作人员掌握和使用。也就是说,指标的设计要充分考虑统计资料的可得性,并且要考虑指标设计的相对稳定性和可比性,保证统计资料的连续性。

三、配送中心绩效评价的方法及实施步骤

1. 配送中心绩效评价的方法

绩效考核的方法有很多,有主观评价法(包括简单排序、交错排序、成对比较和强制分布)、客观评价法(等级鉴定法、行为锚定法和行为观察法),还有现在比较推崇的集成化的绩效评价方法、平衡记分卡评价法、作业成本评价法、目标管理评价法、关键绩效指标评价法等。

下面重点介绍集成化的绩效评价方法、平衡记分卡评价法和作业成本评价法。

(1)集成化的绩效评价方法

"集成"一词,按照一般意义理解,就是聚集、综合之意。集成(Integration)作为一个普通词语,主要含义是综合、整合、一体化等。集成化的绩效评价方法正是在集成理论发展的基础上提出来的,它不同于传统的绩效评价方法。

集成化的绩效评价方法就是以系统思想为指导,利用不同绩效评价方法之间的联系,将不同的绩效评价方法进行集成,以完善企业绩效评价方法体系,使企业可以从该集成中获得最大收益。

(2)平衡计分卡评价法

平衡计分卡(Balanced Score Card)是由美国哈佛大学的罗伯特·卡普兰(Robert Kaplan)和戴维·诺顿(David Norton)于1992年首先提出来的。它是一种以信息为基础、系统考虑企业绩效驱动因素、多维度平衡评价的战略绩效评价系统。同时,它又是一种将企业战略目标和企业绩效驱动因素相结合、动态实施企业战略的战略管理系统。

它以企业的战略与远景为核心,从财务、客户、内部业务流程、学习与成长四个各有侧重又相互影响的方面入手,分析哪些是完成企业使命的关键因素以及评价这些关键因素的项目,根据企业生命周期不同阶段的实际情况和采取的战略,为每一方面设计适当的评价指标,赋予不同的权重,并不断检查审核这一过程,形成一套完整的绩效评价指标体系,来沟通目标、战略和企业经营活动的关系,实现财务指标与非财务指标、短期目标和长期目标、局部利益与整体利益、内部衡量与外部衡量之间的平衡,以促使企业完成目标。平衡计分卡的基本框架如图8-1所示。

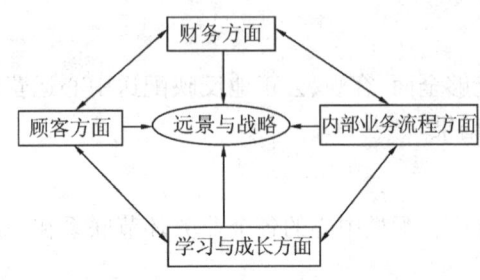

图8-1 平衡计分卡的基本框架

(3)作业成本评价法

作业成本评价法最早是由哈佛大学的罗宾·库珀(Robin Cooper)和罗伯特·卡普兰(Robert Kaplan)于1988年提出来的。最初是作为一种用来更精确地计算成本的方法——将间接成本和辅助资源更准确地分配到作业和生产过程、产品、服务及顾客中的一种成本计算方法出现的。

后来,随着经济的发展及作业成本计算法的广泛应用,其中所蕴含的思想被逐渐运用到成本管理中,成为一种管理理念,即作业成本管理(Activity Based Management,ABM)——管理者利用作业信息采取行动进行管理。作业成本评价法的指导思想是"产品消耗作业、作业消耗资源",它改进了传统成本分配方法仅以数量作为分配基础的弱点,根据资源消耗与成本对象之间的因果关系进行分配,从而得到更加精确的产品成本。

其更深远的意义还在于,它使企业能着眼于内部的作业,发现具有附加价值的作业和无附加价值的作业以及发生在每个客户、每种产品身上的成本,从而为成本管理提供了广阔的空间。

2. 配送中心绩效评价的实施步骤

要有效推进对配送中心的绩效评价,一般应采取以下实施步骤:

(1)建立机构

确定评价工作实施机构是开展绩效评价的前提。在组建评价机构时,组织成员必须熟悉配送中心绩效评价业务,具有丰富的物流管理、财务管理、相关法律法规等方面的专业知识,并能坚持原则、秉公办事。

(2)确立方案

评价工作实施机构根据有关要求和规定,认真制订配送中心绩效评价方案,并按程序报有关领导审批。

(3) 收集资料

根据评价工作的要求及评分的需要，评价工作实施机构的成员要广泛收集、核实及整理基础资料和数据。

(4) 评价计分

运用计算机软件计算评价指标的实际分数，形成相关表格，这是配送中心绩效评价的关键。

(5) 得出结论

将绩效基本评价得分与物流产业中同行业及同规模的最高分数进行比较，然后通过分析判断，形成综合评价结论。

(6) 形成报告

得出评价结论后，评价工作实施机构要将评价过程、评价结论、评价分析及相关附件等汇合成评价报告，评价项目主持人要亲自签字，以示负责。

(7) 总结落实

评价完成后，配送中心要对评价意见认真研究，优点应该发扬，不足应该克服，使绩效评价环节真正变成组织管理的重要组成部分。

四、配送中心绩效评价指标体系

(一) 进出货作业绩效评价指标

对进出货作业的评价指标可从作业人员的工作效率及工作时间指标、进出货工作的质量指标及作业设施设备的利用指标三个层面进行考虑。

1. 作业人员的工作效率及工作时间指标

若进出货作业人员分开管理，则进出货作业评价指标如下：

(1) 每人每小时处理进货量 = 进货量 / 进货人员数 × 每日进货时间 × 工作天数
(2) 每人每小时处理出货量 = 出货量 / 出货人员数 × 每日出货时间 × 工作天数
(3) 进货时间率 = 每日进货时间 / 每日工作时间 × 100%
(4) 出货时间率 = 每日出货时间 / 每日工作时间 × 100%

若进出货人员共用，则评价指标应为：

(1) 每人每小时进出货量 = 进出货量 / 进出货人员数 × 每日进出货时间 × 工作天数
(2) 进出货时间率 = 每日进出货时间 / 每日工作时间 × 100%

2. 进出货工作的质量指标

进出货工作的质量指标包括进货数量误差率、进货品合格率、进货时间延迟率、出货数量误差率和出货时间延迟率，其计算公式如下：

(1) 进货数量误差率 = 进货误差量 / 进货总量 × 100%
(2) 进货品合格率 = 进货品合格的数量 / 进货总量 × 100%
(3) 进货时间延迟率 = 延迟进货的货品总量 / 进货总量 × 100%
(4) 出货数量误差率 = 出货误差量 / 出货总量 × 100%

（5）出货时间延迟率 = 延迟出货的货品总量 / 出货总量 × 100%

3. 作业设施设备的利用指标

作业设施设备的利用指标表现在站台利用率、站台高峰率和装卸搬运设备利用率上。

（1）站台利用率

配送中心的仓库与配送运输车辆之间的衔接部分称为站台。站台的数量是否合理直接影响着进出货工作的效率。对站台设置是否合理进行评价的主要指标是站台利用率。

站台利用率 = 进出货车次 × 装卸停留总时间 / 站台泊位数 × 工作天数 × 每天工作时间 × 100%

（2）站台高峰率 = 高峰期车辆数 / 站台泊位数 × 100%

（3）装卸搬运设备利用率

设备能力利用率 = 设备的实际装卸搬运量 / 设备的额定装卸搬运量 × 100%

设备时间利用率 = 设备的实际工作时间 / 设备的额定工作时间 × 100%

（二）储存作业绩效评价指标

1. 储存效率指标

储存效率指标包括仓库面积利用率、仓库空间利用率、单位面积保管量和库存周转率，其计算公式分别为：

（1）仓库面积利用率

仓库面积利用率是指在一定的点上，存货占用的场地面积与仓库可利用面积的比率。它主要评价储存区通道及储位布局的合理性，合理的储存区域布局应该充分考虑作业设备的空间需求和选择恰当的设施布局方式，以尽量提高仓库面积利用率。

仓库面积利用率 = 存货占用的场地面积 / 仓库可利用面积 × 100%

（2）仓库空间利用率 = 存货占用的场地空间 / 可利用的存货空间 × 100%

（3）单位面积保管量 = 平均库存量 / 有效面积

（4）库存周转率 = 出货量 / 平均库存量 × 100% = 营业额 / 平均库存金额 × 100%

2. 储存质量指标

储存质量指标包括缺货率和呆废货品率，其计算公式分别为：

（1）缺货率 = 缺货次数 / 客户订货次数 × 100%

（2）呆废货品率 = 呆废品数量 / 平均库存量 × 100% = 呆废货品金额 / 平均库存金额 × 100%

3. 储存消耗指标

储存消耗指标主要用库存管理费率来表现，它是衡量配送中心每单位存货管理费用的指标。一般储存管理费用包括仓库租金、仓库管理费用、保险费、损耗费以及货品淘汰费用等。

库存管理费率 = 库存管理费用 / 库存费用总量 × 100%

（三）盘点作业绩效评价指标

在配送中心的工作过程中，不断地进行着入库和出库作业。经过一段时间以后，可能由于种种原因会造成实际库存数量与理论库存数量不相符。通过盘点工作搞清楚库存物品的实际数量与账面数量的差别程度,寻找出现差错的原因,及时进行盘点结果处理。评价盘点作业的常用指标为盘点数量误差、盘点数量误差率、盘点品项误差率和批量每件盘差商品的金额,其计算公式分别如下:

(1) 盘点数量误差 = 实际库存数 - 账面库存数
(2) 盘点数量误差率 = 盘点数量误差 / 实际库存数 × 100%
(3) 盘点品项误差率 = 盘点误差品项数 / 盘点实际品项数 × 100%
(4) 批量每件商品的金额 = 盘点误差金额 / 盘点误差量

(四) 拣货作业绩效评价指标

1. 拣货人员作业效率指标

拣货人员作业效率指标主要包括人均每小时拣货品项数和批量拣货时间,其计算公式如下:

(1) 人均每小时拣货品项数 = 拣货单笔数 / (拣货人数 × 每日拣货时间 × 工作天数)
(2) 批量拣货时间 = 拣货人数 × 每日拣货时间 × 工作天数 / 拣货分批次数

2. 拣货数量常用指标

拣货数量常用指标用单位时间处理订单数、单位时间拣取品项数和单位时间拣取体积数来评价,其计算公式分别为:

(1) 单位时间处理订单数 = 订单数量 / (每日拣货时间 × 工作天数)
(2) 单位时间拣取品项数 = 订单数量 × 每件订单平均品项数 / (每日拣货时间 × 工作天数)
(3) 单位时间拣取体积数 = 发货品体积数 / (每日拣货时间 × 工作天数)

3. 拣货质量指标

拣货质量指标主要表现为拣误率,其计算公式为:

拣误率 = 拣取错误笔数 / 订单总笔数

4. 拣货成本指标

拣货成本指标包括每订单投入的拣货成本、单位商品投入的拣货成本和单位体积投入的拣货成本,其计算公式分别为:

(1) 每订单投入的拣货成本 = 拣货投入成本 / 订单数量
(2) 单位商品投入的拣货成本 = 拣货投入成本 / 拣货商品累计总件数
(3) 单位体积投入的拣货成本 = 拣货投入成本 / 发货商品体积数

(五) 配送作业绩效评价指标

1. 人员负担指标

对配送作业的人员负担进行评价,有利于评估配送人员的工作分摊及其作业贡献度,以衡量配送人员的能力负荷与作业绩效,同时有利于判断是否应增添或删减配送人员数量。

(1) 平均每人的配送量 = 出货总量 / 配送人员数
(2) 平均每人的配送距离 = 配送距离 / 配送人员数
(3) 平均每人的配送重量 = 配送总重量 / 配送人员数

(4)平均每人的配送车次＝配送总车次／配送人员数

2. 车辆负荷指标

对配送车辆的产能负荷进行评估,有利于判断是否应增减配送车辆数。其主要指标包括平均每车次配送吨公里数、平均每台车配送重量和空车率。其计算公式分别为：

(1)平均每台车配送吨公里数＝配送总距离×配送总量／配送总车次

(2)平均每台车配送重量＝配送总重量／(自有车数＋外车数)

(3)空车率＝空车行驶距离／配送总距离×100%

3. 配送时间效率指标

配送时间效率可用配送平均速度和单位时间生产力两项指标来评价。其计算公式分别如下：

(1)配送平均速度＝配送总距离／配送总时间

(2)单位时间生产力＝配送营业额／配送总时间

4. 配送成本指标

配送成本指标主要用于考核分析配送过程中发生的成本费用,它主要包括每吨重配送成本、每容积货物配送成本、每车次配送成本和每公里配送成本,其计算公式分别为：

(1)每吨重配送成本＝(自车配送成本＋外车配送成本)／配送总重量

(2)每容积货物配送成本＝(自车配送成本＋外车配送成本)／配送总容积

(3)每车次配送成本＝(自车配送成本＋外车配送成本)／配送总车次

(4)每公里配送成本＝(自车配送成本＋外车配送成本)／配送总距离

5. 配送服务质量指标

配送服务质量指标可用配送延迟率来分析,其计算公式如下：

配送延迟率＝配送延迟车次／配送总车次

五、配送中心绩效评价分析

(一)基于提供建设性反馈意见的绩效评价

配送效果的反馈是配送活动的末端环节,同时也是一个不容忽视的重要环节。

配送效果的反馈一般体现在顾客满意度、顾客市场份额递增率、从顾客处获得利润的综合值等方面。

(1)顾客满意度

顾客满意度的计算一般通过回访调查而得到,即满意数与调查数之比。

(2)顾客的市场份额递增率

它反映了配送中心顾客市场份额的递增情况。

(3)从顾客处获得利润的综合值

配送效果反馈不仅要重视顾客的交易利润,还要评价这种交易是否有利可图。应当注意有些顾客尽管无利可图,但是他们有很大的增长潜力,不可忽视。如果交易多时的老顾客仍然无利可图,应当迅速摆脱这些顾客。

（二）基于以中心发展为导向的绩效评价

发展性评价所追求的不是给被评价对象下一个精确的结论，更不是给其一个等级或分数并与他人进行比较、排序，而是要通过对该企业过去和现在状态的了解，分析其存在的优势和不足，并在此基础上提出具体的改进建议，促进其在原有水平上进一步提高，逐步达到企业发展目标的要求。

开展基于以配送中心发展为导向的绩效评价，强调评价者与被评价者之间的有效沟通和协调。在评价过程中，要求评价标准的多元化，这对于正在快速演进中的物流配送业无疑具有特殊的意义。

●任务提示

在进行配送评价的时候通常经过如下步骤：

1. 评价指标体系设计

根据企业配送中心配送运作的特性，结合企业配送中心 MBO 考核指标及运营督察收集的历史指标数据，将影响运作部门作业效果的集群因素重新归纳组合，采取定性、定量相结合的方法构建配送运作的作业评价指标体系。

2. 完善配送中心评价制度

（1）设计考核打分评价体系。为保证考核体系的协调性，设计上下游服务评价体系表，根据作业科室的相互影响因素进行打分。

（2）完善配送绩效考评制度

①制定作业合理性标准；②完善各部门横向沟通机制；③自检与督察相结合机制。

●项目实训

"6S"活动管理

1. 实训目标

本项目的实训操作，使学生充分了解"6S"活动管理内容以及有效推行"6S"活动的三种工具，配送绩效考核指标及方法，并针对实际问题提出"6S"活动管理和配送绩效改进的建议。

2. 实训背景

利用所在地区优秀的连锁经营环境，选择有代表性的企业，将实践内容安排在某连锁企业配送中心。通过实地考察与访谈，获得第一手的实践资料。

3. 实训任务

学生分组，每组5人左右，实行组长负责制，要求有明确的分工和调研进度表，通过多次实地考察，理论联系实际，深入了解配送中心"6S"管理与绩效考评特点，分析其优势，查找其不足，并提出完善建议，具体如下。

（1）各组在调研前应对拟调研企业进行初选，并通过网站等渠道进一步了解。

（2）调研前应准备考察访谈提纲，保证实地调研的效率和目的性。

（3）详细了解拟调研企业配送中心的基本概况，包括占地面积、主要配送商品、配送规模、员工人数等。

(4)明确企业配送中心"6S"管理的部门及组织结构。

(5)明确企业配送中心"6S"管理的策略及主要方法(红牌作战、定点摄影、目视管理等)、配送中心的绩效考评指标及方法。

(6)针对调研资料,提出完善"6S"管理和绩效考评体系的改进建议,形成调研报告。

(7)多次调研,逐渐完善调研内容。

项目九　配送信息技术

项目九　配送信息技术

● 学习目标

知识目标

了解条形码技术、RFID技术的基本原理及应用;熟练配送管理信息系统的概念、功能与结构;掌握物流配送信息系统的作用。

技能目标

熟悉条形码的印制及其货物信息的输入,熟练掌握各种条码阅读器/手持终端等设备的使用,掌握RFID系统的操作方法,掌握配送管理信息系统的运行方式及操作方法,掌握各种物流信息技术与系统接入的途径和注意事项。

项目任务

任务一　配送中心的物流信息技术应用

任务二　配送管理信息系统

任务一
配送中心的物流信息技术应用

● **任务布置**

汽车是人们出行主要的交通工具,其安全性能是至关重要的。然而,根据中国汽车召回网公布的统计数据发现,2017年1月1日至2017年12月31日期间,因质量问题,我国共计划、开始实施汽车召回2 000多万辆,其中,涉及68个汽车品牌68 527辆商用车,事件涉及了众多汽车品牌企业,故障问题几乎覆盖了汽车主要零部件。

随着我国汽车保有量的迅速增加,有的生产企业出现质量把关不严、存在缺陷的情况,另外,市场渠道混乱,导致假冒伪劣零部件猖獗,这一切都严重损害了企业和消费者的利益。

2016年1月1日,《缺陷汽车产品召回管理条例实施办法》正式实施,汽车零部件企业被纳入召回体系。事实上,汽车是一个极其复杂的产品,工艺复杂,包含了上万种零部件,而批量的生产线,难免使个别零部件会出现安全缺陷,一旦出现质量问题,要在短期内查找到某一或若干零件属于哪家厂家生产,操作难度可想而知。

相关责任企业应如何通过建立汽车零部件条码追溯体系来解决上述问题?

● **知识要点**

一、一维条码技术的基本原理及应用

条码技术是20世纪中叶发展起来并广泛应用的集光、机、电和计算机技术为一体的高新技术。它解决了计算机应用中数据采集的"瓶颈",实现了信息的快速、准确获取与传输,是信息管理系统和管理自动化的基础。条码符号具有操作简单、信息采集速度快、信息采集量大、可靠性高、成本低廉等特点。以商品条码为核心的GS1系统已经成为事实上的服务于全球供应链管理的国际标准。

(一)条码种类

1. EAN/UPC条码

EAN/UPC条码包括EAN-13、EAN-8、UPC-A和UPC-E,如图9-1所示。通过零售渠道销售的贸易项目必须使用EAN/UPC条码进行标识。同时这些条码符号也可用于标识非零售的贸易项目。

(1)EAN条码

EAN条码是长度固定的连续型条码,其字符集是数字0~9。EAN条码有两种类型,即

EAN – 13 条码和 EAN – 8 条码。

(2) UPC 条码

UPC 条码是一种长度固定的连续型条码,其字符集为数字 0 ~ 9。UPC 码起源于美国,有 UPC – A 条码和 UPC – E 条码两种类型。

根据国际物品编码协会(GS1)与原美国统一代码委员会(UCC)达成的协议,自 2005 年 1 月 1 日起,北美地区也统一采用 GTIN – 13 作为零售商品的标识代码。但由于部分零售商使用的数据文件仍不能与 GTIN – 13 兼容,所以产品销往美国和加拿大市场的厂商可根据客户需要,向编码中心申请 UPC 条码。

图 9-1 EAN/UPC 条码

2. ITF – 14 条码

ITF – 14 条码(示例见图 9-2)只用于标识非零售的商品。ITF – 14 条码对印刷精度要求不高,比较适合直接印制(热转印或喷墨)在表面不够光滑、受力后尺寸易变形的包装材料上。因为这种条码符号较适合直接印在瓦楞纸包装箱上,所以也称"箱码"。关于 ITF – 14 条码的说明,请查阅《商品条码 储运包装商品编码与条码表示》(GB/T 16830—2008)。

图 9-2 ITF – 14 条码示例

3. UCC/EAN – 128 条码

UCC/EAN – 128 条码(见图 9-3)由起始符号、数据字符、校验符、终止符、左右侧空白区及供人识读的字符组成,用以表示 GS1 系统应用标识符字符串。UCC/EAN – 128 条码可表示变长的数据,条码符号的长度依字符的数量、类型和放大系统的不同而变化,并且能将若干信息编码在一个条码符号中。该条码符号可编码的最大数据字数为 48 个,包括空白区在内的物理长度不能超过 165 mm。UCC/EAN – 128 条码不用于 POS 零售结算,而用于标识物流单元。

图9-3　UCC/EAN-128条码

应用标识符(AI)是一个2~4位的代码,用于定义其后续数据的含义和格式。使用AI可以将不同内容的数据表示在一个UCC/EAN-128条码中。不同的数据间不需要分隔,既节省了空间,又为数据的自动采集创造了条件。图9-3 UCC/EAN-128条码符号示例中的(02)、(17)、(37)和(10)即为应用标识符。

提示:关于UCC/EAN-128条码的说明,请查阅《EAN·UCC系统128条码》(GB/T 15425)及《商品条码　应用标识符》(GB/T 16986—2009)等。

(二)配送中心箱码的标准化运用,实现高效流转

1.码制选择

箱码有三种码制,分别是EAN/UCC-13、ITF-14和UCC/EAN-128,对应的条码形式分别为EAN-13条码、ITF-14条码和UCC/EAN-128条码。其中,EAN-13条码既可以用于仓储物流,又可以用于零售结算;ITF-14条码只可用于物流仓储,不可用于零售结算;因UCC/EAN-128条码可加入扩展位,从而其条码长度可变,表示的产品信息内容更加丰富,条码中可含产品的生产日期、批次信息等。企业可根据自身的实际需要来选择不同码制的条码为其产品外包装进行标识,在箱码实际应用中,ITF-14条码使用最为广泛。

(1)当编码方案采用EAN/UCC-13代码时,条码标识可以选用EAN/UPC条码、ITF-14条码和UCC/EAN-128条码中的任意一种。

①采用EAN/UPC条码表示。EAN/UPC条码既可以表示零售商品,也可以表示非零售商品。二者用法相同,如图9-4所示。

EAN/UPC-13表示的6901234000054

图9-4　EAN/UPC条码表示的箱码

②采用ITF-14条码表示。ITF-14条码只用于不经过POS扫描结算(可直接用于仓库)的非零售商品的包装上。该条码符号较适合直接印制于瓦楞纸或纤维板上,如图9-5所示。

ITF-14表示的06901234000054

图 9-5　ITF－14 条码表示的箱码

③采用 UCC/EAN－128 条码表示。UCC/EAN－128 条码是 ANCC 全球统一标识系统中唯一可以用于表示附加信息的非定长条码符号,且应与应用标识符连用,如图 9-6 所示。

UCC/EAN-128表示的06901234000054

图 9-6　UCC/EAN－128 条码表示的箱码

(2)当编码方案采用 EAN/UCC－14 代码时,条码标识可以选用 ITF－14 条码和 UCC/EAN－128 条码中的任意一种。

①采用 EAN/UCC－14 条码表示,如图 9-7 所示。

EAN/UCC-14表示的16901234000044

图 9-7　EAN/UCC－14 条码表示

②采用 UCC/EAN－128 条码表示,如图 9-8 所示。

UCC/EAN-128表示的（01）16901234000044

图 9-8　UCC/EAN－128 条码表示

2. 编制箱码

ITF-14 箱码结构为：包装指示符 + 厂商识别代码 + 商品项目代码 + 校验位，如图9-9所示。

图9-9 ITF-14 箱码结构

当储运包装商品为定量的非零售商品时，其包装指示符可在1~8中任选一个数字，但是建议从内到外按1,2,…,8依次按包装级别选取，其编码如图9-10所示。

图9-10 定量非零售商品的储运包装箱码

当储运包装商品为变量非零售商品时，包装指示符为9，其编码见图9-11。

图9-11 变量非零售商品储运包装箱码

3. 箱码位置

根据《商品条码 条码符号放置指南》(GB/T 14257-2009)的要求，在一个商品上不能出现两个或两个以上表示不同商品代码的条码符号。条码符号的首选位置应该在储运包装箱的四个直立面上，也可放置在相邻的两个直立面上，如果仅能放置一个条码符号，应根据配送、批发、储存等条件和需求选择放置面。条码符号的位置应相对统一，便于扫描和识读。条码符号应横向放置，使条码符号的条垂直于所在直立面的下边缘。条码符号下边缘的距离不小于32 mm，推荐值为32 mm；条码符号到包装垂直边的距离不小于19 mm。应避免把条码符号放置在会使条码符号变形和易受损坏的位置。当包装盒或包装箱的高度小于32 mm时，可以把条码符号放在包装的顶部，并使条码符号的条垂直于包装顶部面的短边，如图9-12所示。

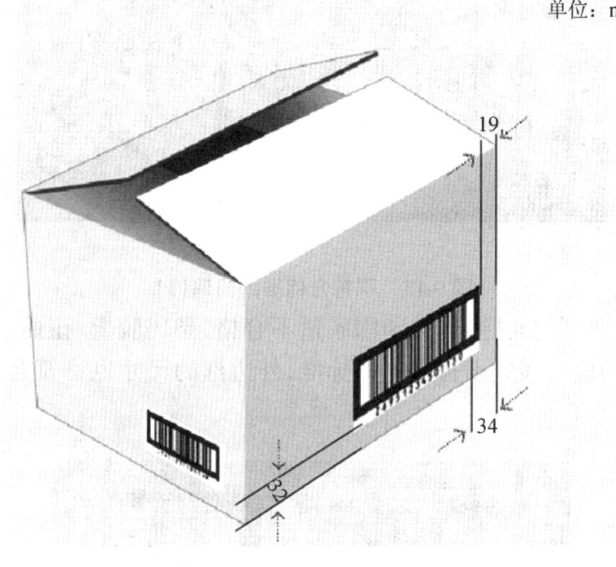

图9-12　箱码位置

4. 箱码印刷

箱码的印刷方式分为直接印刷、预印刷和数字化印刷。最佳的印刷方式是将纸面通过胶印方式先印刷好条码及其他文字、图案，再覆上瓦楞纸。建议企业在印制条码时，先到当地编码分支机构制作原版胶片，并选择具有商品条码印刷资质的印刷企业进行印刷，在批量印刷前，请到当地的编码分支机构进行检测，了解条码质量问题，及时整改，避免造成不必要的经济损失。

● 知识拓展

不符合标准的案例分析

1. 该箱体上的编码不是一个符合国家标准的箱码，缺少外边框，尺寸也非标准尺寸，印刷位置不当，且3/4的编码被塑封胶条遮挡，影响正常识读，大大降低了工作效率，如图9-13所示。

图9-13 不符合标准的箱码(1)

2. 该箱码存在很典型的问题,首先印刷质量不合格,条码脱墨、扭曲、锯齿,该箱码无法正常识读;其次该箱码的放大系数不符合国家标准,外边框的尺寸也不符合国家标准,如图9-14所示。

图9-14 不符合标准的箱码(2)

3. 该箱体上的编码不是标准的箱码,虽然能看出有外边框的框架,但是无论尺寸还是形状都不符合国家标准,并且印刷位置不当,箱体在搬运时很容易造成如图片所示的破损情况,当出现此种情况时,就直接造成箱码无法识读,如图9-15所示。

图9-15 不符合标准的箱码(3)

4. 该箱体上使用的是 EAN-13 条码,它是可以同时用于零售结算和仓储物流的码制。但是值得企业注意的是,根据国家标准的要求,在为箱码编码时,一定要与箱体内的商品条码的编码区分开来,也就是说不同的包装单元(重量、成分、大小、个数)要分配不同的商品条码,如图9-16所示。

图9-16 不符合标准的箱码(4)

5.图中的箱码也是非常常见的典型案例,首先企业先为该箱体进行了自编码,之后又使用了不符合国家标准尺寸的箱码,并且将这两种编码组成了一个编码小单元,印制在了箱体的左侧,并且条码印刷质量的问题清晰可见,脱墨、污损,整体上违反了箱码编码、印刷、位置的标准,如图9-17所示。

图9-17 不符合标准的箱码(5)

二、二维码

二维码技术是在一维条码无法满足实际应用需求的前提下产生的。由于受信息容量的限制,一维条码通常是对物品的标识,而不是对物品的描述,如对生产日期、价格等的描述必须依赖数据库的支持。在没有预先建立商品数据库或不便联网的地方,一维条码表示汉字和图像信息几乎是不可能的。因此,具有成本低、结构紧凑、数据容量大、抗毁损能力强等优点的二维码应运而生。

1.二维码的种类

二维码根据编码原理通常可分为以下两种类型:

(1)行排式二维码

行排式二维码(又称堆积式二维码或层排式二维码),其编码原理是建立在一维码基础之上,按需要堆积成两行或多行。它在编码设计、校验原理、识读方式等方面继承了一维码的一些特点,识读设备与条码印刷与一维条码技术兼容。有代表性的行排式二维码有 Code 16K、Code 49、PDF417 等。

(2)矩阵式二维码

矩阵式二维码(又称棋盘式二维码)是在一个矩形空间通过黑、白像素在矩阵中的不同分布进行编码。具有代表性的矩阵式二维码有 QR Code、Data Matrix 等。

2. 利用条码解决方案实现可视化配送过程

可追溯性需求正在变得日渐复杂。企业需要部署扫描相关的解决方案,从而实现无缝的货物追踪,这是有效减少食品浪费的关键。面对精准的食品追溯的需求,国内一些大型的食品厂商开始采用条码解决方案。

● 应用案例

中国某知名肉食品加工集团采用了标识简单而且容易实施的二维码(QR 码)来追踪其冷鲜肉食品的入库管理过程。这个 QR 码不仅记录了肉类产品的加工时间、批次、有效期,还注明了肉类的原始来源,这样就能有效确保肉类食品的安全性和可追溯性。

三、RFID 技术的基本原理及应用

(一)RFID 基础知识

1. RFID 无线识别基础介绍

(1)什么是 RFID

RFID 是 Radio Frequency Identification 的缩写,即射频识别。其基本原理是利用射频信号和空间耦合(电感或电磁耦合)或雷达反射的传输特性,实现对被识别物体的自动识别,常称为感应式电子晶片或近接卡、感应卡、非接触卡、电子标签、电子条码等。一套完整的 RFID 系统由 Reader 与 Transponder 两部分组成,其动作原理为由 Reader 发射一特定频率之无限电波能量给 Transponder,用以驱动 Transponder 电路将内部之 ID Code 送出,此时 Reader 便接收此 ID Code。Transponder 的特殊在于免用电池、免接触、免刷卡,故不怕脏污,且晶片密码为世界唯一,无法复制,安全性高、寿命长。

(2)什么是 RFID 技术

RFID 射频识别是一种非接触式的自动识别技术。它通过射频信号自动识别目标对象并获取相关数据,识别工作无须人工干预,可工作于各种恶劣环境。RFID 技术可识别高速运动物体并可同时识别多个标签,操作快捷方便。短距离射频产品不怕油渍、灰尘污染等恶劣的环境,可在这样的环境中替代条码,例如用在工厂的流水线上跟踪物体。长距射频产品多用于交通上,识别距离可达几十米,如自动收费或识别车辆身份等。

(3)什么是电子标签

电子标签即为 RFID,有的称射频标签、射频识别。它是一种非接触式的自动识别技术,通

过射频信号识别目标对象并获取相关数据,识别工作无须人工干预。作为条形码的无线版本,RFID 技术具有条形码所不具备的防水、防磁、耐高温、使用寿命长、读取距离大、标签上数据可以加密、存储数据容量更大、存储信息更改自如等优点。

(4) 什么是 RFID 解决方案

RFID 解决方案是 RFID 技术供应商针对行业发展特点制定的 RFID 应用方案,可根据不同企业的实际要求"量身定做"。RFID 解决方案可按照行业进行分类,如物流、防伪防盗、身份识别、资产管理、动物管理、快捷支付等。

(5) RFID 系统的基本组成部分

最基本的 RFID 系统由三部分组成:标签(Tag),由耦合元件及芯片组成,每个标签具有唯一的电子编码,附着在物体上标识目标对象;阅读器(Reader),读取(有时还可以写入)标签信息,可设计为手持式或固定式;天线(Antenna),在标签和读取器间传递射频信号。

(二) RFID 技术在物流配送中的应用方法

1. 传统物流配送存在主要问题

(1) 存货统计缺乏准确性。

(2) 订单填写不规范。

(3) 货物损耗。

(4) 清点货物。

(5) 劳动力成本。

2. RFID 技术在物流配送中的应用方法

针对传统物流配送中心存在的问题,从以下几个方面详细介绍如何在配送中心应用 RFID 技术。

(1) 入库和检验

当贴有电子标签的货物运抵配送中心时,入口处的阅读器将自动识读标签,根据读到的信息,管理系统会自动更新存货清单,同时根据订单的需要,将相应货物发往正确的地点。这一过程将传统的货物验收入库程序大大简化,省去了烦琐的检验、记录、清点等大量需要人力的工作。

(2) 整理和补充货物

装有移动阅读器的运送车自动对货物进行整理,根据计算机管理中心的指示自动将货物运送到正确的位置上,同时将计算机管理中心的存货清单更新,记录下最新的货物位置。存货补充系统将在存货不足指定数量时自动向管理中心发出申请,根据管理中心的命令,在适当的时间补充相应数量的货物。在整理货物和补充存货时,如果发现有货物堆放到了错误位置,阅读器将随时向管理中心报警,根据指示,运送车将把这些货物重新堆放到指定的正确位置。

(3) 订单填写

通过 RFID 系统,存货和管理中心紧密联系在一起,而在管理中心的订单填写,将发货、出库、验货、更新存货目录整合成一个整体,最大限度地减少了错误的发生,同时也节省了人力。

(4) 货物出库运输

应用 RFID 技术后,货物运输将实现高度自动化。当货物在配送中心出库,经过仓库出口处阅读器的有效范围时,阅读器自动读取货物标签上的信息,不需要扫描,就可以直接将出库的货物运输到零售商手中。

(资料来源：http://news.rfidworld.com.cn/2017_06/5612746f95555d6c.html)

3. 电商物流配送解决方案

(1) 客户需求与挑战

作为我国互联网中最成熟也最具前景的一种应用，电子商务与传统行业及互联网其他应用加速融合趋势明显，产业链核心地位逐步确立，物流信息平台也开始成为市场热点。然而低效、分散、落后的物流配送体系一直是阻碍电商发展的一大瓶颈，传统的电商配送管理依赖于纸质记录、电脑录入的方式，出错率高，且送货过程中跟踪监督力度小，物流信息严重滞后，市场调度能力弱，退换货效率低下，异常处理不及时，影响客户体验和满意度，再加上网上支付面临洗牌等，这些问题的解决变得刻不容缓。

(2) 方案概述

"优博讯电商物流配送解决方案"是针对电商物流配送行业量身定制的一套多功能系统，实现了电子商务模式下物流配送链条的全面覆盖，从订单取货、货物运输、下派任务、配送员送货的信息，到货物送达用户手中，再签收上传，整个方案流程通过PDA移动终端设备全部应用到电商物流配送管理系统中。通过配合终端的数据处理、数据通信功能，让管理者随时掌握工作人员及派送货物实时的位置和历史行径路线。

(3) PDA应用

PDA的主要功能如图9-18所示。

(4) 方案流程图

收货处理——手持终端收件现场打印标签；实时扫描每个入库货物的货单信息，验证收货信息，自动保存已扫描货物数据。

分拣合包——通过终端扫描，根据订单地址信息和货物类型，自动进行拣货并判断运输方式，自动生成配送任务。

出库扫描——通过PDA进行货物出库扫描，系统显示订单明细、配送员订单列表等，再分派到派送站点，进行有效仓库交接管理。

图9-18 优博讯PDA应用

转运派送——通过手持PDA扫描监控所有转运环节,后台同步对货物位置进行实时跟踪记录,方便管理者及客户及时通过系统查询货物信息,实现过程管理。

签收上传——通过手持终端,配送人员可快速记录客户签收信息并实时上传,便于对应收账款进行统计与查询,同时对退货、拒收等异常情况进行确认和处理。

（5）系统组成

表9-1 速递宝电商配送子系统组成结构

软件系统	移动终端	特性说明
速递宝电商配送子系统	优博讯一体化终端i9000A	数据采集＋刷卡支付＋票据打印
	优博讯i6000S/V5000S系列＋便携式蓝牙打印机K20	WinCE & Android 1 GHz CPU 360°条码扫描 Wifi、蓝牙数据通信 现场无线打印

（6）获益分析

①通过一款便携式PDA设备即可轻松完成快速输入、准确验证、实时信息处理、智能工作路径指导等工作。

②订单收货、分拣、出入库管理省时准确高效,物流实时跟踪,配送过程透明。

③有效减少了订单配送过程中信息滞后、大量订单手工录入准确性差等情况的发生。

④有效实现仓库、转运及配送过程的全方位管理,提高电商配送效率。

⑤签收、退换货处理快捷方便,有效提升客户满意度和企业形象。

（资料来源：http://solution.rfidworld.com.cn/2017_03/979b8bb7bc20b556.html）

● 任务提示

条码标签是实现产品追溯的最佳工具。经过几十年的普及应用,条形码以输入速度快、可靠性高、采集信息量大、灵活实用性强等特点,已经成为商品必备的识别符号,受到企业和消费者的广泛认可。

《汽车零部件的统一编码与标识》标准规定了汽车零部件统一编码的编码原则、数据结构、符号表示方法及其位置的一般原则,适用于汽车零部件（配件）统一编码和标识的编制,以及汽车零部件（配件）的信息采集及数据交换。标准的实施将起到规范汽车维修市场、提高企业管理效率、降低运营成本的作用,为实现消费者配件查询、配件可追溯体系的建立提供了技术手段。

汽车零部件统一编码的编码原则

汽车零部件统一编码应遵循唯一性、稳定性、可扩展性、可追溯性、可兼容性的原则,适用于汽车生产、流通、维修、消费等环节。

对于汽车零部件统一编码基本数据结构要素中的全球贸易项目代码GTIN的编制应满足唯一性、稳定性原则,同时还要兼顾汽车零部件统一编码在实际应用过程的可扩展性、可追溯性、可兼容性原则。

汽车零部件统一编码的唯一性是指汽车零部件产品的基本特征发生变化后应编制新的全

球贸易项目代码 GTIN，产品的基本特征一般包括产品名称、商标、种类、规格、数量、包装类型等关键属性要素，同时还要考虑产品自身的特性和市场销售需要确定其他属性要素，对汽车零部件产品的全球贸易项目代码 GTIN 进行合理的唯一性编码。

统一编码的基本数据

汽车零部件统一编码的基本数据是由全球贸易项目代码 GTIN 和零部件批号或零部件序列号组成，数据结构如表 9-2 所示。其中应用标识符 01 为必选，应用标识符 10 和 21 至少选择一项。

实际应用过程中如果汽车零部件是通过批次进行整批标识和管理的，则应采用应用标识符 01 字符串（全球贸易项目代码 GTIN）和应用标识符 10 字符串（零部件批号）组合进行统一编码。如果汽车零部件是通过序列号进行单个标识和管理的，则应采用应用标识符 01 字符串（全球贸易项目代码 GTIN）和应用标识符 21 字符串（零部件序列号）组合进行统一编码。汽车零部件产品中个别既标识零部件批号又标识序列号的，可以采用应用标识符 01、10、21 三个字符串组合进行统一编码，也可以把产品批号和序列号整合成为一个既含有批号又包括产品序列号的单个产品唯一序列的标识和管理形式。统一编码中的批号或序列号数据应与产品明文标识的批号或序列号一一对应、严格一致。

表 9-2　基本数据结构

应用标识符	数据格式	数据名称
01	n_{14}	全球贸易项目代码 GTIN
10	$a_{n,20}$	零部件批号
21	$a_{n,20}$	零部件序列号
注 1：n_{14} 定长，表示 14 个数字字符		
注 2：$a_{n,20}$ 不定长，表示最多 20 个字母、数字字符		

应用标识符 01（即全球贸易项目代码 GTIN）由厂商识别代码、商品项目代码、校验码组成。其中厂商识别代码需要向中国物品编码中心注册成为中国商品条码系统成员后才能使用，商品项目代码是由企业根据《商品条码 零售商品编码与条码表示》（GB 12904—2008）对不同产品进行唯一性的编码、计算校验码，且应保持编码的稳定性和无含义性。

全球贸易项目代码 GTIN 编码示例：假设某零部件生产企业已经注册厂商识别代码 69299999，该企业目前生产的汽缸套、风冷缸套、轴瓦三个大类共计 22 种产品使用统一编码标识，其商品项目代码按流水号 0001~0022 连续编号，如再增加一种新的产品则商品项目代码编为 0023，再增加则商品项目代码编为 0024，以此类推为每种零部件编制商品项目代码。全球贸易项目代码 GTIN 06929999900013 这 14 个数字，仅是全球唯一的一组数字代码，其所表示的产品牌号、发动机型号、OE 代码等类别、属性、规格型号等产品描述性信息均应以 GTIN 为关键字通过网络从数据库中调取。

汽车零部件统一编码的基本数据编码示例

通过批次号对整批进行标识和管理的统一编码，应用标识符 AI 的含义及 GS1－128 条码如图 9-19 所示。

（01）06929999900013：AI（01）全球贸易项目代码 GTIN，是该厂生产的牌号为 I、发动机型号为 C190、原厂 OE 代码为 9－11261－224－1、缸数为 4、缸径为 86.0、总长为 163 的汽缸套的全球贸易项目代码。

（10）W07201501：AI（10）零部件批号，为该汽缸套的生产批号。

图9-19　汽车零部件统一编码基本数据编码示例

注：条码符号下端的一串数字、字符或字母为供人识别字符，应将供人识别字符中的应用标识符用圆括号括起来，以明显区别于其他数据，但圆括号不是数据的一部分，且不在条码符号中编码。通过序列号对单个产品进行标识和管理的统一编码，应用标识符AI的含义及128条码如图9-20所示。

图9-20　对单个产品进行的统一编码

（01）06929999900228：AI（01）全球贸易项目代码GTIN，是该厂生产的牌号为C、发动机型号为3116、原厂OE代码为7W 2141的轴瓦的全球贸易项目代码。

（21）2015010001：AI（21）零部件序列号，为该轴瓦的生产序列号。

通过生产批号或序列号对批次或单个产品进行标识和管理的统一编码，批号或序列号编码中包含了上游采购方或总装企业生产管理OE码，应用标识符AI的含义及128条码，如图9-21所示。

图9-21　AI（10）零部件批号

（01）06929999900228：AI（01）全球贸易项目代码GTIN，是该厂生产的牌号为C、发动机型号为3116、原厂OE代码为7W 2141的轴瓦的全球贸易项目代码。

（10）7W2141－W07201501：AI（10）零部件批号，为该轴瓦的生产批号，批号编码中包含了OE码信息和实际生产批次信息。

任务二
配送管理信息系统

● 任务布置

小王所在的配送中心新引进了一套配送管理信息系统,现在小王需要熟悉基础数据、承运信息、客户信息管理、入库管理、出库管理等仓库管理,路线优化以及订单处理等相关业务流程和特点;掌握配送管理系统的总体构架、基本功能和实际操作,巩固所学的配送管理理论知识,熟悉软件中的各个模块的功能与作用,充分地理解和运用所学的专业知识。

● 知识要点

一、基本概念

一般而言,信息是指反映各种活动内容的知识、资料、图像、数据、文件等的总称;信息系统是指计算机硬件、网络通信设备、计算机软件、信息资源、信息用户规章制度组成的以处理信息流为目的的人机一体化系统。随着社会经济的发展、科技的进步,信息系统要具有实时化、网络化、系统化、规模化、集成化、智能化等特点。

从狭义来看,配送信息是指与配送活动有关的信息。在现代化经营管理活动中,配送信息与商品交易信息、市场信息相互交叉、融合。在配送活动中,如运输工具的选择、运输路线的确定、每次运送批量的确定、对货物的跟踪、库容的有效利用、最佳库存数量的确定、订单管理、客户服务水平的提高等,都需要详细和准确的配送信息。

从广义来看,配送信息不仅指与配送活动有关的信息,而且包括与其他流通活动有关的信息,如商品交易信息和市场信息等。广义上的配送信息不仅能起到连接和整合生产厂家、批发商、零售商、消费者的整个供应链的作用,而且在应用现代信息新技术的基础上能实现整个供应链活动的效率化,具体说就是利用配送信息对供应链上各个企业的计划、协调、顾客服务和控制活动进行有效管理。

配送中心信息系统是指为实现配送中心的经营目标,对与其配送服务相关信息的收集、加工、处理、储存和传递来达到对物流、资金流等的有效控制和管理,并为企业提供信息分析和决策支持的人机系统。这个人机系统是以人为主体的系统,它对企业的各种数据和信息进行收集、传递、加工、保存,将有用的信息传递给使用者以辅助配送企业的全面管理。

二、配送信息的分类和特点

1. 配送信息的分类

(1) 按配送信息载体分类,通常分为单据(凭证)、台账、报表、计划、文件等。

(2) 按信息来源分类,可分为外部信息和内部信息。外部信息包括供货信息、顾客信息、订货合同信息、交通运输信息、市场信息、政策信息等;内部信息包括消费者收入动向和市场动态、生产经营指标完成情况等。

(3) 按管理层次分类,可分为战略管理信息、战术管理信息、知识管理信息和操作管理信息。

2. 配送中心的特点

(1) 信息量大、分布广。

(2) 动态性强、实时性高、时效性强。

(3) 信息种类多、来源多样化。

(4) 信息标准化程度高。

三、配送中心管理信息系统的体系结构

配送中心管理信息系统是对商品入出库、保管、货品集中、流通加工及配送等进行全面管理的信息系统。配送中心的物流操作作业是在计算机管理下进行的,以指示书的方式说明作业,配以物流控制、计算机控制的自动仓库,以及机械化分拣装置等来共同完成,还必须与总部和各分店的信息系统相协调才能实现其管理功能。

配送中心管理信息系统主要由以下各子系统构成。

1. 订单处理系统

订单处理系统主要包括两种作业,即客户询价、报价与订单接收以及确认与输入。

(1) 客户询价、报价与接收订单及处理

客户可以利用电话、传真和计算机系统联网等方式进行订货,当接到订单后配送中心就开始了接受订货的工作。一天中可以多次接收订单,在确定的时刻截止后进行订单的相应处理并指示出库。

少批量、多频度的订货使处理数据的件数、出库件数及配送件数增加了许多,为此配送中心的作业强度和物流成本会随之增加。

采用计算机系统联网的方式接收订货,客户的订单信息可以自动地转入到配送中心的管理信息系统,减少了订单输入的工作量并防止了错误的发生。

接收订货所必要的信息包括:客户名称、客户编号、订货日期、订货商品、数量、到货希望日期、到货地点、到货时间、包装形态等。

自动订单处理系统根据客户发送来的这些数据调用相应数据库,取得此项商品的报价历史资料、数量折扣、客户以往交易记录及客户折扣、商品供应价等数据,配送中心按其所需净利与运送成本、保管成本等来制订估价公式并计算销售价格。接着由报价单制作系统打印出报

价单,经销售主管核准后即可送予客户,报价单经客户签回后即可成为正式订单。

在客户订购数据成为正式订单之前,销售人员还需核查在客户指定出货日期是否能如期出货。当销售部门无法如期配送时,可由销售人员跟客户协调,是否分批交货或延迟交货,然后按协调结果修改订单数据文件。销售人员还需检查客户付款状况及应收账款数目是否超出公司所定的信用额度,超出额度时则需由销售主管核准后再输入订购数据。

当商品退回时,可按订单号码找出原始数据及配送数据,修改其内容并标示退货记号,以备退货数据处理。另外,还有可能针对不同客户采用不同价格,保证重要客户的优先配送,缩短订货的周期。

（2）订货确认

进行订货商品的核实,确认商品出库的可能性,做好出库准备。订货出库的可能性包括在库商品的核实,在途商品和已订货商品等。要考虑特急的订货和重要客户订货的优先顺序。

订单处理系统设计要点如下:

①所需输入数据包括客户资料、商品规格资料、商品数量等。

②日期及订单号码、报价单号码由系统自动填写,但可修改。

③具备按客户名称、客户编号、商品名称、编号、订单号码、订货日期、出货日期等查询订单内容的功能。

④具备客户的多个出货地址记录,可根据不同交货地点开立发票。

⑤可查询客户信用。

⑥具备单一订单或批次订单打印功能。

⑦报价系统记录客户的报价历史,如客户名称、编号、商品名称、编号、最近报价日期、最近订货数据等。还有订购出货状况和付款状况等资料,可作为客户购买力分析的依据。

⑧可由销售主管或高层主管随时修改客户信用额度。

⑨具备相似产品、可替代产品资料,当库存不足无法出货时,可向客户推荐替代产品,以争取销售机会。

⑩可查询未结订单资料,以利出货作业的跟踪催款。

2. 入库系统

入库系统包括预定入库数据处理和实际入库作业。

预定入库数据处理为入库月台调度、入库人力资源及机具设备资源分配提供参考。其数据来自采购商品的预定入库日期、入库商品、入库数量等。实际入库作业发生在供应商交货之时,输入数据包括采购单号、供应商名称、商品名称、商品数量等,可输入采购单号来查询商品名称、内容及数量是否符合采购内容并用以确定入库月台,然后由仓库管理人员指定卸货地点及摆放方式,并将商品叠放于托盘上,仓库管理人员检验后将修正入库数据输入。

商品入库后有两种处理方式:立即出库或上架出库。

如果采用立即出库的方式,入库系统需具备待出库数据查询,并联系接派车计划及出货配送系统,当入库数据输入后即访问相应数据库取出该商品待出货数据,将此数据转为出货配送数据,并修正库存可调用量。

如果采用上架入库再出库方式,入库系统需具备货位指定功能或货位管理功能。货位指定功能是指当入库数据输入时即可启动货位指定系统,计算入库商品所需货位大小,根据商品特性及货物储存现状来指定最佳货位,货位的判断可根据诸如最短搬运距离、最佳储运分类等原则来选用。

货位管理系统则主要完成商品货位登记、商品跟踪,并提供现行使用货位报表、空货位报表等作为货位分配的参考。也可以不使用货位指示系统,由人工先行将商品入库,然后将储存位置登入相应数据库,以便商品出库及商品跟踪。货位跟踪时可将商品编码或入库编码输入相应数据库来查询商品所在货位,输出的报表包括货位指示单、商品货位报表、可用货位报表、各时间段入库一览表、入库统计数据等。

货位指定系统还需具备人工操作的功能,以方便仓库管理人员调整货位。还能根据多个特性查询入库数据。商品入库后系统可用随即过账的功能,使商品随入库变化过入总账。入库处理的快速需要有技术的支持,如入库票据的条码化,通过手持条码输入终端进行验货等。入库作业还要考虑出库的效率和保管的效率,如在距离入口近的货区优先存放。

3. 出库系统

出库系统包括出库商品的查找、发出出库指示和核对。

出库系统是以各分店的补货数据为基础做出货前的准备工作,进行库存货品对照、库存查找及货品核对。出库系统包括库存查找和货品集中核对系统,要求查找快速、错误率低。能够及时输出库存查找清单,并与装货单相核对。

接收订单后需要对出库部门发出出库指示,出库后为了销售额等的统计,还要做出实际出库报表。

对于出库管理,有出库计划、出库指示和未能出库等内容,出库计划包括出库日期的指定,每个客户的订货汇总,分批发货和完成发货等内容。

出库指示是对出库部门输出各种出库用的票据。未能出库是掌握出库的实态,对预订出库还未出库的情况的管理。

4. 配货系统

配货作业是最重要的环节,对于各客户订单的商品名称、数量以及是否需要加工,到货时间和到货地点等信息进行与配货有关的处理,在防止配货错误的前提下,进行作业效率的指示。例如,每一个货位上设置配货表示器,在提示灯亮的指示和数量显示下,进行商品寻找作业,这样可以提高配货的效率并减少差错。还可以通过打印配货清单的方式进行配货的作业处理。

采用播种式配货方式时,配货清单是根据以商品为单位的出库数据汇总,与作业人员的作业区域相对应的商品分类进行输出。当商品保管为固定货位的情况下,可按商品保管的货位顺序进行打印。如果商品保管在随机货位,考虑作业人员的负荷,通过计算平衡从哪个货位开始进行出库,由商品和货位的关系来确定配货清单的打印。

采用摘取式配货方式时,以出库票据为单位进行配货清单的打印,并进行配货作业。当商品的数量少时,应用这种方式可以减少下一步分拣的过程,是提高配货效率的有效方法。

5. 库存管理系统

库存管理是配送中心管理信息系统的核心。库存管理的目标是提高库存精度,为配货中心提供实时准确的库存信息,合理地进行补货,削减损耗,使整个库存水平处于较低的状态,同时能满足各分销点的需要,保持一种动态平衡。

库存控制系统主要完成库存数量控制和库存量规划,以减少因库存积压过多造成的利润损失。它包括商品分类分级、采购批量及采购时间确定、库存跟踪管理以及库存盘点作业。前三者只需读取现有的数据文件来做内部运算。

商品分类分级就是按商品类别统计其库存量并按库存量排序和分类,作为仓库区域规划布置、商品采购、人力资源、工具设备选用的参考。商品分类分级还可按商品单价或实际库存金额进行排序。

采购时间和采购数量会影响资金的调度及库存成本,因此采购前就需要制订商品经济采购批量及采购时间。这就需要系统访问相应数据库来获得商品名称、商品单价、商品现有库存量、采购提前期及配送成本等数据来计算经济采购批量及采购时间;也可通过诸如安全库存量、经济采购量等其他方法来完成。系统要输入的数据为商品名称。主要输出报表包括商品安全库存报表、商品经济批量报表、定期采购点核查报表、定期库存量统计报表等。

库存跟踪管理系统主要是延续入库作业处理中货位的管理,此系统不需输入太多的数据,主要是从现有的数据库中调用现有库存的储存位置、储存区域及分布状况,或由库存数据库中调用现有库存数据核查库存量等,系统生成的主要报表包括商品库存量查询报表、商品货位查询报表、积压货存量或货位报表等。库存数量的管理与控制及货位的管理等作业依赖于库存数据和货位数据的正确性,因此需要盘点作业。

仓库管理人员在盘点前调用盘存清单打印系统,输入某类产品或某仓库名称、仓库某区域名称,此时系统调用相应数据库来检索该商品储放位置及数量或该区域所有商品的库存数及货位名数据,并打印盘点清单。然后仓库管理人员持此清单会同会计人员进行实际盘点,将盘点误差修正在盘点清单上,盘点后可将此数据由盘点数据库维护系统输入,修改相应数据库。此外盘点还可由仓库管理人员会同会计人员以及手持式数据搜集设备现场搜集库存数据,当某一区域盘点完毕或数据集满后,回办公室将数据输入计算机中,以批量方式修正相应数据库,或采用射频数据搜集设备,在盘点的同时将数据同步传回计算机加以处理。若采用这些设备,系统需具备数据接收、传送、转换等功能。最后由打印系统打印盘亏报表、库存损失率报表、废料盘存报表等。

库存控制系统须具备按商品名称、货位、仓库、批号等数据分类查询的功能,并设有定期盘点或循环盘点设定功能,使系统在设定时间自动启动盘点系统,打印各种表单,协助盘点作业。当同一种商品有不同储存时,系统应具备储存单位自动转换功能。在移库整顿或库存调整作业时,系统应具备大量货位库存数据批量处理功能。

6. 运输配送系统

运输配送系统的任务是完成供货商与配送中心之间、配送中心与各分店之间商品的运输配送业务,应能支持多品种、多次数、小批量配送的要求。

此作业阶段包括指定运送车辆实际装车、配送及配送途中的跟踪管理等作业。配送管理部门执行派车计划系统,首先由管理人员将当日预定出货订单汇总,先将客户按其配送地址划分区域,然后统计该区域出货商品的体积与重量,以体积最大者或重量最重者为首选配送条件来分配配送车辆的种类及派车数量,制订出车批次、装车及配送调度,并打印配送批次规划报告、批次配送调度报表等。自动规划的派车计划可人工修改。确定配送车批次后由出货配送系统打印客户出货单,集货人员持出货单及批次调度报表将商品由拣取区取出并核定出商品内容,然后集中于出货月台前准备装车。此时出货配送系统可提供装车计划或配送路线选择系统来决定每辆车按订单装车的程序。配送路线选择系统可求得最短配送路径、最短配送时间或最低配送成本等最佳解,以决定配送顺序。商品装车后即由送货司机持出货单予以配送。

商品送达客户处后,出货单由送货司机收回并输入数据。出货单还可以通过计算机网络直接传送至客户计算机系统中,由对方在收到商品后传回确认收货凭证。这就要求系统具备对外的数据传输、接收和转换功能。配送系统还可具备配送途中数据传输及控制的功能,来跟踪商品动向、控制车辆及车上设备;在配送中有意外情况发生时,还可通过通信系统重新设定配送模式所需的参数,重新取得新的配送途径并告之配送人员,使配送工作能顺利完成。

配送中心由于配送的客户数量较多,而每家分店配送商品的数量少、项目多,分店分布范围又广,故需具备较大数据处理能力。

四、物流配送信息系统的作用

物流配送信息系统的作用主要有如下几点:

1. 进行业务管理

其主要用于物流配送中心的入库、验收、分拣、堆码、组配、发货、出库、输入进(发)货数量、打印货物单据,便于仓库保管人员正确进行货物的确认。

2. 进行统计查询

其主要用于物流配送中心的入库、出库、残损及库存信息的统计查询,可按相应的货物编号、分类,便于供应商、客户和仓库保管人员进行统计查询。

3. 进行库存盘点

其主要用于物流配送中心的货物盘点清单制作、盘点清单打印、盘点数据输入、盘点货物确认、盘点结束确认、盘点利润统计、盘点货物查询、浏览统计、盘亏盘盈统计,便于实行经济核算。

4. 进行库存分析

其主要用于物流配送中心的库存货物结构变动的分析,各种货物库存量,品种结构的分析,便于分析库存货物是否积压和短缺。

5. 进行库存管理

其主要用于物流配送中心的库存货物的管理。

用于对库存货物的上下限报警:对库存货物数量高于合理库存上限或低于合理库存下限的货物信息提示。

用于库存呆滞货物报警:对有入库但没有出库的货物进行信息提示。

用于货物缺货报警:对在出库时库存货物为零但又未及时订货的货物进行信息提示,便于对在库货物进行动态管理,以保持相应合理的库存货物。

6. 进行库存货物保质期报警

其主要用于物流配送中心的库存货物的质量管理。

对超过保质期的货物进行报警:对库存货物的保质期在当天到期的货物进行信息提示,对超过保质期的货物进行报警,提醒仓库管理人员及时进行处理。

对货物保质期查询:对库存货物的保质期进行查询,便于仓库对在库货物进行质量管理,及时处理超出保质期的货物,提高货物库存质量。

7. 进行货位调整

其主要用于物流配送中心对库存货物的货位进行调整,进行货位调整查询,以便仓库管理人员掌握各种货物的存放情况,便于仓库人员及时准确地查找在库货物。

8. 进行账目管理

其主要用于物流配送中心核算某一时间段的每种货物明细账,每类货物的分类账和全部在库货物的总账,便于仓库实行经济核算。

9. 进行条码打印

其主要用于物流配送中心的货物自编条码打印、货物原有条码打印等,便于仓库实行条码管理,自动生成打印各种货物的条码。

● **任务提示**

小王需要通过实际操作来了解配送管理信息系统,结合自己所学的配送作业知识以及工作以来接触到的配送实际业务,既能更好地理解并掌握配送管理信息系统,也是对配送中心业务知识学习的一次升华。

(1)填写基础数据:新增信息,包括路线管理、车型设置、工厂信息、物料等方面。

(2)填写客户管理信息:分别进行客户资料、客户报价和客户合约的新增操作。

(3)仓库管理:分别进行仓库资料、库区设置、自动划分仓位、储存比例、装卸平台及吞吐能力的设置和操作。

(4)填写承运信息:分别在承运公司、承运报价、承运合约及承运车辆下,对其进行新增操作。

(5)线路的优化:新增线路并对各种配送费进行计算填写,进行线路的维护,最后考虑成本原则优化路线。

(6)入仓管理:分别进行入库作业量、订车作业量、装卸作业、验货作业、安排仓位、入库确认等环节的操作。

(7)订单管理:分别进行客户资料、客户订单、库存检查、订单合并及订单到拣货等环节的操作。

(8)出仓管理:依次进行拣货作业单、自动拣货、拣货确认、装车作业单、订车作业单、装卸作业、出仓确认等环节的操作。

(9)车辆调度及车辆监控:掌握车辆调度的基本步骤,熟悉车辆调度的有关要求并及时进行订车处理。掌握车辆运行时间的合理安排,进行调度配载。

(10)运输成本结算:填写员工工资、车辆油耗、运输费用以及维修费用,最终进行费用结算和分析。

项目实训

手持终端使用

1. 实训目标

通过本项目的实训操作,学生应熟悉条形码的印制及其货物信息的输入,掌握货位信息的确定,明确货位信息与货品信息之间的关系,熟练掌握各种条码阅读器/手持终端等设备的使用,掌握入库信息的确认、入库单的内容与生成过程。

2. 实训背景

学生在完成对条码技术的学习以后,依托所在学校的校企合作企业,在教师的指导和要求下,到连锁企业配送中心或超市进行实地参观学习,了解并参与配送中心条码的印制,掌握利用条码技术完成商品的入库、储存和出库等作业流程。

3. 实训任务

第一步:在收货环节,接货员根据进货通知单信息通过扫描条码,输入货品信息,打印货品条码,粘贴在货品包装箱上。(此步可选,大多数情况下可以直接使用包装箱上由供应商预先贴好的条码,若此条码配送中心的阅读器无法识别,则选择此步。)

第二步:通过条码阅读器,对货品包装箱上的条码进行扫描,将货品基本信息传到后台计算机管理系统中。

第三步:根据包装箱信息组托,按托盘数量打印条码标签,并将条码贴于托盘正对叉车的两侧(若托盘上有条码标签,则不需要打印),使用条码阅读器读入托盘条码,输入货品信息。

第四步:计算机管理系统根据预先确定的库位分配原则和原有货品信息,确定托盘存放位置。

第五步:通过叉车把托盘放在计算机指引的位置上,并使用条码阅读器读取入库位条码,确定货位,并将作业完成的信息传送到主计算机,这样,商品的储存位置就存入了计算机。

第六步:根据系统生成的入库单,输入明细信息,确认后,系统将自动更改库存数据,入库作业完成。

项目十 智能配送

● **学习目标**

知识目标

了解智能物流的含义及发展方向;理解智能配送的含义及智能配送系统的构成;了解智能配送新技术,如无人机配送、机器人配送、机器视觉等新技术的工作原理及其发展方向。

技能目标

能够理解并掌握无人机配送、机器人配送、机器视觉等新技术等综合运用,能利用专业书籍、媒体不断了解新技术的发展动态,提高技术革新意识。

项目任务

任务一 智能配送

任务二 智能配送新技术

任务一 智能配送

● 任务布置

小王在一家大型电商配送中心工作,中心需要用最短的时间对或千上万件的快递进行运输、分拣和派送,所以对智能化设备寄予了厚望,借此分解庞大订单量的压力。智能化将逐渐渗透到配送的各个环节,技术新红利正在重塑配送价值,成为配送行业转型的新动能。全自动分拣设备、无人机、机器人送货的热度不断攀升,智能化的物流配送正在成为发展的趋势。

请分析:智能配送和传统配送有何不同？目前的智能配送都采用了哪些新技术？

● 知识要点

一、新技术、新应用开启智能物流新时代

从全球来看,自动化物流系统的产生和发展是社会生产和科研技术发展的结果,并伴随着劳动力成本、土地成本的增加等而得到迅速发展。与传统物流系统相比,新技术、新应用能大大提升企业经营效益与效率,形成对传统生产作业模式的一种颠覆。

1. 提高生产与配送的效率和准确性

自动化物流系统采用先进的信息管理系统、自动化物料储存、分拣和搬运设备等,使货物在仓库内按需要自动存取与分拣。

2. 实现企业信息一体化

物流信息化是企业信息化的重要组成部分,物流信息管理系统通过与企业其他管理系统无缝对接,实现信息在企业的各个系统之间自动传递与接收,使企业实现信息一体化,避免物流系统成为"信息孤岛",对产供销全过程进行计划、控制和物料跟踪。

3. 提高空间利用率,降低土地成本;减少人工需求,降低人工成本

智能的环境,让普通工人快速上手操作,并且,智能物流运行过程中自动化、智能化、低噪声、无污染,很好地保护了工人的身体健康。

4. 提高物流管理水平

自动化物流系统可以对库存的入库、出库、移库、盘点等操作进行全面的控制和管理,不但反映了物品进、销、存的全过程,而且可对物品进行实时分析与控制,为企业管理者做出正确决策提供依据,平衡企业生产、储存、销售各个环节。

二、智能物流的含义及发展方向

全球范围技术进步将开启智能物流新时代,智能物流是利用集成智能化技术、智能设备等使物流系统能模仿人的智能,具有思维、感知、学习、推理判断和自行解决物流中某些问题的能力。搬运、码垛、分拣、AGV 等机器人均属于物流机器人行业,物流机器人已经在为工厂的自动化物流仓储改造贡献力量。而在世界范围内,随着物联网、机器视觉、仓储机器人、无人机等新技术的应用,物流自动化技术正在以较快的速度发生变革。我们认为,物流领域是自动化技术发展最活跃、进步最迅速的板块之一,并且海外先进技术正在向国内传递,进一步刺激国内物流自动化率快速提升。近年来,物流自动化技术创新主要包括三大方向:KIVA 式"货找人"拣选、高效分拣抓取和无人货物配送。随着中国物流应用市场的不断拓展,包含物流机器人在内的细分市场将得到更大的关注。

1. "货找人"订单拣选:实现对传统仓储作业的颠覆

电商快递业的迅速发展将带动"货找人"智能设备的需求。我们认为如何实现订单的高效精准拣选和快速响应,是电商仓储物流发展所面临的关键问题。近两年来以亚马逊为主的主流电商快递龙头企业纷纷加大对仓储自动化技术的投入,不断加大创新,如亚马逊推出的 KIVA 机器人,实现"货找人"的订单拣选,国内外一些企业纷纷在 KIVA 的基础上陆续推出"货找人"订单拣选系统,如海康威视最近推出的"阡陌"系统,以达到成本的节约和效益的提升。

2. 分拣抓取机器人实现无人仓储的重要一步

机器人拣选作业是由机器人来进行品种拣选,如果品种多、形状各异,机器人需要带有图像识别系统和多功能机械手,机器人每到一种物品托盘就可根据图像识别系统"看到"的物品形状,采用与之相应的机械手抓取,然后放到搭配托盘上。分拣抓取机器人要进入市场仍需一段时间,一旦这些智能化的分拣机器人应用于电子商务、工厂、物流等行业,将极大地提高仓储管理的工作效率,压缩人工成本。

3. 货物配送,无人机及机器人都将成为可能

一方面,无人机送货可以实现同城物流的加急业务和偏远地区快递业务,进一步开辟物流行业的细分市场,使物流网点、终端之间的流转获得更高效率,提升企业在配送领域的竞争能力。另一方面,庞大的快递队伍以及用工难已经成为制约众多快递企业发展的一大障碍。而无人机送货,在运营成本大幅降低后,可以实现大量人力的节约。近两年来,亚马逊、顺丰、京东、淘宝等主流电商快递企业纷纷开始进行无人机配送的实地测试。2015 年 11 月,Skype 旗下的 Starship 公司推出了一种专门用作小件货物配送的"机器人盒子"。"机器人盒子"配置了一系列摄像头和传感器,99% 都是自动操作,能够安全行走在人行道上,会在指定时间从物流中心出发,穿越大街小巷,来到顾客家门口完成快递任务。

三、智能配送系统

1. 智能配送

由于路况、客户要求及商品本身特性等条件的制约,配送规划往往是一个极其复杂的系统

工程。这是摆在物流企业面前的一个难题。智能配送,是指在做配送规划时,运用智能配送中心目前采用了计算机技术、运筹、统计、GIS、4G 高速无线网络数据传输技术、PDA、条码技术、RFID 技术、传感技术、无人机、机器人、机器视觉等方面的技术,由计算机根据配送的要求,选出一个最佳的配送方案,包括配送路线、使用车辆、装载的商品等内容,并且帮助物流快递企业实现收派件数据即时采集并无线上传、货物中转进出仓等数据信息的动态管控。

2. 物流快递智能配送系统(以捷宝科技为例)

(1) 系统简介

捷宝科技根据物流快递行业特点开发的智能配送系统,通过使用快递巴枪(安卓智能手持终端 PDA),基于 GPRS/3G 高速无线网络数据传输技术,结合条码、RFID 技术应用,帮助物流快递企业实现收派件数据即时采集并无线上传、货物中转进出仓等数据信息的动态管控。

前端系统在快递巴枪上集成了所有的货物扫描操作,后台能独立提供货物追踪、管理及问题件处理,以及收派件信息下载、上传及查询。通过与物流快递公司的其他业务系统进行数据交换,达到对货物流、信息流及资金流的有效管理。

(2) 系统架构

捷宝科技物流快递智能配送系统架构如图 10-1 所示。

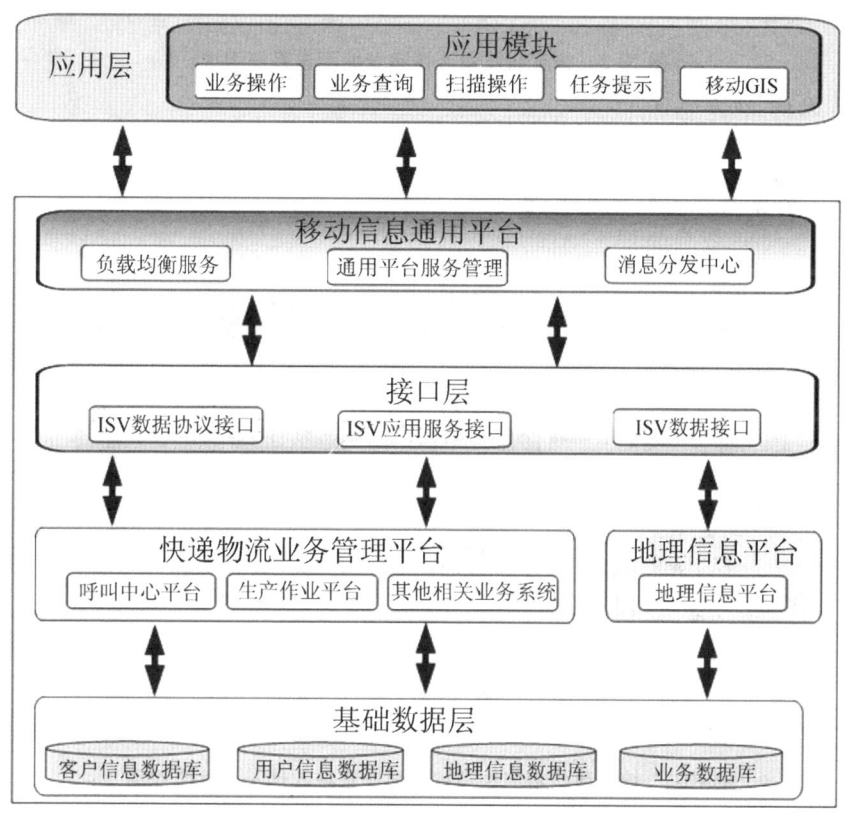

图 10-1　捷宝科技物流快递智能配送系统架构

(3) 系统组成

系统由移动智能终端、无线网络和平台网络侧三大部分组成，其中业务员终端移动智能端通过前端快递系统直接和企业 ERP 对接，实现相关业务应用流程。平台网络侧由 ERP 系统实时交互接口服务器构成，负责数据管理、业务接口管理、业务应用管理、信息查询处理等应用管理。捷宝科技物流快递智能配送系统组成如图 10-2 所示。

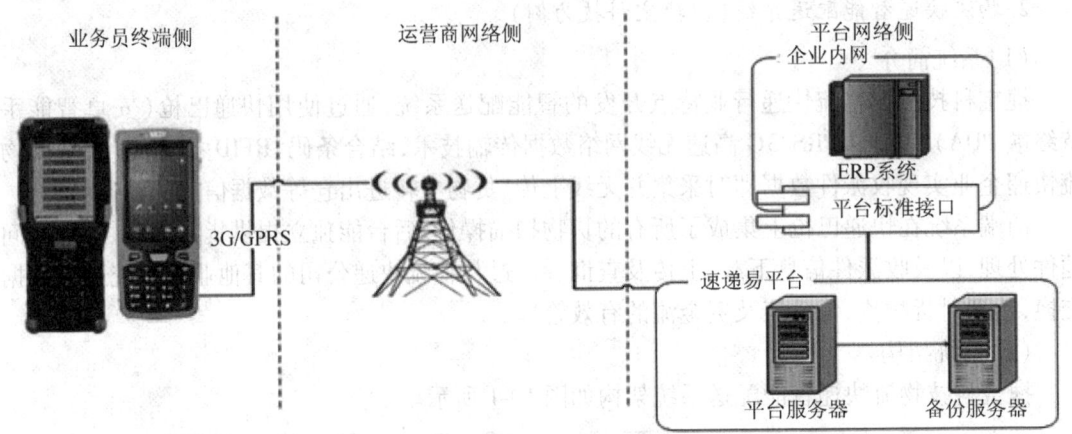

图 10-2　捷宝科技物流快递智能配送系统组成

(4) 系统流程、业务流程

捷宝科技物流快递智能配送系统收件—派件流程图，如图 10-3、10-4 所示。

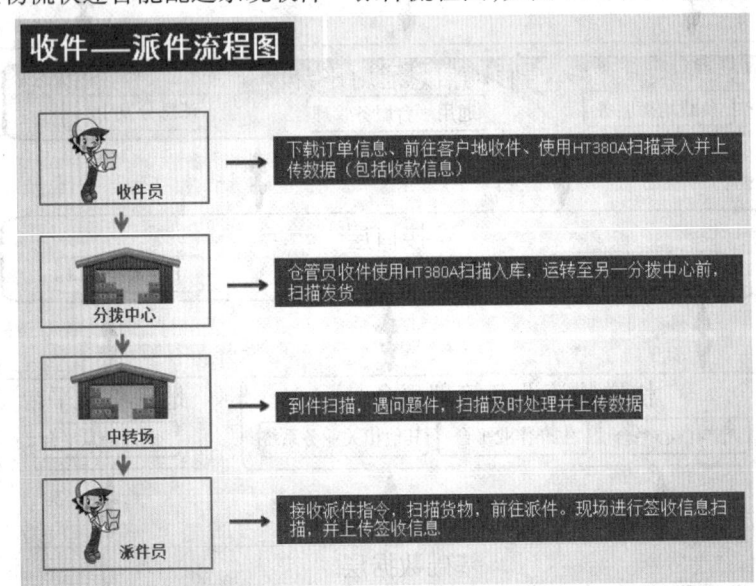

图 10-3　捷宝科技物流快递智能配送系统收件—派件流程图

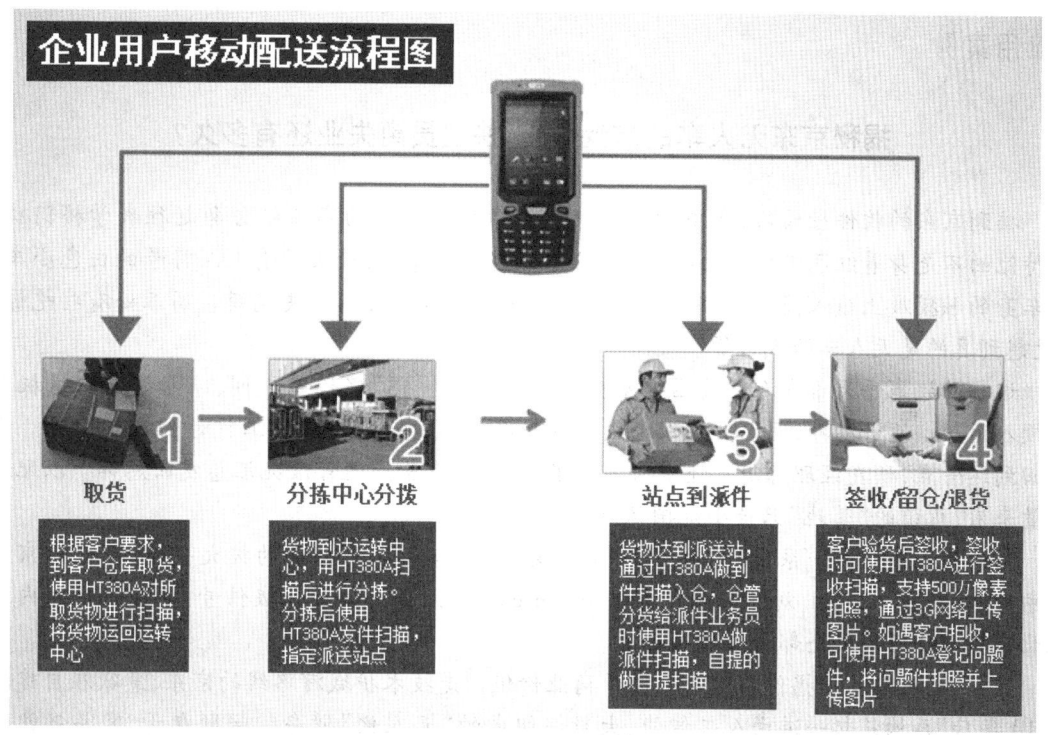

图10-4 捷宝科技物流快递智能配送系统企业用户移动配送流程图

（5）系统价值

加快业务流程，提高快递员收件的速度，提高快递公司整体的运行效率。

通过快速的扫描和随时随地的数据上传，可大幅提升效率，减少差错率。

通过3G移动上网，可快速查询并处理问题件。

全面覆盖，全程管控系统，可集成运单、货物追踪、客户服务报表等业务，实现业务信息的完整记录，全程跟踪管理，提升客户服务价值。

可供查询货件，让客户随时随地拥有货物的知情权，提高客户的满意度，增加企业的服务价值。

全息库存管理，为不同的仓储人员提供强大的多角度库存查询功能，满足不同的仓储信息化需求。

（6）终端功能

捷宝科技物流快递智能配送系统终端功能如图10-5所示。

图10-5 捷宝科技物流快递智能配送系统终端功能

配送作业

● 应用案例

揭秘京东无人车的前世今生，快递员离失业还有多久？

接到京东的收件短信后，在中国人民大学从事安保工作的高玉松匆匆赶往教学楼门口。等待他的不是身着红色工作服的配送员，而是一台半人多高、车头带有"X"符号的白色小车。在车身的触摸屏上输入提货码，厢门打开，正是他订购的手机钢化玻璃膜。高玉松有些吃惊："没想到真的是无人车给我送货。"

这样的故事每天都在人大校园内发生。今年的"6·18"促销节期间，京东宣布配送机器人投入运营。运营初期，无人车在人大校园内日派件10余单，对应的工作时长在 $5\sim 6$ h。小车回到运营点，研发经理麻晓永还有时间将沿途观察、收集的运营情况汇总发回总部。以配送单量来看，所谓的"落地"只是小范围试点。

随着无人商店等一系列"无人业态"的兴起，无人车引发了公众的极大兴趣，被视为京东近年的"黑科技"之一。刘强东也在首届JD Discovery大会上释放积极信号：要在短时间内实现北京市100所高校全部由机器人送货。

目前，无人车的传播价值似乎远胜于商业价值。走技术护城河路线的京东，急欲在自建物流10年后，再构筑起一道由人工智能、大数据组成的"无人化"壁垒。问题在于，容易筑就的物流城墙已被多方垒起，墙外则遍布荆棘，无人配送车就身处其间。

京东无人车如何走出校园？无人车集体上路送货的"魔幻"景象，会在不久的将来出现吗？

目前，京东在北京、西安和杭州的4所高校内测试着60多台无人车。以人大校园为例，小车每日穿梭于公共教学楼等3个测试点，配送的订单由调度中心系统后台下发，依据包裹重量和体积进行筛选，3C、生鲜等贵重和特殊品类则被排除在外。偶尔也会有"漏网之鱼"，比如卷成长轴的 1 米 $\times 1.5$ 米大号地图，重量、体积没超，但属于非标品类，货箱装不下，要由运营人员将订单改为人工派送。

以高校为代表的半封闭园区，被京东视为最先可能实现无人配送的末端场景之一：环境单一、人员简单、不可控因素较少，适合早期阶段改进技术产品、积累运营经验。然而，在校园内尚且困难重重，无人车未来会走向何方？

打通"最后一公里"

"双11"当天，位于北京亦庄的京东总部内，第三代无人配送车穿梭在办公区域，员工只要对其做出大力水手般的左手握拳姿势，无人车就会停靠在过道边并自动打开仓门，里面盛满了各式各样的小食品和饮料——这是行政部与X事业部合作，为员工准备的"能量包"。

最近一年，无人车所属的X事业部在集团内部既与京东物流、京东云等部门合作，对内也有着较强的资源调动能力。X事业部全面负责京东的无人物流计划，包括名声颇响的无人机、无人车以及在运营端成效显著的无人仓。其中，无人配送车定位"最后一公里"的配送场景，内部早期将其比作"长腿的自提柜"。

实际上，无人车的想象空间远比提货柜大得多：一名人类配送员身后可跟随多台无人车，车辆之间也相互跟随。到达送货小区后，小车自动前往A楼、B楼、C楼……一旦采用这样的编队方式规模化运营，人力配送成本、货物周转效率将大大改善。在小汤看来，"相当于快递员电瓶车后的货篮变大"。

京东方面未透露测试阶段无人车的单量峰值和配送成功率。X事业部人工智能架构负责人曾解释，最优路径规划属于新兴的研究方向，仍然处在落地场景的实验阶段，"比如最优路径的选择，最短和最快不是一回事，如果遇到交通堵塞，物理距离最短的可能时间上却是最慢的，需要根据实际情况即时动态调整"。

京东曾经算过一笔账，如果将造价成本、日常使用率、货物装载率等考虑在内，无人车配送一单的成本在1.5元以内，相比人工配送每单7~10元的行业水平，前者约为后者的1/6。杨廓强调，该数字仅是理想状态下的成本预估，"降本增效"效果如何还有待观望。无人配送车的造价可降低到批量生产的每台5万元，不过在研发阶段，一台无人配送车的制造成本最高曾达60万元。

无人车送货在"最后一公里"发挥的作用，在于等待时间和搬运次数的大幅降低。京东X事业部总裁肖军表示，在写字楼、居民区、高校等送货目的地，由于有比较集中的小批量订单，通常会占用人类配送员较多的时间，效率不够高。

末端配送对人员的专业程度也有要求，比如理货时讲究"大不压小、重不压轻"，并在配送前根据送货地点远近完成装车。"双11"期间，快递公司大量吸纳临时工，但由于只接受过紧急培训，他们中的大多数只能在二级网点从事简单的分拣工作。如果理解"最后一公里"的配送代价，就能理解京东一头扎入无人物流这片"深水区"的内在驱动力。

（资料来源：凤凰网 http://tech.ifeng.com/a/20171228/44824412_0.shtml）

● 任务提示

智能配送中心目前采用了计算机技术、运筹、统计、GIS、4G高速无线网络数据传输技术、PDA、条码技术、RFID技术、传感技术、无人机、机器人、机器视觉等方面的技术。

智能配送中心采用了以上多种新技术，实现智能化的仓储与实时配送，能让物流的每个环节都变得自动化、智能化，安全又可靠。通过分析物流客户的需求，将需要管理的商品进行仓储配送管理，真正做到以客户为中心，解决电商配送难题。

● 项目实训

任务二
智能配送新技术

● 任务布置

2017年10月，海尔日日顺联合菜鸟网络为大件物流准备了无人仓等技术，在大件商品流通领域实现了智慧物流的快速提升。20万平方米的仓库无须人工干预。在大件物流领域,因为商品体积大和重量大,包装规格多样,一直以来都是靠机器人实现智能化运作的盲区。但是在日日顺青岛仓库,无人化作业已经成为现实。在西海岸新区海尔工业园的物流车间内,一排排高达20多米的货架组成了立体空间,商品入库、上架、存取、出库全过程都由自动化设备在算法的指引下完成,相当于20万平方米的平面仓库内完全不需要人工干预。

请分析:在海尔的无人仓中,会应用到哪些新技术?

● 知识要点

一、无人机配送

1.无人机简介

无人机(Unmanned Aerial Vehicle,UAV)是指不经由驾驶员直接操作,可自主或通过远程控制完成飞行行为及其他一些特定动作的空中机器人系统。无人机概念的设计最早是第二次世界大战时期,被应用于军工领域。由于军工具有较强的垄断性质,民营资本很难获得准入。介于玩具与模型之间的微型无人机,在影视航拍、娱乐等应用中找到了市场需求。

无人机上无驾驶舱,但安装有自动驾驶仪、程序控制装置等设备。地面、舰艇上或母机遥控站的人员通过雷达等无人驾驶飞机设备,对其进行跟踪、定位、遥控、遥测和数字传输。

如今,按不同使用领域来划分,无人机可分为军用、民用和消费级三大类。2018年初,中国民航局就《无人机空域管理规定》征求意见,不久后有望出台。无人机的市场前景让资本市场一窝蜂地展开追逐,实现跨越式增长。资本的追捧更是将无人机的概念炒成了拉升股值的"兴奋剂"。

在国内,目前有300~500家企业进入无人机制造的市场。零度CEO杨建飞认为,无人机在消费级市场潜力巨大,从自拍、跟随、休闲、竞技、旅游、社交、互联、快递等方面来看,可做的事情非常多。在进入民用领域前,零度的盈利在千万级以下,而今年预计能够达到上亿级别。从传统的电子商务时代到如今的移动O2O时代,其中重要的配送环节带动了整个快递业的高速发展,而如今O2O企业为了提升配送效率以提供更优质的用户体验,同城配送也从"隔日达"进化到了如今的"当日达""2小时达",甚至是"半小时达"。但提供更快配送效率的同时也给企业增加了一笔不小的物流成本开支,虽然目前企业可以通过巨额补贴为用户省去购物过程中的人力物流成本,但补贴一旦结束,这一部分成本又由谁来买单?

2.无人机的分类

无人机技术的关键问题,就是如何设计合理的控制方式代替飞机驾驶员在有人机系统中的位置。根据无人机不同的控制方式,可将无人机系统分成以下三类。

(1)基站控制

基站控制式无人机也称为遥控无人机(Remotely Piloted Vehicle,RPV)。在无人机飞行的过程中,需要地面基站的操作员持续不断地向被控无人机发出操作指令。从本质上来看,基站控制式无人机就是结构复杂的无线电控制飞行器。由于无线电控制技术在空间上的局限性,现代无人机已经很少采用纯粹的基站控制方式来实现无人驾驶了。

(2)半自主控制

20世纪八九十年代出现的"Pointer""Sky Owl"无人机系统采用的是基站导航和预先设定导航程序相结合的控制方式,这是无人机半自主控制的最早形式之一。半自主的无人机控制方式可以描述为"基站可随时获得无人机的控制权,并且在飞行过程中某些关键动作需由基站发出指令,如起飞、着陆等,除了这些关键动作,无人机可以按照事先的程序设定进行飞行和执行相关动作"。

(3)完全自主控制(智能控制)

完全自主控制无人机又称为智能无人机,可以在不需要人工指令的帮助下完全自主地完成一个特定任务。一个完整的智能无人机系统具备的能力包括自身状态的监控、环境信息的收集、数据的分析及做出相应的响应。

二、机器人配送

2016年中国的电商市场规模为22.97万亿元,5年里扩大至3倍;网上订送餐服务市场规模为1 662亿元,5年里也扩大至5倍。相关市场今后被认为会继续增长。目前,配送业务主要由人力承担,但由于订单数量的增长速度过快,配送人手不足的情况日益明显。快递公司之间的配送员争夺战也越来越激烈,本来应该很便宜的人工费不断上涨。在快递行业,如何充分利用机器人和无人机等人力以外的手段提高效率被认为是长久立足的关键。报道称,在中国迎来网络消费社会这一繁荣景象的同时,人手短缺的配送业务也面临着危机。越来越多的声音期待配送机器人的开发和运用能够成为解决人手短缺问题的杀手锏,但是相关尝试才刚刚开始。

刘强东认为,未来5~8年,送货的可能全是机器人。京东未来12年的战略,一个全新的技术转型,是打造智能商业体,届时,整个行业的成本也好,效率也好,客户体验也好,已经达到了一个极限了,接下来如果想继续提升用户体验,降低成本,唯有靠技术,核心的就是人工智能技术和机器人技术,打造一个无人化的商业体。

从产品的采购到库存的配给,到库网的调拨,到整个生产,到送到配送站,再从配送站送到消费者,整个过程中是没有任何人参与和干涉的,都是人工智能的系统和机器人的劳动来解决的。随着我们的技术在最近几年的不断积累,相信大概5~8年左右的时间,基本上可以实现了。

● 知识拓展

配送环节如何同时兼顾物流成本与配送效率?

目前,市场上有10家具备无人机配送能力的公司,它们分别是:Amazon、DHL、顺丰速运、法国邮政、UPS、Google、Matternet、BIZZBY sky、Flytrex Sky、Flirtey。

Amazon:万事俱备,只待监管政策出台

早在2013年12月,亚马逊CEO贝索斯便首次对外披露了名为Prime Air的无人机配送包裹计划。据亚马逊方面介绍,其所设计采用的8轴无人机最大可承重2 kg(86%的网购商品重量在这个数值以下),运送范围在亚马逊物流配送中心16 km范围内。根据货物大小,选择不同型号的无人机进行配送,最快30 min送达。无人飞行器会在卸货之后,自动返回库房。据金融研究公司ARK Invest的一项研究显示,亚马逊无人机(见图10-6)送快递每件成本约1美元,只相当于当前当日达快递服务7.99美元的一个零头。

图10-6 亚马逊无人机图片

近日在NASA无人驾驶交通管理(UTM)大会上,亚马逊提出了一个无人机监管计划。在计划大纲中,亚马逊提出要在高空建立一个分层的"高速公路"系统,让无人机在200~400 ft的高度范围内快速飞行。据了解,亚马逊此前一直在加拿大测试无人机系统,并一直呼吁FAA出台全国统一的无人机监管规定,FAA于今年3月允许亚马逊开始在美国测试无人机,亚马逊全球公共政策副总裁Paul Misener表示,只要管理条例一出台,亚马逊就能立刻开始无人机送货服务。

顺丰速递:牵手极飞科技,力推偏远山区市场的无人机速递业务

2013年9月,顺丰测试无人机快递项目首次在东莞曝出,直到2015年3月,顺丰才正式公开了自己的无人机送货计划。顺丰通过与极飞科技合作研发的全天候无人机,在珠三角地区以每天500架次的飞行密度执行快递配送,力推在山区、偏远乡村等农村市场的无人机快递业务。

极飞科技全称为广州极飞电子科技有限公司,成立于2007年,创始人兼CEO为彭斌,目前研发人员数量约250人,并于2014年9月完成由成为资本领投的2 000万美元A轮融资。

顺丰所使用的4轴无人机最大挂载为1 kg,空载飞行时长为31 min,满载飞行时长16 min,可满足在下雨、低温等气候条件下飞行。此外,极飞联合顺丰开发了一套空中物流系统。这套系统由全天候飞行器、远程调度系统、地面收发站点和第三方(民航监管部门)管理平台四个部分组成,当无人机收发站点接到飞行任务后,快递员将快件放置在无人机机舱中,然后将无人机放在起飞位置,通过巴枪扫描确认航班信息,无人机校对无误后自动起飞。与此同时,调度中心会自动通知接收站操作员做好航班降落准备。无人机在接收点降落后,派件员将快件从机舱内取出,用巴枪扫描确认航班到达,无人机会自动返航。

当飞机不慎跌落时,无人机公司会调出无人机里的黑匣子,通过查看飞行日志,找出电路板的异常情况。如果问题确实出在飞行器这边,将向客户赔付包括飞行器、货物在内的全部损失。

据了解,顺丰无人机配送业务目前不会直接面向客户,主要是用在顺丰自身不同网点之间的配送,以解决偏远地区人力配送较难、较慢的问题。

UPS：对于无人机配送业务要比其他任何公司投入得更多

成立于1907年，位于美国的全球知名的包裹递送公司UPS同样也在测试无人机送货。据一名UPS发言人表示："商用无人机是一项十分有趣的技术，我们将继续对其进行评估。UPS要比其他任何企业在包裹运送业务方面投入得更多，我们总是会对未来有所规划。"

研究无人机相关法律问题的华盛顿大学法学教授莱恩·凯洛（Ryan Calo）称："对于像UPS这样的企业，如果没有考虑过这项技术，我反而会感到意外，如果想在未来的物流领域展开竞争，无人机绝对是其中的一部分。"Calo还表示，UPS第一款无人机更有可能是人为控制。它们能够从机场UPS包裹中心将包裹送达到同城的分拣中心。

无人机生产厂商大疆（DJI）北美区科林·贵恩（CEO Colin Guinn）谈道："像亚马逊或UPS这样的企业，在18至24个月的时间内就能拥有安全、可投入使用的无人机投递群。在技术方面，我们还需要进一步完善目标检测和躲避干扰，因为仅靠GPS还难以协调。"

BIZZBY sky：小巧灵活，专注于小物件同城急速配送

BIZZBY sky是一台基于智能手机应用程序控制的根据需求提供送货服务的无人机，公司位于英国伦敦。BIZZBY sky相比于其他无人机载货重量较轻，最高为500 g，但同时赋予了更强的灵活性，其主要定位于运送小件物品，如文件、钥匙、手机、紧急药品等。

发送方用户通过APP填写需求后，APP会估算出本次服务费用，下单后距离最近的无人机会自动响应并前往发货地点，到达发货地点后，发送方用户通过操作APP打开物品箱，将钥匙、手机等小物件放入物品箱内，点击SEND按钮便可启动无人机，无人机根据GPS坐标自动寻路前往接收方用户处，由于无人机上搭载了一台摄影机，用户可通过APP实时观察无人机的摄像画面跟踪运输状态，当无人机到达指定收货地点后，接收用户通过APP解锁物品箱，完成交易。

（资料来源：亿欧网）

三、机器视觉

（一）机器视觉基础知识

1.机器视觉的定义及市场空间

机器视觉技术，是一门涉及人工智能、神经生物学、心理物理学、计算机科学、图像处理、模式识别等诸多领域的交叉学科。机器视觉主要用计算机来模拟人的视觉功能，从客观事物的图像中提取信息，进行处理并加以理解，最终用于实际检测、测量和控制。机器视觉技术最大的特点是速度快、信息量大、功能多。机器视觉的识别步骤如图10-7所示。

图 10-7 机器视觉的识别步骤

机器视觉可说是工业自动化系统的灵魂之窗,从物件/条码辨识、产品检测、外观尺寸测量到机械手臂/传动设备定位,都是机器视觉技术可以发挥的舞台。而为了因应层出不穷的新应用需求,工业相机的设计也出现新的发展方向。

机器视觉在生活中的应用极其广泛,在交通领域、水文观测、地质灾害预警识别等领域都发挥着重要的作用。而宏观上看,发展速度较快的细分产业是人脸识别与图像识别。这两个分支行业,在金融、安防以及交通领域较为集中。这些细分领域的投资者,大多具有自身技术优势,并将为各类场景提供应用解决方案来盈利。机器视觉产业链如图10-8所示。

图10-8 机器视觉产业链

2.我国机器视觉发展现状

在我国,机器视觉应用起源于20世纪80年代的技术引进。机器视觉在我国起步较晚,真正在工业领域的广泛应用还不到十年,远远落后于我国工业自动化市场的发展速度和规模。基于计算机视觉与深度学习的人脸检测、人脸识别正在从安防、商业、金融、家居等各个领域不断迅速地、广泛而深入地介入人们的生活中,但是对于传统人脸识别解决方案仍存在准确率不高、漏抓和误报较多、人脸抓拍不清晰、图像质量不理想等问题,还无法满足一些商业需求。

我国机器视觉行业最开始主要是代理国外品牌。近几年,很多经销商开始自主开发产品,但在行业分布、渠道分销以及成熟的自动化产品等方面还是和国外有一定差距。国内机器视觉的相对成熟的自动化产品质量以及技术含量偏低,市场也远远没有饱和。

机器视觉企业大体可以分层为开发厂商、二次开发厂商和产品代理商。国内机器视觉企业主要为国外机器视觉产品代理商和系统二次开发厂商。目前进入我国机器视觉市场的国外品牌有100多个,我国本土的企业负责销售代理的企业有200多家,专业的系统集成商超过50家。我国真正的专业机器视觉底层厂商凤毛麟角,本土机器视觉系统厂商和机器视觉系统元器件生产商存在缺失。

3.我国机器视觉的发展趋势

工业4.0离不开智能制造,智能制造离不开机器视觉。机器视觉是实现工业自动化和智能化的必要手段,相当于人类视觉在机器上的延伸。机器视觉具有高度自动化、高效率、高精度和适应较差环境等优点,将在我国工业自动化的实现过程中产生重要作用。

视觉图像技术需要重点构建四大核心能力:

第一,智能识别。海量信息快速收集,从大量信息中找到关键特征,准确度和可靠度是关键。

第二,智能测量。测量是工业的基础,要求精准度。

第三,智能检测。在测量的基础上,综合分析判断多信息、多指标,关键点上是基于复杂逻辑的智能化判断。

第四,智能互联。图像的海量数据在多节点采集互联,同时将人员、设备、生产物资、环境、工艺等数据互联,衍生出深度学习、智能优化、智能预测等创新能力,真正展示出工业4.0的威力。

(二)机器视觉在配送作业中的运用

在电子商务高速发展的今天,目前国内每天1亿个包裹,未来10年每天包裹量或将达10亿个。对于物流配送业这种对人力成本敏感的产业来说,机器视觉具有高度自动化、高效率、高精度和环境适应强等优点,为高速发展的物流配送分拣系统打开"新视界"。物流配送行业正从人工分拣向智能化、自动化方向快速演进。

1. 巧用深度视觉技术,无人仓成为现实

如今,智能机器人在物流领域的应用已不是新鲜事,高效率、低成本的优势使它们备受推崇。但少有人知道,这些"奋战"在物流仓储第一线的机器人,其实大多是"瞎子",就像盲人靠盲道和盲杖前进,许多物流机器人是靠二维码前进。目前的物流机器人,大多依靠识别固定在地面上的二维码或坐标进行定位,通常沿固定路线移动。而这意味着,在仓储和物流过程中,一旦发生货架位置偏移或货物摆放位置不均等情况,只能沿着固定"盲道"移动的机器人恐怕连去货架的路都找不到,更不用说从货架取回正确的物品了。面对多变的仓储环境,想要"盲人"机器人知道自己应该去哪里、应该把手伸到哪里、应该拿什么东西,让它们"看见"无疑是最好的解决方式。

通过深度视觉系统,不需要前期施工及安置特殊标记,机器人就可以找到正确的路和应该搬运的货物。利用独特的深度视觉技术,通过赋予物流机器人"视觉",彻底改变了它们"摸索"前进的工作模式(见图10-9)。目前在仓库中,机器人主要在分拣、搬运、堆垛等方面代替人工。机器人可以对目标物进行精确的三维空间和姿态定位,从而实现机器人行动路线的正确选择,以及机械手对货物的准确抓取。从货物的排放、货架的分布,到机器人的轨迹、机械臂的落点,在整个仓储物流中,通过具备深度视觉的搬运机器人和拣货机器人的组合,真正意义上的无人仓就可以成为现实。

图10-9 物流机器人

2. 机器视觉在物流分拣自动化系统中的应用

不同类型的分拣机器人无论外形如何,都带有图像识别系统,通过磁条引导、激光引导、超高频RFID引导以及机器视觉识别技术,分拣机器人可以自动行驶,在接受运送指令后,通过视觉扫描技术,按照商品的品种、材质、重量以及发往的地点进行快速的分类,然后将货物送到指定的货架上或出货站台处。与此同时，机器人也可以在最短时间内将货架上的商品配送到不同的站台向外运输。这样便可以极大缩短快递发货周期，提高服务水平。

这些巨大的变化都要依赖于一项技术，那就是视觉识别，这项技术使得机器人在快递界大展拳脚。

(1) 自动化的色码扫描

应用自动化的色码技术，工作人只需扫描商品上的条形码，将相关信息输入到分拣系统中，分拣机器人便会接收到指令，判断商品将会进入到哪一个分拣的区域中。这一项技术的核心在于分拣系统的控制装置，它依据商家或货主提供的商品材质、重量等因素进行信息分类，发出分拣要求，机器人便会将商品运送到各分类区域。快递企业采用这种基于视觉识别的形状识别技术使工作效率不断提高，不仅可以节省空间，也可以提高商品向外配送的速度。

(2) 自动化数量检测技术

网络购物作为一种隐形的购物方式，及时补充货源，满足客户的需要是十分重要的。分拣机器人不仅仅可以对商品自动分类，还可以对仓库内的数据信息进行检测。为了及时了解库存，应对突发断货事件，快递企业可以通过自动分拣系统了解向外输送商品的数量、库存、客户退还等信息，从而为了解市场行情提供准确数据，还可以使快递公司和供货商之间形成更为科学的供货方案，提高双方业绩。

(3) 自动化形状识别技术

对于不同的快递物品而言，最明显的特征就是形状。所以，基于视觉识别的形状识别技术，在快递企业分拣中发挥了巨大的作用。这种专门针对形状识别的技术使工作效率不断提高。分拣机器人根据商品的形状能够进行快速、精准的分类，不仅可以节省空间，也可以提高商品向外配送的速度。

相对行业日益扩大的市场需求，我国的机器视觉产业起步较晚，但是在核心技术上，中国已经拥有了自主研发的能力，一些公司已经开始依据在机器视觉领域深厚的技术积累，不断为相关企业提供丰富的视觉解决方案，为实现工业自动化和智能化贡献一份力量。

●任务提示

在海尔日日顺仓库，无人化作业已经成为现实。在海尔的无人仓中，会应用到机器视觉以及各种机器人。如智能盘点飞行器也将在仓库盘点中进行应用，通过搭载的摄像头实时传输捕捉到的货物堆垛图像至服务器，以图像识别算法计算堆垛物品数目取代人工盘点。在入库环节，产品到达仓库完成卸车后，将通过多个产品输送线进入仓库，汇集到主线上。在主线上，产品会经过全景扫描站完成条形码的信息识别过程，同时，设备还将对产品进行自动称重和尺寸测量，以便与产品条形码信息进行复核。随后，分拣机器人将产品分拣至各支线的码垛机械手工位，系统会根据不同产品选择不同的机械手及夹具，将产品运送到对应托盘上，完成码垛。最后，由托盘输送线和堆垛机器人将产品输送至密集式储存货架进行储存。

● 项目实训

1. 实训目标

通过本项目的实训操作,学生应熟悉智能配送中心的组织结构和布局结构,掌握智能配送中心的作业流程和使用到的新技术。能够根据所收集到的资料对配送中心的组织结构和布局结构、作业流程及其新技术的使用,进行详细描述和解释。

2. 实训背景

学生在完成对智能配送中心及其新技术的认知以后,依托所在学校的校企合作企业,在教师的指导和要求下,到连锁企业智能配送中心进行实地参观,收集资料,对配送作业课程的学习进行梳理、总结、提升。

3. 实训任务

(1)参观某智能配送中心,仔细观察该配送中心的运转情况及其运用到的新技术。

(2)以小组为单位,将学生分成 3~5 人一个小组,由 1 名小组长负责人员分工,对智能配送过程进行详细了解,对每个环节所使用的新技术进行详细记录。

(3)学生根据所收集到的资料,对智能配送中心的作业特点进行分析,提出合理化建议,并以小组为单位进行 PPT 展示,教师对学生的分析报告进行点评和指导。

参考文献

[1] 赵明晓. 连锁企业配送实务. 2版[M]. 北京:高等教育出版社,2017.
[2] 沈文天. 配送作业管理. 2版[M]. 北京:高等教育出版社,2014.
[3] 宫胜利,王玉卓,朱志文. 仓储与配送管理实务. 2版[M]. 北京:北京理工大学出版社,2012.
[4] 刘莉. 物流配送管理[M]. 北京:中国铁道出版社,2014.
[5] 都国雄. 物流信息管理. 2版[M]. 北京:高等教育出版社,2014.
[6] 李守斌. 配送作业实务. 2版[M]. 北京:机械工业出版社,2011.
[7] 林丽莉. 标准化应用箱码 实现高效流转[J]. 条码与信息系统,2016(5):30-32.
[8] 侯凌燕,尹军琪. 大型物流配送中心的运营管理策略[J]. 物流技术,2012,31(13):39-41.
[9] 何艳丽. 论"6S"管理与物资仓储软实力建设[J]. 环球市场信息导报,2016(21):57.
[10] 富加寅、孙丹. 物流服务模式及运营策略研究[J]. 商场现代化,2014(7):95-96.